ERNESTO SANDLER

TU MEJOR NEGOCIO

10 PASOS PARA EMPRENDER CON ÉXITO

TU MEJOR NEGOCIO
es editado por
EDICIONES LEA S.A.
Av. Dorrego 330
Ciudad de Buenos Aires, Argentina.
E-mail: info@edicioneslea.com
Web: www.edicioneslea.com

ISBN: 978-987-718-616-1

Primera edición. Impreso en Argentina.
Esta edición se terminó de imprimir en
Julio de 2019 en Arcángel Maggio - División Libros.

Sandler, Ernesto
    Tu mejor negocio / Ernesto Sandler. - 1a ed . - Ciudad Autónoma de
Buenos Aires : Ediciones Lea, 2019.
    320 p. ; 23 x 15 cm. - (Emprendedores)

    ISBN 978-987-718-616-1

    1. Emprendimiento. 2. Emprendedor. 3. Modelo de Negocios. I. Título.
CDD 658.02

Introducción

Cada vez es mayor el número de jóvenes que toman la decisión de emprender por cuenta propia una actividad económica al momento de programar su futuro laboral. No son menos los adultos que, después de una vida trabajando en relación de dependencia, también quieren tener su propio negocio para ser más independientes y aumentar sus ingresos. Unos y otros sienten que para tener una mejor calidad de vida, satisfacer sus necesidades crecientes y ser felices deben ser artífices de su destino económico generando su propio emprendimiento.

La mayoría de las personas, sin distinción de género, quieren construir su propio futuro porque perciben, como consecuencia de las actuales formas de producción, que la oferta de empleos disminuye mientras que los salarios son insuficientes para tener la calidad de vida a la que aspiran. Por otro lado, las expectativas y exigencias sociales han cambiado. En las últimas décadas se han instalado nuevos paradigmas culturales, muy diferentes a los que estuvieron vigentes durante largo tiempo. Los jóvenes rechazan la exigencia de atenerse a horarios laborales, sujetarse a una rutina de trabajo, tener jefes que les fijen obligaciones, tener que cancelar proyectos personales por el trabajo o adaptarse a organizaciones que establecen qué hacer y cómo hacerlo. Las nuevas generaciones se resisten a seguir el camino laboral que transitaron sus progenitores. Quieren ser más libres, no tener ataduras y disponer de mayor tiempo para disfrutar de la vida. No quieren depender de una cultura del trabajo a la que consideran arcaica porque no los motiva, limita sus sueños o valora más el ahorro que el consumo. Prefieren la libertad y la independencia, por lo que se inclinan a desarrollar una actividad por cuenta propia, para poder hacer lo que quieren.

Cada vez es mayor la cantidad de mujeres y hombres que desean emprender una actividad guiados por el anhelo de cumplir un sueño, ser independientes, lograr fama, mejorar los ingresos, tener mayor tiempo para el ocio o lograr el reconocimiento de su entorno. El problema es que no siempre es posible combinar todos esos objetivos y, en muchos casos, es muy factible que nunca puedan lograrlo. Alrededor del 82% de los emprendimientos económicos que se inician todos los años fracasan antes del segundo año y muy pocos logran llegar al décimo año de manera sustentable. Si bien el deseo de emprender es la meta de gran parte de las mujeres y los hombres de nuestro tiempo, son muy pocos los que habrán de alcanzar su objetivo. La gran mayoría de los emprendedores fracasaran y no lograrán hacer realidad sus metas, debiendo recurrir a la búsqueda de un empleo que les garantice un ingreso.

Las dificultades para emprender y lograr las metas propuestas puede deberse a muchas y diversas razones. Sin embargo, gran parte de las frustraciones, fracasos, errores y desilusiones son consecuencia de actuar de manera improvisada o sin los conocimientos certeros que eviten las contingencias o desatinos. La experiencia muestra que no basta tener una idea de negocio y la voluntad de llevarlo a cabo para alcanzar el éxito. Esos dos importantes componentes no son suficientes para vertebrar una actividad sustentable y rentable. Emprender requiere que las iniciativas hacedoras se sustenten en capacidades y conocimientos que son imprescindibles para reducir las posibilidades de fracasar. De eso trata este libro. A través de sus páginas se exponen cuáles son esas herramientas y requisitos básicos que se requieren para emprender y no fracasar en el intento.

En este libro se describe gran parte de los factores que deben estar presentes para emprender una actividad económica, evitar errores, generar ingresos y alcanzar el éxito, sin realizar conductas negativas que afectan a la sociedad y su hábitat. Mi experiencia personal, resultado de haber emprendido varias actividades empresariales (algunas con gran éxito y otras con dolorosos fracasos) me permitió adquirir un conocimiento integral que la teoría económica no siempre puede ofrecer. Si bien soy un estudioso de

la ciencia económica y un ávido lector de reconocidos emprendedores, no hay duda de que la experiencia de haber emprendido
varios negocios me ha dejado muchas enseñanzas que no suelen
aparecer en los libros y que son muy valiosas para los que inician
un emprendimiento.

En este trabajo he logrado conjugar los conocimientos adquiridos durante un largo aprendizaje como gestor de negocios y
mentor de noveles emprendedores. Algunos de esos conocimientos ya los he expuesto en mis libros, conferencias, clases y semi-
narios. Otros han sido desarrollados especialmente para esta obra
con el propósito de brindar una mayor cantidad de herramientas
para emprender exitosamente. Todos estos conocimientos son
muy valiosos porque permiten que el lector acceda a un conjunto integral de propuestas que le permitirán apalancar con mayor
eficacia un emprendimiento. Son sugerencias que no abordan un
solo tema ni se sustentan en una sola concepción teórica. Muchos
prestigiosos intelectuales y académicos han colaborado para forjar
mi pensamiento y convicciones para que no tenga una mirada
parcial sobre la compleja realidad.

Con un lenguaje sencillo he expuesto valoraciones, reflexiones y consejos prácticos que considero que serán de gran utilidad
para comprender la magnitud del desafío que significa emprender. Todas esas sugerencias seguramente serán un aporte beneficioso para los que se animan a seguir sus sueños. Sin embargo,
todo emprendedor debe tomar conciencia de que cuando inicia
su empresa debe trazar su propio sendero y utilizar su imaginación creativa. Si bien las sugerencias plasmadas en este libro tienen un fuerte sustento, son útiles y ayudan a llevar adelante una
actividad, nunca se debe olvidar que cada emprendedor y cada
hacedora tienen la posibilidad de buscar su propio camino para
alcanzar el éxito. Lo único que no deben hacer jamás es *darse
por vencidos aun vencidos*. Deben mantener su energía interior
y pasión para reponerse ante el fracaso. Deben saber que no hay
nada más maravilloso y estimulante que hacer realidad un proyecto creativo, por lo que jamás deben bajar la guardia ni cancelar sus
expectativas de superación.

Espero y deseo que lectura del libro sea beneficiosa para todas las personas que consideran que es mucho más estimulante emprender un sueño propio que depender de las ocurrencias ajenas. Estoy seguro de que los consejos, reflexiones y análisis realizados en este trabajo serán una guía muy importante para superar temores y animarse a tomar la gran decisión de emprender una actividad por cuenta propia.

Paso 1

¿Emprender o depender?

En la mayoría de los sistemas económicos contemporáneos existen básicamente dos opciones para obtener un ingreso. Una opción consiste en emprender una actividad por cuenta propia y la otra es buscar un empleo en relación de dependencia.

En los sistemas económicos organizados bajo estrictas regulaciones gubernamentales o bajo la hegemonía monopólica de grupos privados, las posibilidades para emprender una actividad económica por cuenta propia son muy limitadas. Diferente es lo que sucede en los países donde existe un marco jurídico que garantiza la libertad económica y la igualdad de oportunidades para producir o trabajar. En estos sistemas abiertos a la iniciativa privada, los integrantes de la sociedad pueden optar entre dos formas básicas para lograr un ingreso. Una consiste en emprender una actividad económica por cuenta propia, mientras que la otra es buscar un empleo en relación de dependencia.

Al optar por una relación laboral dependiente, las personas aportan esfuerzo físico o intelectual a una actividad productiva a cambio de un salario. Al hacerlo, transfieren al empleador la responsabilidad de establecer los objetivos de la actividad económica, la forma de producir y la decisión sobre la cantidad de ingresos que se distribuirán entre los empleados que aportan trabajo. Al darse este tipo de relación laboral, los empleados –más allá de sus derechos– quedan supeditados a las directivas del empleador sobre qué producir y cómo hacerlo.

Las personas que optan por la dependencia laboral ceden principalmente parte de su independencia y libertad de acción a cambio de un empleo que le ofrezca seguridad y estabilidad. Saben que no es sencillo generar una idea original y poner en funcionamiento un emprendimiento por cuenta propia. Asumir riesgos, gestionar con pericia, dirigir a empleados, invertir, obtener financiamiento, competir en el mercado y generar ingresos suficientes para mantener un negocio no es nada fácil ni sencillo. Por tal motivo, es mucha la gente que considera menos riesgoso y más tranquilo depender laboralmente de otros. Sostienen que es más seguro tener un salario fijo y estable que arriesgarse a generar un ingreso por sí mismos. Al ser empleado, la obligación de tener ideas creativas y lograr resultados económicos positivos, son responsabilidad de otros.

Tener un empleo suele ser la aspiración de la mayoría de las personas porque, además de asegurarse un ingreso mensual, tienen asegurado un cúmulo de derechos sociales y beneficios económicos que emprender por cuenta propia no ofrece. Esta protección legal, existente en gran parte de los países, libera a los empleados de muchas angustias, temores, presiones, obstáculos e inseguridades que deberían enfrentar si trabajaran de manera independiente. Al optar por la dependencia laboral, los empleados generalmente están protegidos de los vaivenes de la economía y tienen asegurado ingresos, aunque los empleadores no logren la rentabilidad que necesitan.

En las sociedades desarrolladas, la dependencia laboral ofrece un *combo* de beneficios económicos y jurídicos que hace que la mayoría de las personas opten por un empleo. Depender económicamente de otro ofrece ventajas, beneficios, derechos y seguridades que un emprendimiento por cuenta propia no puede garantizar. Depender de un empleador, público o privado, asegura ingresos fijos, estables y regulares. También permite acceder a bonificaciones anuales, aguinaldos, servicios médicos, indemnizaciones, jubilación, vacaciones pagas, licencias por maternidad y decenas de ventajas como consecuencia de una larga historia de protección laboral. Es cierto que el empleador puede desvincular a un empleado por diferentes razones, pero esta posibilidad no invalida los beneficios que se logran en un empleo, incluida la compensación económica al momento de ser despedido.

Para muchos autores, la afirmación de que los empleos generan ventajas y derechos muy importantes, nunca es comparable con los beneficios económicos que obtienen los que emprenden por cuenta propia. Para esos autores, los ingresos de los emprendedores superan con creces los que obtienen los empleados. Sin embargo, esa creencia –generalizada en gran parte de la sociedad– no es correcta cuando se analizan los porcentajes globales de los montos de ingreso obtenidos por los empleados y los que emprendieron un negocio. Estudios recientes han demostrado que el promedio de los ingresos de los empleados en relación de dependencia es comparativamente superior al que tuvieron todos los que se animaron a emprender.

En el año 2015, la universidad de Washington, St. Louis, comprobó que 10 años después de egresar de las universidades, los *ingresos promedios* de los ex alumnos que trabajan en relación de dependencia era 35% superior a los que eligieron emprender una actividad. La razón de esta diferencia es que el 80% de los que emprendieron fracasaron en su intento haciendo que sus ingresos fueran cercanos a cero mientras que los que estaban en relación laboral tuvieron ingresos permanentes y estables.

Es evidente que al optar por un empleo o por una actividad independiente las consecuencias serán muy diferentes en cuanto a las obligaciones, derechos, beneficios y riesgos. Mientras que al elegir un empleo se trasladan buena parte de las responsabilidades económicas a otros, la principal característica de emprender por cuenta propia es que se opta por hacerse cargo de todos los problemas y costos que implica llevar adelante un proyecto. Un emprendedor o hacedora debe hacerse cargo de los fracasos, los errores, las deudas, los impuestos y los juicios que resulten de la gestión porque no puede trasladar las responsabilidades a otros. Los que encaran una actividad son los responsables de generar ideas creativas, innovar todos los años, producir riqueza para solventar los gastos y superar las contingencias que se les crucen por el camino.

Iniciar un proyecto por cuenta propia implica no depender de otro. Emprender significa depender de uno mismo ya que generalmente no hay nadie que preste una ayuda desinteresada ante los problemas o las deudas. Tampoco existe una fórmula de negocio que garantice alcanzar las metas proyectadas. Emprender es un acto de arrojo y valentía porque se trabaja sin red de contención. Es una elección de vida en la cual la*s suerte* y el destino dependen esencialmente de uno mismo y no de la buena fortuna. Al emprender no se puede echar la culpa de los fracasos a los otros y no existe garantía de que se logrará un ingreso o que las ideas creativas serán un éxito.

Emprender demanda un gran esfuerzo personal y laboral que muchas veces implica no poder desarrollar plenamente *una vida afuera de la empresa*. Las preocupaciones, responsabilidades y presiones no siempre son posibles de delegar. Por esa razón es acertado sostener que hacerse cargo de un emprendimiento es un trabajo estresante y duro. Un trabajo que normalmente viene acompañado de problemas financieros, no tener horarios libres, frustración, discusiones con la pareja por falta de atención, errores y estar dispuesto a ser denostado por parte de la sociedad, que juzga al empresario como el responsable de explotar a los trabajadores, manipular los precios o contaminar el medioambiente.

El esfuerzo que significa llevar adelante un emprendimiento quizá haya sido una de las razones principales por las que la gente a finales del siglo XVIII comenzara a abandonar sus actividades independientes como agricultores, artesanos o productores para dedicarse masivamente a la búsqueda de empleos que le garantizaran un ingreso regular. Si bien ese empleo dependiente era agobiante por las condiciones laborales de la época, era menos frustrante que emprender por cuenta propia sin posibilidad de obtener ningún resultado económico para vivir. Los empleos en relación de dependencia, a pesar de las injusticias existentes durante la Revolución Industrial, aseguraban un ingreso que no estaba garantizado al cultivar la propia granja o al tener un taller artesanal.

Este cambio de paradigma cultural y económico, generado a partir del proceso de industrialización del siglo XIX, es lo que en cierta forma explica por qué la dependencia laboral se convirtió rápidamente en la forma más usual para obtener un ingreso. Tan fuerte y profundo fue el cambio económico ocurrido hace un par de siglos que actualmente la mayoría de las personas considera que la existencia de empleadores y empleados es la *forma natural* de organizar un sistema económico. Es mucha la gente que no visualiza que es posible obtener un ingreso por su propia cuenta como lo hicieron durante milenios sus antepasados. Perciben que la única forma de obtener un ingreso económico es siendo un empleado en relación de dependencia.

Es evidente que esa percepción es errónea. Aparte de trabajar para otro existe otra forma de hacerse de un ingreso como lo hizo la humanidad durante milenios. Ese camino consiste en emprender una actividad económica de manera independiente. Es cierto que ese camino no suele ser sencillo y a veces no genera ningún tipo de recompensa. Para empezar, requiere tener una personalidad perseverante, resistente, equilibrada y pasional para afrontar adversidades. No toda persona puede salir airosa ni alcanzar el éxito actuando de manera independiente. No todas las mujeres y hombres tienen el carácter ni las condiciones profesionales y emocionales para transitar un camino de soledad, riesgos, críticas, fracasos, frustraciones y traiciones.

Para emprender no basta tener sueños, voluntad o deseos de tener un negocio propio. Para gestionar un emprendimiento económico es necesario tener una *personalidad específica* y contar con ciertas capacidades que no se requieren para un trabajo en relación de dependencia. Para llevar adelante un emprendimiento es necesario conjugar acertadamente una sumatoria de factores materiales, psicológicos y emocionales que no suelen requerirse para un empleo. Por esa razón la mayoría de las personas suele optar por depender antes de emprender por cuenta propia

Sin embargo, también es cierto que los paradigmas culturales y económicos de las nuevas generaciones están cambiando rápidamente porque la opción de conseguir un empleo y lograr un ingreso seguro está en crisis. El formato económico predominante por doscientos años está crujiendo y comienza a mostrar dificultades. No solo cruje porque los jóvenes buscan ser más libres y no les gusta tener jefes, sino porque los empleos en relación de dependencia están mermando y los salarios son insuficientes para las necesidades que se tienen. A diario desaparecen empleos que eran habituales en el pasado. Cada vez las exigencias y conocimientos laborales para obtener un trabajo son mayores. Conseguir un empleo ha dejado de ser lo habitual por lo que el número de desempleados crece en todo el mundo y los salarios no alcanzan.

Esta nueva realidad está influyendo en que muchos comiencen a percibir que emprender por cuenta propia ya no es una opción solo para los aventureros u osados, sino que se está convirtiendo en una opción para muchos ante la falta de empleo y bajos salarios. El problema es que emprender es mucho más difícil, complicado y riesgoso que trabajar para otro. Para llevar adelante un emprendimiento se necesita contar con conocimientos, talentos y una personalidad hacedora, que es muy diferente a la que caracteriza a un empleado en relación de dependencia.

Personalidad emprendedora

Iniciar una actividad económica por cuenta propia exige tener una personalidad equilibrada y creativa que sepa aprovechar las oportunidades, resistir las adversidades, asumir riesgos, afrontar los miedos, rechazar las envidias y superar los fracasos.

Actualmente existen muchos relatos románticos sobre emprendedores exitosos que comenzaron en el garaje de su casa. El objetivo de esos *relatos épicos* es motivar a los jóvenes a emprender una actividad económica en lugar de buscar un empleo rutinario. Por tal motivo, es habitual que en los claustros universitarios los profesores estimulen a los estudiantes a ser dueños de su destino económico para tener un porvenir venturoso. Mientras los economistas les reclaman a las nuevas generaciones que sean disruptivas e innovadoras para alcanzar metas ambiciosas, los políticos alaban a los que se arriesgan a crear empresas que generen trabajo. En este contexto, se multiplican las conferencias de emprendedores exitosos, se publican infinidad de libros sobre las historia de vida de los que se animaron a arriesgar y proliferan las *incubadoras* que buscan talentos creativos.

Sin embargo, a pesar de ese relato optimista plagado de leyendas de hombres exitosos que comenzaron sin un centavo, iniciar una actividad de manera independiente no es nada sencillo ni suele ser tan *glamoroso* como muchos sostienen. Al contrario, emprender una actividad es un trabajo duro y lleno de sinsabores que no muchos pueden sobrellevar fácilmente. En especial, las mujeres a quienes se les suele exigir responsabilidades en la familia o les ponen trabas a su accionar hacedor por prejuicios machistas.

Emprender no es sencillo. Tiene exigencias, demandas y sinsabores que no todos pueden superar ni tolerar. La experiencia muestra que para llevar adelante un trabajo emprendedor se requiere tener un fuerte equilibrio emocional, conocimientos, creatividad, templanza y realizar un gran esfuerzo los siete días de la semana. El emprendedor, sea hombre o mujer, necesita tener una personalidad y carácter específico para lograr gran parte de sus objetivos.

Es cierto que no todas las personas que deciden emprender una actividad necesitan tener la misma personalidad, carácter ni conocimientos dado que sus desafíos no son semejantes. Es evidente que los artistas, los deportistas, los científicos o los buscadores de oro demandan talentos diferentes para lograr sus propósitos. Requieren personalidades y capacidades que, si bien pueden tener algunos elementos en común con los demás emprendedores, normalmente son diferentes según las actividades que emprendan. En el caso concreto de los *emprendedores económicos,* la exigencia de tener que enfrentar numerosos riesgos, competir, dirigir, generar ideas o aprovechar oportunidades de negocio los condiciona a tener una personalidad creativa, avasalladora y resistente para no sentirse agobiados o desesperanzados ante los numerosos retos que deben superar para alcanzar una meta.

Tanto las hacedoras como los emprendedores económicos, necesitan desarrollar un *tipo de personalidad* que les sirva de soporte e impulso para lograr su cometido. Requieren de una personalidad y sensibilidad que no puede ser equiparada a la que se necesita para pintar un lienzo o correr una maratón. La personalidad de un emprendedor económico está conformada por una confluencia de talentos naturales, emociones y capacidades adquiridas que le permiten mantenerse firme, equilibrado, sagaz y creativo para lograr sus metas y no quebrarse anímicamente ante las presiones, frustraciones y fracasos que surgen en su accionar.

Si bien todo hombre y mujer puede desarrollar su propio estilo profesional, porque cada persona es única y diferente a los demás, hay rasgos en la personalidad de todo *emprendedor económico* que no pueden estar ausentes si se pretende afrontar un negocio con éxito. Esa personalidad básica se caracteriza por ser apasionada, audaz, desafiante, osada, positiva, creativa, perspicaz y con una férrea voluntad para lograr lo que desea. Esto implica que un hacedor, sin distinción de género, necesita tener imaginación, innovar constantemente, asumir riesgos, ser intuitivo, no estar dominado por los miedos, tener confianza en sí mismo y saber controlar las presiones para apuntalar el estado de ánimo ante las frustraciones. Finalmente, un emprendedor debe tener intuición y sagacidad para estar alerta, a fin de aprovechar las oportunidades del mercado que le permitan lograr un beneficio y esquivar los fracasos.

Para llevar adelante un proyecto económico por cuenta propia no hay duda que es necesario tener una personalidad específica porque es un trabajo exigente y diferente a otros. Emprender un negocio no es una tarea fácil como suele pensar la gente o sugerir los relatos épicos que circulan en los claustros universitarios. Las personas que decidan emprender una actividad económica deben tomar conciencia de que no podrán alcanzar sus metas si carecen de determinadas condiciones, capacidades y energía. Gestionar un emprendimiento no es para personas temerosas, mediocres, sin confianza o con temperamentos endebles. Tampoco es para inseguros o que carecen del coraje de tomar decisiones que, a veces, afectan a sus empleados o ponen en riesgo el patrimonio. Una personalidad emprendedora también es incompatible con aquellas personas que tienen pensamientos negativos, son agoreras, se sabotean, son dubitativas, conservadoras o buscan la certeza de que sus proyectos se lograrán con éxito. Emprender es para personalidades ambiciosas y corajudas que no se detienen ante las adversidades porque tienen puesta su vista en el horizonte y no en la punta de sus zapatos.

Algunos rasgos o talentos que caracterizan a la personalidad de un emprendedor económico pueden darse de manera natural. El impulso hacedor o el carácter independiente, osado, creativo y apasionado puede venir incorporado naturalmente en su ADN, con lo cual tiene ventajas comparativas con respecto a aquellos emprendedores que no tienen naturalmente esas motivaciones, esa creatividad o energía interior.

Tener condiciones y talentos naturales para emprender un negocio es un *plus o bonus* que todo emprendedor debe aprovechar y valorar. Sin embargo, esas capacidades naturales no son suficientes para llevar a cabo un emprendimiento de manera exitosa. En la actualidad, dada la complejidad económica para producir y competir, es fundamental adquirir conocimientos. Es esencial nutrirse de un saber actualizado a través de la educación, la capacitación, la formación profesional y la experiencia. El conocimiento es el único medio que permite apuntalar, mejorar, fortalecer, modelar y potenciar los talentos naturales de un emprendedor.

Una personalidad emprendedora, además de talentos y conocimientos, también requiere de un estado de ánimo positivo y equilibrado para enfrentar presiones, descalificaciones y resolver conflictos. Los emprendedores están expuestos a doblegarse emocionalmente ante las críticas del entorno, las presiones familiares, las denostaciones o los ataques descarnados que circulan en las redes sociales. Esa mala onda y energía tóxica afecta sus sentimientos y lo llena de pensamientos negativos que, si no puede superar, romperán su equilibrio emocional destruyendo su impulso emprendedor.

Es sabido que los sentimientos y los valores que hacen a la identidad de una persona son esenciales para mantener la estabilidad. Si esos sentimientos son heridos, se afecta el ánimo y se paraliza la voluntad hacedora. Por tal motivo, un emprendedor debe hacer lo posible para evitar que emociones negativas interfieran en su accionar o afecten su personalidad. Debe hacer todo lo que esté a su alcance para no dejarse abatir por las envidias, las culpas, los pensamientos agoreros, los resentimientos, las falsas adulaciones o las descalificaciones.

Un emprendedor debe tratar de generarse una coraza emocional y poner en *cuarentena* a los que lo critican o atacan. Debe protegerse de la gente tóxica para que sus sentimientos y pensamientos no sean afectados negativamente. Nadie puede emprender con éxito una actividad y superar adversidades si su entorno no lo estimula o daña sus sentimientos. Es fundamental que su estado de ánimo esté encendido positivamente para crear y accionar.

Es evidente que una personalidad emprendedora requiere de una combinación de factores que ayuden a mantenerse firme para alcanzar los desafíos que se proponga. Es necesario que sepa combinar los talentos naturales, los conocimientos adquiridos, los valores, creencias, pensamientos positivos y sentimientos que apalanquen la energía que se requiere para alcanzar un objetivo. Si no se tiene el temperamento y los conocimientos necesarios para emprender, es preferible ahorrarse las frustraciones, angustias y fracasos eligiendo otra actividad menos estresante y exigente.

Un trabajo exigente

Emprender y gestionar una emprendimiento es un trabajo intenso, exigente y complejo. Es un trabajo muy duro que suele demandar una gran dedicación física, intelectual y emocional que no todos pueden afrontar.

La ciencia describe como *trabajo* a la acción física o intelectual que una persona realiza para generar una riqueza económica. Desde esta perspectiva no considera que es trabajo cualquier actividad aunque demande esfuerzo, sacrificio y un desgaste de energías. Para la ciencia económica, trabajo es solamente aquella actividad física o intelectual dirigida a generar bienes y servicios. Excluye de la categoría de trabajo a otros desgastes energéticos como pueden ser levantar pesas, nadar o correr una maratón. A partir de esta precisa definición conceptual considera que trabajadores no son solo los que aportan su esfuerzo para la creación de riqueza a través de un empleo en relación de dependencia, sino que también incluye a otros generadores de riqueza económica como son los comerciantes, los creativos o los emprendedores que trabajan por cuenta propia.

Desde la perspectiva económica, son trabajadores tanto los asalariados como los emprendedores e intelectuales que aportan su esfuerzo a la creación de bienes, servicios o conocimientos. La única diferencia entre ellos es que lo hacen desde posiciones laborales diferentes y con distintos objetivos. El empleado trabaja de acuerdo a las metas establecidas por el empleador, mientras que el emprendedor o el intelectual trabajan de acuerdo a objetivos que se fijan así mismos.

Los emprendedores económicos no solo son trabajadores, sino que trabajan *muy duro* por la responsabilidad que tienen en el proceso productivo. Generalmente deben desplegar un gran esfuerzo físico y mental durante la gestión a fin de alcanzar los objetivos planificados. Emprender es una actividad que requiere de una importante resistencia, un fuerte equilibrio emocional, buenas ideas y una eficiente capacidad para organizar una multiplicidad heterogénea de factores materiales, humanos, financieros, jurídicos, impositivos y contables. Emprender es un *trabajo duro y exigente* que suele demandar un esfuerzo tan intenso que no todas las personas que inician un negocio lo pueden sobrellevar y encarar de manera eficaz. La mayoría de los emprendedores abandonan al poco tiempo porque no pueden soportar las presiones internas, las exigencias del mercado, la falta de ideas, los problemas financieros, la falta de ingresos, los fracasos, los conflictos y la separación constante de su grupo familiar.

A diferencia de lo que muchos creen, emprender no es un trabajo tranquilo en donde solo existen beneficios, buena onda y entusiasmo. Emprender tampoco es sinónimo de bonanza económica o vivir en una zona de confort, sin presiones ni problemas. Los emprendedores experimentados saben perfectamente que la gran mayoría de las veces llevar adelante una actividad empresarial no genera ingresos, aunque el trabajo haya sido intenso. Lo frecuente, es que más del 80% de los emprendedores obtengan como recompensa a su trabajo una importante acumulación de deudas, demandas judiciales y frustraciones que no se pueden trasladar a nadie porque, como responsables de la empresa, son los *últimos de la fila*. Detrás de ellos no hay nadie a quien reclamar ni pasar los problemas.

Encarar un emprendimiento es un trabajo duro ya que sobre las espaldas del responsable de gestión recaen las críticas, descalificaciones, presiones del Estado, impuestos exorbitantes, escasez de recursos y falta de apoyo en los momentos que se necesita. Emprender es un trabajo duro porque se tiene muchas obligaciones y del cual depende el futuro de clientes, proveedores y empleados. Es un *trabajo duro* porque no tiene horarios ni feriados, dado que la mente del emprendedor siempre está enfocada en solucionar problemas o buscar oportunidades.

Las exigencias y sinsabores del trabajo emprendedor no siempre son consecuencia de factores externos como el mercado, la competencia, la regulación estatal o los conflictos sindicales. Muchas veces se convierte en un *trabajo duro y estresante* porque el responsable del emprendimiento tiene una gran impericia para gestionar, como consecuencia de no tener las capacidades apropiadas. Esta impericia lo hace cometer errores o tener que hacer dos veces lo mismo, por lo cual debe trabajar mucho más y a mayor costo. En esos casos, el emprendedor no cumple con la ley económica que establece que es fundamental "obtener el máximo resultado con el mínimo esfuerzo". Por impericia, trabajan el doble y logran resultados paupérrimos.

Un emprendedor también debe regular su esfuerzo laboral porque, en caso contrario, puede gestionar de manera deficiente o inmolarse. Si gestionar le demanda mucho esfuerzo, debe hacer lo posible para disminuir su carga laboral. No hacerlo no solo afectará su salud sino que sus decisiones comenzarán a ser desacertadas por su agotamiento físico y mental. Si su trabajo lo sobrepasa, debe dosificarlo para concentrarse solamente en aquellas actividades que le exigen menos esfuerzo y le generan mayores beneficios. En la medida en que administre sus energías podrá potenciar su capacidad productiva y aprenderá a delegar sus responsabilidades entre sus colaboradores. Un emprendedor de ninguna manera debe tratar de convertirse en un mártir del trabajo y sucumbir ante la carga laboral. Debe medir su esfuerzo y encontrar su punto de equilibrio físico y mental para lograr su máximo potencial.

Es cierto que sin esfuerzo no se pueden alcanzar metas ni reconocimientos. Sin embargo, esto no implica que un emprendedor se autodestruya. Es fundamental que cuide su salud física y emocional evitando sacrificios innecesarios. Trabajar duro no implica terminar en un colapso físico y mental. Debe organizar eficazmente sus tiempos, su salud y sus objetivos económicos. Es necesario que cuando esté estresado, agobiado y presionado *baje un cambio,* delegue responsabilidades, priorice objetivos y acepte sus limitaciones. Por más apasionado y vigoroso que sea, necesita descansar, reponer energías y evitar metas inconducentes que no reportan beneficios.

Para rendir en plenitud, tampoco debe considerar que debe estar en todo y hacer todo. Ese comportamiento es absolutamente erróneo. No solo acabará con sus energías sino que hará que cometa muchos errores y tome decisiones desacertadas. Trabajar, comprometerse y tener presencia activa no quiere decir que debe estar en todos los temas que hacen al funcionamiento de la empresa. Mucho menos implica que deba ocupar el lugar de sus colaboradores para querer hacer lo que ellos tienen la responsabilidad de hacer. Un empresario hará mejor su *trabajo* si sabe delegar su gestión en los colaboradores.

Un emprendedor es más eficiente cuando aprende a ponerle límites a su duro trabajo y logra mejores resultados económicos. Trabajar duro para no lograr resultados positivos o enfermarse no tiene sentido económico. Es un error imperdonable que nadie puede cometer.

El camino al éxito no es directo

Todo emprendimiento está plagado de obstáculos y contingencias que, muchas veces, impiden que los planes puedan cumplirse como fueron programados.

Las mujeres y hombres que optan por emprender lo hacen por diversas razones, aunque la mayoría espera poder materializar una idea creativa, generar un ingreso o trabajar de manera independiente. Detrás de esos objetivos sueñan y proyectan con la expectativa de alcanzar sus metas rápidamente y sin escalas. Sin embargo, no siempre esa expectativa se logra como se tenía pensado. Llegar a una meta generalmente implica transitar por un camino poco apacible y repleto de obstáculos que, en algunos casos, demandan más tiempo del previsto y, en otros, impiden llegar al destino final. La compleja realidad, los errores de cálculo o los imprevistos determinan que la mayoría de las veces, para concretar un proyecto, sea necesario tomar diagonales para soslayar las turbulencias económicas que se presentan en el camino hacia el objetivo planificado.

Las adversidades impiden alcanzar un objetivo de manera directa y lineal de acuerdo a lo proyectado. Los cambios de la realidad obligan al emprendedor a cambiar la trayectoria de su gestión debiendo apelar a la *oblicuidad*, que consiste en tomar diagonales o senderos indirectos para llegar a destino. Esta necesidad de buscar caminos alternativos para llegar a una meta, requiere que sea flexible para reformular sus ideas, cambiar sus planes y *re direccionar* su gestión. El dogmatismo, el capricho o la tozudez de aferrarse a un plan inconducente no es apropiado para alcanzar el éxito. No siempre el camino directo conduce a *buen puerto.* Es mucho mejor dar un golpe de timón y cambiar el rumbo para evitar las tormentas.

Es cierto que todo emprendimiento económico, grande o pequeño, requiere de una planificación que permita implementar operativamente una idea. Sin un plan no es posible emprender, organizar las actividades proyectadas ni supervisar el funcionamiento de una empresa. La *mala noticia* es que la existencia de un plan no garantiza la obtención de un resultado. Durante la gestión suelen surgir problemas e imprevistos que hacen que los planes no se cumplan como estaban diseñados. Esto determina que, para llegar a destino, sea necesario modificar el proyecto original, re calcular los datos, establecer nuevas prioridades, corregir errores y tomar seguramente un camino diferente al que se tenía previsto transitar. Esta necesidad de re formular los planes y apelar a la *oblicuidad,* no suele ser fácil de asimilar porque se la asocia a una pérdida de tiempo o a un fracaso. Sin embargo, pensar de esa manera es incorrecto.

Un emprendedor no puede pretender que las cosas siempre resulten como desea. Debe ser flexible y estar predispuesto a cambiar su plan original ante la aparición de problemas que bloquean el camino hacia una meta. Se sabe que los escenarios económicos proyectados, por lo general, no se dan como fueron imaginados porque aparecen adversidades que obligan a la *oblicuidad* para llegar a un destino.

La necesidad de modificar los planes para adaptarse a la realidad, exige tener una elevada flexibilidad operativa y plasticidad mental para atreverse a cambiar. Solo los que tienen la capacidad de abandonar ideas inviables, cambiar un proyecto erróneo o modificar sus creencias, para adaptarlas a los nuevos escenarios, pueden superar el fracaso absoluto y lograr el éxito aunque les tome más tiempo al inicialmente previsto.

No solo debe ser flexible para modificar los planes cuando son inviables o parcialmente erróneos, sino que además debe tener paciencia y evitar que la ansiedad lo perturbe. Todo proyecto requiere de un tiempo de supervisión, corrección, maduración y concreción que no siempre puede ser programado con exactitud. Pretender lograr todos los objetivos de manera inmediata o no tener presente que a veces hay que hacer ajustes operativos que demoran los resultados finales, es desconocer cómo es el mundo real. Si bien la consigna de conseguir beneficios en forma inmediata y dentro de un plazo prefijado se impone entre muchos emprendedores, no es una conducta recomendable si se quiere evitar la improvisación y lograr beneficios duraderos.

Se debe aprender a tener *paciencia* al gestionar, porque obtener resultados siempre demanda un tiempo superior al esperado. Buscar el éxito de manera rápida, sin comprender que emprender exige perseverancia, paciencia y mucha dedicación, es la razón por la que muchos abandonan sus proyectos al poco tiempo de comenzar. Son *emprendedores canguros.* Salen a la búsqueda de nuevos inversores e ideas que los conduzcan rápidamente a una meta, sin darse cuenta de que ser pacientes suele dar mejores resultados que ser ansiosos descontrolados.

Finalmente cabe señalar que muchas veces el camino al éxito no es directo ni lineal porque los *fracasos* se interponen generando frustraciones, quiebres emocionales y pérdidas materiales. Muchos emprendedores ante los fracasos abandonan sus deseos de emprender por cuenta propia. Otros, en cambio, aprenden de esos fracasos y retoman su impulso emprendedor con los mismos objetivos o con nuevos proyectos.

Los fracasos, como se ha comprobado en cientos de experiencias, suelen ser el trampolín para lograr futuros éxitos. Aunque en un primer momento, en el cual se los sufre y padece, aparecen como un freno que impide alcanzar metas positivas, también es cierto que, si existe la voluntad para aprender de ellos, suelen ser aleccionadores para cimentar futuros logros.

No cabe duda de que los fracasos son frustrantes y dañinos. Sin embargo, tienen otra cara más positiva: aumentan el conocimiento. Los errores dejan enseñanzas muy útiles a un emprendedor. Aprender de los errores permite ahorrar tiempo y cometer menos equivocaciones en el futuro. Muchas veces, es justamente ese conocimiento *aprendido a golpes* la llave que permite descubrir el verdadero camino hacia el éxito. Por lo tanto, no hay que flagelarse ni frustrarse cuando se cometen equivocaciones o aparecen imprevistos que impiden concretar un objetivo.

Un hacedor debe comprender que los fracasos, desaciertos y equivocaciones son moneda corriente en una actividad económica. Por lo tanto, cuando enfrenta algún fracaso no debe rasgarse las vestiduras ni lamentarse, aunque tenga ganas de hacerlo. Es esencial que se sobreponga y aprenda de sus yerros, para no volver a cometerlos. Winston Churchill dijo que "el éxito es la capacidad de ir de fracaso en fracaso sin perder el entusiasmo". Esto implica que hay que ser flexible para cambiar, inteligente para aprender de los errores, paciente para saber esperar la oportunidad, y asumir que el camino al éxito no es directo ni lineal.

Siendo los fracasos algo habitual en una actividad económica, algunos autores recomiendan que un emprendedor debe tratar de que los *fracasos y los errores sean baratos*. Con esta expresión buscan poner de relieve que el responsable de gestión tiene que tratar de que las equivocaciones no sean demasiado grandes para que puedan ser enmendadas y corregidas sin demasiados costos. Cuando un plan es cerrado y no tiene mecanismo de corrección para enmendar sus problemas, el costo para corregir y disminuir los efectos negativos resulta muy oneroso y con secuelas imposibles de revertir.

Cuando los fracasos son muy profundos, ni siquiera pagando sus altos costos se puede salir del precipicio en que se ha caído. No siempre las equivocaciones pueden ser superadas. *Hay errores que matan* porque impiden iniciar un nuevo emprendimiento o remontar la actividad que se venía realizando. Son fracasos muy destructivos porque los yerros cometidos generan resultados materiales y emocionales que no pueden superarse de ninguna manera. En estos casos, el fracaso es tan grande que no hay margen para volver a emprender por falta de entusiasmo y recursos. Por esa razón, un emprendedor debe tratar de percibir todas las señales de la realidad para que los problemas no crezcan a un punto que no puedan resolverse a tiempo.

Es evidente que un emprendedor debe ser precavido al momento de planificar y gestionar. Es muy importante que sea prudente, paciente y flexible para adecuar permanentemente sus planes a la realidad a fin de aminorar el impacto de los riesgos que pueden presentarse. Sin embargo, ser precavido y estar alerta no implica que no aparezcan imprevistos y adversidades que lo perjudiquen. La actividad económica es una actividad de riesgo y, por lo tanto, está sujeta a contingencias que muchas veces hacen fracasar a un emprendedor. Los únicos que no yerran ni fracasan son los que no hacen nada.

Los innovadores que trabajan, crean y arriesgan, y saben que el camino al éxito no es lineal ni directo. Pero, al mismo tiempo, saben que para alcanzar un objetivo no tienen otro camino que arriesgar, superar adversidades y no abandonar ante los obstáculos que se presentarán en la búsqueda del éxito.

El desempleo empuja a emprender

Muchos jóvenes deciden emprender ante el apocalipsis de los empleos anunciado por los pronosticadores económicos, que no se cansan de anunciar que en los próximos años la mitad de los empleos actuales habrán desaparecido.

Durante el siglo XX existía la convicción de que el medio esencial para lograr el bienestar social y satisfacer las necesidades individuales era acceder a un empleo. Este ideario no solo se propagó entre los trabajadores e intelectuales sino que fue estimulado por los gobiernos de todos los Estados nacionales. A partir de esa concepción, compartida por todo el conjunto social, la creación de empleos se convirtió en el objetivo fundamental para lograr cierto bienestar, mientras que el desempleo fue considerado como el peor de los males que un país podía afrontar. Todo el colectivo social y sus representantes consideraban que la generación de empleos era un objetivo imprescindible y necesario para progresar, por lo que había que hacer todo lo posible para que nadie careciera de un puesto laboral.

El ideario del *pleno empleo* fue la consigna que unificó a los trabajadores, sindicatos, gobiernos y economistas durante más de un siglo, por lo que todos exigieron el establecimiento de sistemas económicos en los que la gente tuviera derecho a acceder a un trabajo y a un ingreso acorde a sus necesidades. Lógicamente, bajo estos principios ideológicos, los despidos laborales, el cierre de empresas, los bajos salarios, no crear nuevos puestos de trabajo o no ayudar desde el Estado a los desempleados se convirtieron en el *peor de los pecados.*

El valorar que el empleo era la llave para vivir dignamente, progresar y satisfacer las necesidades, trajo como consecuencia que todo el mundo quisiera tener uno. Se tenía la convicción que una vez que se conseguía un trabajo en relación de dependencia se lograba estabilidad, seguridad e ingresos para vivir satisfactoriamente. Para complementar este ideario de vida, las leyes sociales que surgieron en ese mismo período de la historia, extendieron los beneficios a los mayores que dejaban de trabajar porque se jubilaban.

Esta mirada sobre el empleo y sus beneficios empezó a cambiar a finales del siglo pasado. Sin que nadie lo planificara ni lo impusiera de manera autoritaria, a principios del siglo XXI, los sistemas de producción y las relaciones laborales comenzaron a cambiar con enorme rapidez. Los empleos tradicionales comenzaron a desaparecer y las demandas laborales decrecieron, mientras que los sistemas de producción comenzaron a basarse en la tecnología en lugar del trabajo humano.

Muchos fueron los factores que impulsaron esos cambios profundos en la demanda de empleo y los procesos productivos. Entre ellos cabe mencionar las nuevas tecnologías, la valorización del conocimiento como agente de producción, la creciente conflictividad laboral, el decaimiento de los valores que sustentaron la llamada *cultura del trabajo*, la incorporación masiva de la mujer al mercado laboral y las aspiraciones culturales de las nuevas generaciones. Lo evidente es que esos cambios están haciendo trastabillar muchas creencias económicas y las formas de producir que reinaron durante el siglo XX. Entre los efectos más sobresalientes que pueden observarse en la economía se puede mencionar a la *robotización del sistema productivo*. Lo mismo ocurre con la *inteligencia artificial* que ha comenzado a remplazar a los abogados, médicos, contadores, maestros, banqueros y arquitectos por ser más efectiva en los diagnósticos y las soluciones. La producción de bienes y servicios, por su parte, ha dejado de demandar ejércitos de empleados que caracterizaban a las fábricas de antaño.

Junto a esas significativas transformaciones, las nuevas generaciones también están cambiando en cuanto a sus expectativas y requerimientos. Esos cambios culturales están incidiendo sobre el empleo y los formatos de producción. Los jóvenes cada vez son más reacios a buscar trabajos que les demanden mucho tiempo y los obliguen a postergar otras necesidades sobre las que tienen una valoración superior. Los integrantes del milenio quieren tener una calidad de vida diferente a la de sus padres y tienen otros proyectos diferentes para sentirse bien. No quieren tener jefes ni horarios fijos porque desean ser libres y autónomos. Todas sus energías están puestas en el ahora y en pasarla bien.

Dado los cambios que se avecinan, muchos pronosticadores sociales calculan que en los próximos años se producirán tres constantes: 1) Disminuirá la demanda de empleos de actividades tradicionales, 2) Aumentarán las exigencias y los requisitos para acceder a un empleo y, 3) La gente sentirá que sus ingresos son escasos en función de la oferta de bienes, generada justamente por la revolución productiva ocasionada por la tecnología.

Con respecto a las necesidades de consumo, es palpable su crecimiento en todos los segmentos de la sociedad. Cada vez es mayor la demanda social para acceder al abanico de ofertas que se presentan por internet, redes sociales, televisión, vía pública, locales comerciales, shoppings y en los diferentes medios de comunicación. El problema es que los ingresos de la gran mayoría de los empleados no alcanzan para satisfacer tanta variedad de oferta, por lo cual también es palpable la frustración, la ansiedad, la bronca y los reclamos de la gente porque el dinero no alcanza para todo lo que desea consumir.

Si bien es cierto que el ingreso promedio de la población creció de manera significativa en la última centuria, también lo es que cada vez son más los empleados que tienen salarios insuficientes para satisfacer sus necesidades crecientes. Esta realidad frustra especialmente a los jóvenes, que aspiran a tener una mejor calidad de vida, divertirse, entretenerse y tener mayor tiempo libre. Es habitual escucharlos quejarse de que sus salarios no les alcanzan para acceder a todos los bienes que ven en la vidriera del mercado. Las nuevas generaciones perciben que no solo es difícil conseguir un trabajo (que se ajuste a sus exigencias y a los requisitos de sus empleadores) sino que comprueban que un empleo no les garantiza un ingreso acorde a sus necesidades.

Este clima de incertidumbre y frustración ha comenzado a instalarse en todos los ámbitos académicos, las familias y medios de comunicación. A diario se escucha en boca de los economistas y políticos que el desempleo aumenta progresivamente mientras que cada vez menos empresas demandan empleados. Todos los días se da a conocer información poco alentadora: Las grandes cadenas de distribución cierran sus tiendas físicas; el Estado se llena de *empleados ñoquis* para cubrir el déficit ocupacional privado; aumenta la cantidad de subsidios para los que no tienen trabajo y desaparecen oficios ante el avance tecnológico y cambios culturales. No cabe duda de que la catarata de cambios de paradigmas y formas de producir muestra un horizonte sombrío para las personas que buscan un empleo o que tienen un trabajo que en cualquier momento puede desaparecer por obsoleto.

Este *apocalipsis del empleo* es propagado por los pronosticadores económicos que no se cansan de anunciar que, en los próximos años, la mitad de los trabajos que tuvieron los padres habrán desaparecido. Según los gurúes económicos, estamos en la puerta de una muerte anunciada para buena parte de los empleos en relación de dependencia. En todos los ámbitos, sindicales o académicos coinciden en que al automatizarse la producción solo habrá trabajo para las personas más aptas, capaces y con conocimientos especializados. Lógicamente que esta percepción del futuro aumenta la conflictividad social porque nadie quiere perder su empleo, que una empresa cierre sus puertas o que los ingresos no crezcan para satisfacer las crecientes necesidades.

Aunque muchos de los anuncios apocalípticos sobre el futuro económico son exagerados, no se puede negar que están sucediendo profundos cambios que inciden sobre empleos tradicionales, la producción y los niveles de ingreso. La realidad está dando señales de que cada vez es más difícil y complejo conseguir un empleo porque está decreciendo la demanda laboral mientras la tecnología reemplaza a los trabajos tradicionales. Tampoco alcanzan las políticas públicas de solventar a los desempleados porque, por un lado, no se puede despojar sin límites a los que producen riqueza por medio de los impuestos y, por el otro, no se pueden aumentar sin límite los subsidios a los que no tienen empleo.

Dado este contexto complejo es comprensible que la gente busque *alternativas* para hacerse de un ingreso para satisfacer sus crecientes necesidades. Algunas personas emigran a otros países en busca de un empleo más rentable, otros se capacitan en profesiones de mayor demanda laboral y otros siguen reclamando subsidios por estar desempleados. Sin embargo, un gran porcentaje comprende que esas vías de escape son *pan para hoy y hambre para mañana*. Principalmente, los jóvenes han comenzado a comprender que los trabajos en relación de dependencia han dejado de ser el medio seguro para crecer y progresar. Han comprendido que la realidad ha dado un vuelco imposible de frenar y, por lo tanto, es necesario buscar opciones para emprender una actividad por cuenta propia.

Lo cierto es que la decisión de llevar adelante un emprendimiento propio se está imponiendo en la mayoría de los países, no solo porque abre la posibilidad de lograr mayores ingresos que los empleos, sino porque permite desprenderse de la presión de conseguir un trabajo en un escenario económico cada vez más limitado.

Sin embargo, a pesar de que la tendencia anímica favorable a emprender se expande por todo el mundo, es necesario ser mesurado y realista para no ser víctima de fantasías inconducentes. Si bien emprender es una importante opción ante el creciente desempleo, también es cierto que no es un trabajo fácil que siempre se traduce en beneficios.

Estoy de acuerdo en estimular, tanto a hombres como mujeres, a que se animen a emprender, crear y llevar adelante sus proyectos. Las nuevas tecnologías, los cambios de paradigma económico y la transformación en el consumo abren la posibilidad a que se desarrollen opciones independientes para generar ingresos que los empleos tradicionales no pueden ofrecer. Sin embargo, también es importante no dejarse embaucar con relatos románticos ni leyendas que muestran solo los éxitos de aquellos que emprendieron un negocio detrás de un sueño.

Para llevar adelante un emprendimiento es necesaria la confluencia de condiciones personales, materiales, emocionales y económicas que, generalmente, no se dan con facilidad. De eso se trata este libro.

Paso 2

De la idea al negocio

Tener una idea

El mundo está lleno de gente que proclama tener una idea para ganar dinero o emprender un negocio. El problema es que gran parte de esas ideas carecen de un instructivo de cómo llevarlas a la práctica con éxito.

Para llevar adelante un emprendimiento es esencial que, junto al entusiasmo, las ganas y la voluntad de emprender, se tenga una *idea inspiradora*. Esa idea, aunque no esté plenamente desarrollada, es fundamental para dar inicio a la construcción de un proyecto de negocio. Las ocurrencias mentales son el punto de partida para poner a trabajar a la imaginación, a fin de modelar lo que será el futuro emprendimiento y sus productos. Sin una idea, original o inspirada en otras ideas, es imposible que la mente busque opciones para dar forma a un proyecto económico. Las ideas son como una semilla a partir de la cual *germinan* ocurrencias, interrogantes y respuestas que movilizan la voluntad emprendedora detrás de un objetivo.

Sin embargo, a pesar de lo relevante que es tener una *idea inspiradora* no siempre esa ocurrencia creativa es suficiente para plasmar un emprendimiento exitoso. Es frecuente que la mente tenga elucubraciones que parecen geniales, pero que al llevarlas a la práctica son inviables o no despiertan el interés del mercado. Son ideas que no germinan por lo que no generan raíces ni frutos.

Un emprendedor debe saber que no toda ocurrencia creativa, por genial que le parezca, puede ser una semilla fértil para emprender. Muchas ideas no sirven, son irrealizables, son inútiles o no generan beneficios. Si bien existe mucha gente que dice tener *ideas* para ganar dinero, lograr fama o alcanzar grandes objetivos, la experiencia muestra que la gran mayoría de esas ocurrencias no son efectivas ni conducentes para generar una actividad rentable. Si bien todos nos topamos con amigos que sostienen que tienen una idea maravillosa o escuchamos a emprendedores afirmar que tienen *entre manos* un proyecto que les abrirá las puertas al éxito, la realidad muestra que normalmente eso no ocurre. A pesar de su optimismo y de estar convencidos de que tienen ideas que le harán ganar mucho dinero, con el paso del tiempo, comprueban que ese momento de gloria jamás sucede. La razón es simple, los proyectos no eran viables o no tenían la capacidad de generar una respuesta positiva del mercado.

Si todas las ideas u ocurrencias generadas por la imaginación fueran certeras, viables o geniales habría infinidad de millonarios por todo el mundo. La realidad claramente es otra.

La mente suele ser muy creativa pero también suele ser muy engañosa. Muchas veces deja volar a la imaginación y se convence a sí misma de que ha producido una idea genial cuando en verdad no suele serlo. La mente es una gran embaucadora porque suele ajustar sus ocurrencias a los deseos e intereses del emprendedor. A través de inspiraciones y artificios hace todo lo posible para mostrar que ha desarrollado grandes ideas, evitando mostrar sus falencias o incoherencias. Al mostrar solo los aspectos positivos busca tranquilizar la ansiedad de su creador dando respuestas que se ajustan a sus deseos sin mostrar las dificultades para lograrlos.

Dejarse llevar exclusivamente por la imaginación y por los deseos de tener una idea que conduzca al éxito puede tener consecuencias negativas que van desde la frustración emocional al fracaso material. Para que eso no suceda, es esencial corroborar la viabilidad del proyecto creativo que se intenta implementar. Esto implica que es necesario que toda idea se confronte con la realidad. La *corroboración empírica* de las elucubraciones mentales es el medio más idóneo para comprobar si las ideas son productivas o solamente son una abstracción irrealizable. Cotejar la viabilidad de las ocurrencias es la única forma de descubrir si son erróneas, irrealizables o tendrán aceptación del mercado.

Dentro de los proyectos inviables que suelen proponer algunos emprendedores se encuentran los que describen los grandes beneficios pero no revelan cómo se pueden implementar. Muestran los grandes beneficios que se obtendrán si se llega a la *orilla opuesta del río*, pero no explican cómo se construye el puente para cruzar el río. Son ideas inviables porque no enseñan los mecanismos para alcanzar los objetivos.

Solo las ideas creativas que pueden llevarse a la práctica y generar un rendimiento tienen un valor económico. El resto de las ocurrencias no valen ni un centavo. Son ideas sin valor económico porque no generan rentabilidad o no se pueden implementar porque son irrealizables, son fantasías o son puro humo. Cuando las ideas son erróneas, inservibles, poco productivas o imposibles de implementar, la realidad es implacable porque actúa como el *cruel verdugo* que se encarga de matar sueños e ilusiones inconsistentes. La experiencia es más que elocuente al respecto. El 80% de los emprendimientos fracasan como consecuencia de que las ideas que originaron e impulsaron una actividad económica no eran rentables o eran impracticables.

Es importante señalar que una idea económica no solo debe ser viable de implementar sino que es esencial que genere expectativas positivas en el mercado a fin de generar una demanda que se traduzca en beneficios. Para que esto suceda, las ocurrencias creativas deben generar productos que satisfagan las necesidades de los consumidores o deben tener la capacidad de generar nuevas necesidades antes inexistentes. Solamente la posibilidad de satisfacer apropiadamente las falencias del mercado, sea con productos de calidad, mejor precio u originales, es lo que permite que un emprendimiento logre rentabilidad. Por lo tanto, un emprendedor debe estar atento al contexto social para captar sus necesidades, problemas, carencias o inquietudes a fin de generar ideas comerciales que se traduzcan en productos que reciban la aprobación de la gente y provoquen su demanda.

El mercado cumple un *doble rol* para un emprendedor. Por un lado, es el que aprueba o desaprueba sus ideas creativas a través de la demanda y consumo. Por el otro, el mercado es la principal fuente de inspiración de sus ideas y ocurrencias de negocio. El mercado es el que da señales sobre las carencias, necesidades y expectativas de la gente, haciendo que se convierta en el principal disparador de ocurrencias. Son esas señales del mercado las que estimulan la imaginación del emprendedor para plasmar en proyectos económicos. Por esa razón, su mente debe estar atenta a procesar las *señales* que emite la realidad, para procesar la información y desarrollar productos que satisfagan sus carencias insatisfechas y expectativas de consumo.

Un emprendedor tiene que generar constantemente nuevas ideas para acompañar los cambios sociales y mantener vigente su emprendimiento. Con ese propósito debe estimular su imaginación creativa. Debe pensar, racionalizar, soñar o fantasear para que su mente finalmente plasme una idea viable que le genere ingresos. Sin embargo, también es necesario que tenga una mirada abierta hacia el contexto exterior. La mayoría de las ocurrencias creativas que han dado grandes beneficios surgieron analizando y mirando el entorno social, a fin de descubrir las carencias, expectativas, deseos, oportunidades y problemas de la gente. Muchas veces mirar la realidad suele ser más efectivo y útil que estar elucubrando proyectos de forma aislada dentro de cuatro paredes. La realidad social suele ser la principal proveedora de señales y estímulos para generar ideas económicas exitosas.

Muchos emprendedores, fruto de algunas doctrinas en boga, no tienen en cuenta la interacción dialéctica que existe entre la realidad del mercado y las ideas generadas por la mente. Acotados a cierta literatura engañosa, consideran que las ideas innovadoras que conducen al éxito son posibles de lograr solo con estímulos mentales. No perciben que la gran mayoría de las ideas de negocio no surgieron de la nada, de forma espontánea o por el solo hecho de desearlo el emprendedor. Si bien la energía positiva de la mente es fundamental para estimular la creatividad, no suele ser suficiente para convertirse en la única fuente de inspiración para generar productos rentables. Los proyectos exitosos generalmente son resultado de la interpretación de las necesidades de la sociedad. Al descubrir, interpretar o pronosticar cuáles son esos intereses y expectativas de la gente, un emprendedor está más cerca de acertar cuáles son los productos que serán exitosos.

Por último, es importante señalar que toda gran idea suele tener *una vida finita*. Inexorablemente con el paso del tiempo toda idea pierde vigencia y es reemplazada por otra superadora. Pasado cierto periodo, pasan a ser obsoletas sea porque dejaron de ser útiles o porque no despiertan el interés de los consumidores. Como la *evolución de las especies,* las ideas también evolucionan y sobreviven mutando en nuevas ocurrencias que se adaptan a las exigencias del mercado.

Millones de ideas de negocio surgen todos los años para reemplazar las existentes. Muchas logran posicionarse en el mercado y ser exitosas. Otras son rechazadas o no responden al interés de la gente. Pero de lo que no hay duda es de que con el paso del tiempo todas serán descartadas. Esta *dinámica destructiva* que caracteriza la evolución de las ideas económicas y sus productos es muy cruel, pero imposible de detener. Por lo tanto, todo emprendedor debe disfrutar de sus ocurrencias exitosas pero, también, debe saber que el éxito de esa idea es limitado. No podrá beneficiarse de ella mucho tiempo. El cementerio económico está repleto de ideas y productos que en su momento fueron exitosos. Por lo tanto, el responsable de una empresa tiene la obligación de estar constantemente generando nuevas ideas y productos si pretende mantenerse vigente, crecer y no languidecer.

Planificación

Lo primero que debe definir un emprendedor son sus objetivos económicos a fin de planificar y organizar operativamente el emprendimiento que le permita concretar sus propósitos.

Todo emprendimiento económico surge a partir de una idea inspiradora que moviliza al emprendedor a diseñar una estrategia que le permita obtener un beneficio. Esa estrategia se sustenta básicamente sobre dos herramientas operativas: *la planificación y la organización.* La primera herramienta consiste en el trazado de una hoja de ruta o plan que establece las metas, plazos, etapas y recursos que son necesarios para alcanzar un objetivo. La organización, por su parte, es la herramienta que ordena y coordina todos recursos que se utilizarán en el proceso productivo a fin de cumplir con la ejecución de los planes.

Un emprendedor debe aprender a complementar adecuadamente ambas herramientas operativas para ordenar, guiar, supervisar y rectificar la gestión de la empresa con el fin de obtener un resultado positivo. La falta de planificación o la desorganización empresarial generan desorientación, desorden, incumplimientos, improvisación e ineficacia para construir una gestión exitosa. La ausencia de planes y de una estructura organizacional generan una gestión inconducente que no logrará ningún objetivo en tiempo, forma y contenido.

La planificación de una gestión implica diseñar las diferentes etapas productivas, acciones administrativas, inversión y pautas operativas que es necesario realizar para alcanzar un objetivo final. Es imposible llevar adelante un emprendimiento, sea grande o pequeño, si sus actividades no están previamente planeadas y organizadas.

La planificación establece la trayectoria que hay que recorrer para que el presente y el futuro se unan de la manera proyectada, para lograr un resultado beneficioso. Cumple con la función de ser una *hoja de ruta* que hay que seguir para evitar errores, cumplir plazos y superar distintas fases de producción para que la gestión alcance el objetivo. Como hoja de ruta, todo plan no solo delinea el sendero para llegar a un destino sino que, también, describe las acciones que es necesario emprender en cada etapa del proceso productivo para llegar al objetivo deseado.

La experiencia muestra que las gestiones exitosas, además de contar con una buena idea inspiradora, diseñaron planes acertados y precisos que las condujeron a un destino promisorio. Está corroborado que la existencia de una planificación sustentable, flexible, veraz y eficiente es la herramienta sustancial para alcanzar logros significativos y evitar un gran número de contingencias. Los planes son el vehículo para analizar y lograr el máximo resultado que se puede obtener de un emprendimiento. Sin una planificación que proyecte hacia dónde ir y cómo ir, es imposible realizar una gestión eficaz que logre la mayor rentabilidad posible. Sin embargo, también es cierto –y vale la subrayarlo– que muchas veces la existencia de un plan no garantiza necesariamente que un emprendimiento alcance los objetivos proyectados.

Un plan, como toda obra humana, está sujeto a errores y por lo tanto puede fracasar en sus propósitos, en su instrumentación o en sus expectativas. Una de las razones más frecuentes de su fracaso es consecuencia de la errónea interpretación sobre el escenario económico en donde se pretende lograr un objetivo. Esa mala interpretación de la realidad generalmente es resultado de una deficiente información sobre el mercado, lo que determina que se tomen datos erróneos para hacer pronósticos.

La visión equivocada de la realidad suele ser consecuencia de imaginar un escenario económico o reacciones del mercado de acuerdo a lo que se *desea* para que el emprendimiento logre las metas planeadas. Esta dualidad, entre la realidad tal como es y la realidad deseada, puede ser motivada por creencias, ideologías, factores emocionales, falta de conocimiento o de un exceso de positivismo que no quiere percibir los problemas. Sea por las razones que fuere, cuando la realidad es distorsionada para que coincida con lo que se desea, no hay plan que resulte eficaz porque se ha construido sobre un *realismo mágico*. Es justamente esa visión subjetiva o irreal lo que induce a un emprendedor a distorsionar los hechos y planificar un futuro en base a datos que no son ciertos. La falta de coincidencia entre lo que imagina ver a su alrededor y lo que la *verdaderamente sucede* conduce al fracaso de los planes y, por ende, a la no concreción de los objetivos.

Es esencial, para que un plan económico tenga posibilidades de alcanzar sus metas, que el planificador intente leer la realidad de manera *objetiva,* despojándose de dogmatismos, pasiones, errores, creencias o intereses que *oscurecen* en vez de aclarar. No menos importante es que los objetivos perseguidos en un plan sean viables y no utopías inconducentes. De nada sirve tener un plan para impulsar un emprendimiento si los objetivos perseguidos no son posibles de concretar por ser elucubraciones o deseos sin sustento real. Tener como meta objetivos inviables o imposibles de materializar hace fracasar cualquier planificación.

Otra causa que condiciona a que los planes fracasen o que no puedan implementarse como estaban proyectados son las contingencias o imprevistos. La movilidad del mercado, las políticas públicas, la acción de la naturaleza y los comportamientos sociales disruptivos suelen generar contingencias o cambios que no estaban considerados por el planificador. Algunos de esos cambios pueden pronosticarse o preverse dentro de ciertos límites para que no afecten seriamente un plan económico, pero lamentablemente en la mayoría de los casos esto no es posible. Los desastres naturales, un cambio en la moda, la caída de la Bolsa o la aparición de una nueva tecnología pueden producir alteraciones en el escenario económico que afectan, dañan o destruyen las posibilidades de ejecutar los planes como fueron diseñados.

Si el plan empresarial es excesivamente rígido y cerrado para poder alterarse ante contingencias, tendrá mayores probabilidades de fracasar. Al respecto cabe recordar la *Ley de Hofstadter* que sostiene que *"los proyectos siempre demandan más tiempo y dinero de lo planificado originalmente, como consecuencia de la aparición de contingentes o errores de cálculo que obligan a implementar cambios"*.

Sabiendo que la trayectoria hacia el éxito no suele ser un camino lineal ni directo por la gran cantidad de adversidades e imprevistos, una planificación empresarial debe estar abierta a cambios y tener opciones que le permitan tomar caminos oblicuos para llegar a destino. No debe realizarse en base a parámetros rígidos que no puedan modificarse, ni debe estar cerrada a modificaciones. Por el contrario, un plan económico debe ser flexible y contar con mecanismos de corrección para adaptarse a los cambios del mercado o para poder superar los errores de gestión.

Es importante señalar que la flexibilidad de un plan no solo se debe limitar a la posibilidad de modificar la *hoja de ruta* de la gestión. También la flexibilidad la debe tener el emprendedor que gestiona la empresa y los colaboradores que lo acompañan. Esto quiere decir que el emprendedor o hacedora debe tener una gran dosis de *plasticidad mental* para animarse a cambiar su historia, objetivos y planes si la realidad lo exige. Lo mismo debe ocurrir con los colaboradores que no pueden negarse a cambiar ni entorpecer los cambios de planes cuando es necesario hacerlos.

El responsable de gestión debe tener flexibilidad y plasticidad mental para desprenderse de planes inconducentes o para cambiar la trayectoria de la hoja de ruta tomando diagonales que le permitan llegar a destino. Es fundamental que tenga una fuerte predisposición para cambiar o revisar los planes cuando surgen contingencias, imprevistos o errores. Ante una crisis o alteración del escenario económico, no puede aferrarse a su plan original e inmolarse porque no está dispuesto a cambiar sus idearios o estrategias.

Un emprendedor no puede ser víctima de dogmatismos teóricos o caprichos que lo conduzcan a un callejón sin salida. Debe comprender que los planes son solo un medio para alcanzar un fin. No tiene que olvidar que la planificación es un instrumento operativo y que, como tal, debe estar al servicio de los objetivos finales. Si un plan deja de ser útil o no sirve para lograr las metas buscadas, debe ser modificado para no convertirse en *un corsé* que impida llegar al destino deseado.

Finalmente, no podemos ignorar que en algunas ocasiones los logros económicos no resultan de una actividad planificada como se ha sostenido. De manera excepcional se logran beneficios económicos que no fueron previstos ni buscados a través del diseño de un plan. Son resultados inesperados que se presentan como consecuencia de una confluencia de factores sobre los que el emprendedor no tiene mucha incidencia. Son hechos que resultan del azar. En estos casos, el emprendedor solo tiene la virtud de aprovecharlos para su propio beneficio.

La existencia del azar no puede ser negada. Sin embargo, esos beneficios no planificados y que son resultado de la *diosa fortuna,* no pueden ser considerados como algo habitual o que pueden promoverse a través de la improvisación. Son hechos excepcionales y no aparecen con frecuencia ni, mucho menos, cuando se los desea. Por el contrario, la realidad nos muestra todos los días que para alcanzar un objetivo económico debe existir una actividad planeada, en donde la buena fortuna no aparece con frecuencia.

Organización

La organización de un emprendimiento es la estructura operativa que permite coordinar los recursos físicos, financieros, tecnológicos y humanos que se requieren para implementar un plan económico y para poner en funcionamiento el proceso productivo.

La planificación es la brújula que fija el Norte hacia donde debe dirigirse la empresa, y la herramienta que permite verificar si las acciones implementadas durante la gestión se ajustan a lo proyectado.

Sin embargo, así como no es suficiente tener es suficiente tener diseñado un plan de acción para lograr que ese emprendimiento funcione ordenadamente. Para materializar una idea y ejecutar un plan, es imprescindible que el emprendimiento cuente con una *estructura organizacional* que permita instrumentar operativamente los procesos de producción que hagan realidad los planes e ideas.

La *estructura organizacional* de un emprendimiento es el medio operativo del que dispone un emprendedor para gestionar, coordinar actividades, ejecutar planes de acción, administrar los recursos, ordenar el trabajo de los colaboradores, supervisar los procesos productivos y establecer los vínculos con el contexto externo. Es la herramienta que permite complementar y ordenar todos los factores que intervienen en el proceso productivo, a fin de lograr el mejor resultado con el mínimo costo.

Ningún emprendimiento puede prescindir de una organización interna que estructure, coordine y supervise su funcionamiento. Toda empresa grande o pequeña, familiar o corporativa, requiere algún formato de organización para poder funcionar ordenadamente y alcanzar un mayor grado de eficacia.

Cada emprendedor debe instrumentar la organización interna de su emprendimiento de acuerdo al formato de producción que demande su actividad, el nivel profesional de sus colaboradores y su personalidad o el grado de participación que pretendan éstos. No existe una *matriz única y universal* para organizar internamente los recursos de una empresa. Cada emprendimiento y cada sistema social tienen sus particularidades que condicionan la forma que se adopte. Por lo tanto, de acuerdo a cada contexto cultural y según los objetivos buscados, una empresa debe diseñar la estructura organizacional que más se ajuste a sus necesidades. Al hacerlo debe contemplar las costumbres laborales, las leyes, las posturas sindicales, el nivel de robotización interna, el grado de participación de los trabajadores, las metas de producción, la capacitación profesional de los empleados o el número de personas en relación de dependencia que tiene el emprendimiento, entre otros factores.

En la actualidad, si bien coexisten diferentes formatos de organización empresarial, hay una fuerte tendencia a abandonarlos cuando están basados en una estricta división del trabajo, o tienen una marcada estructura jerárquica sustentada en los principios de Frederick Taylor. En gran parte de los países industrializados actualmente se imponen las organizaciones horizontales, a fin de promover la autogestión de los empleados.

En los foros de discusión académica y empresarial se siguen analizando las virtudes y defectos que presentan los diferentes formatos organizacionales, de acuerdo al tamaño de la empresa, la complejidad tecnológica, el número de empleados y las formas de gestión de sus directivos. Sin embargo, existe un consenso generalizado: ningún emprendimiento puede funcionar operativamente y lograr sus objetivos de producción sin alguna estructura organizacional, mas allá de que se adopten formas horizontales, verticales o de autogestión. Los economistas, empresarios y académicos coinciden en que la existencia y funcionamiento de una empresa depende, en gran medida, de que existan *pautas organizacionales* que ordenen sus actividades. Esas pautas deben ser certeras, previsibles y objetivas para que todos los integrantes de la empresa las puedan conocer para organizar y coordinar sus conductas individuales y colectivas. La improvisación, el desorden, la desorganización, la imprevisibilidad y la inequidad al asignar responsabilidades entre los miembros de un emprendimiento es rechazada porque genera desazón, desorientación, conflictos y atenta contra la eficiencia operativa de un emprendimiento.

Es fundamental que un emprendimiento tenga una estructura organizacional que responda positivamente a sus necesidades para poder cumplir con los objetivos establecidos por la gestión, la movilidad del mercado, la competencia y los avances tecnológicos. También debe contemplar las disposiciones de la legislación pública, las demandas sindicales y las expectativas de los empleados.

En los tiempos que corren, todos los empleados, sean de cuello azul o de servicios, demandan que las estructuras organizacionales de las empresas sean *flexibles* ante las demandas laborales, *dinámicas* para adaptarse a las innovaciones, *abiertas* a las críticas y *participativas* a fin de priorizar el consenso. Los jóvenes, sin distinción de género, ya no aceptan trabajar en organizaciones cerradas, autoritarias, burocráticas y que no ofrezcan posibilidades de superación laboral y capacitación profesional. De manera especial, rechazan los abusos de poder, la discriminación, el acoso sexual, el favoritismo y la falta de igualdad dentro de una organización.

Junto a la falta de flexibilidad y ausencia de adaptabilidad a los cambios sociales, lo peor que le puede suceder a una organización empresarial es socavar las bases que dinamizan su eficacia. Esto es lo que suele ocurrir cuando la organización deja de ser ordenada, certera, objetiva, equilibrada, justa y previsible. Al abandonar esos objetivos se convierte en una fuente de desorden, conflictos y desarticulación de las funciones operativas. Este *desmadre organizativo* se convierte en el fermento de errores, desaciertos, desencuentros, caída de la rentabilidad y la acumulación de problemas pendientes sin resolver.

Es fundamental que un emprendedor apuntale la organización de su empresa. No hay duda de que si la *cabeza* de la organización empresarial es improvisada, no respeta las pautas preestablecidas, es imprevisible, arbitraria, autoritaria, burocrática, no sabe escuchar, apela a la violencia o es caprichosa en sus decisiones, se producirán consecuencias negativas. Lo mismo sucederá si los directivos no ejercen la autoridad en forma adecuada, no respetan los derechos de los empleados, no exigen el cumplimiento de las obligaciones, priorizan el amiguismo sobre la eficiencia, cambian los planes constantemente, no estimulan la participación, no premian el mérito o no saben gestionar con eficacia.

Es cierto, que en algunas ocasiones el desorden y la desorganización no son consecuencia directa del responsable de gestión. A veces, el funcionamiento de la organización es afectado por las conductas que asumen algunos empleados. Por razones ideológicas o por experiencias históricas negativas, algunos suelen manifestar una profunda resistencia hacia las normas, obligaciones o pautas de ordenamiento. Esa resistencia política o cultural hace que rechacen cualquier tipo de disposición que pretenda ordenar y organizar su comportamiento laboral. El mismo rechazo se manifiesta contra los horarios fijos de trabajo, la asignación de funciones por mérito, el establecimiento de jerarquías en la estructura organizacional, los controles, la supervisión o las escalas salariales que se proponen en cada paritaria. Se resisten a estas y otras tantas disposiciones organizacionales porque consideran que son actos de coerción de los empresarios y una manifiesta supresión de sus derechos.

Sean totalmente justificados esos rechazos, el hecho es que este disenso sobre cómo debe funcionar la organización empresarial lleva a conflictos permanentes, desencuentros y a la imposibilidad de lograr un funcionamiento productivo que permita que la empresa crezca y los trabajadores logren parte o la totalidad de sus reclamos.

La resistencia de los empleados a aceptar las pautas de organización, control y supervisión, no siempre es ideológica o política. También existe rechazo a todo lo que es orden y obligaciones como consecuencia de la rebeldía cultural de las nuevas generaciones. Los *jóvenes millennials* no aceptan nada que le ponga límite a su libertad de acción o los condicione a cumplir pautas formales de comportamiento. Quieren ser libres para hacer lo que desean por lo que rechazan todo tipo de estructura o autoridad que fije objetivos o establezca obligaciones. Quieren ser jefes de sí mismos, decidir cuándo quieren irse de vacaciones, tener la posibilidad de rechazar labores tediosas o negarse a trabajar en exceso. Consideran que lo más importante es que las organizaciones empresariales se adapten a sus necesidades y no a la inversa.

No cabe duda de que toda organización puede mejorarse y cambiarse en busca de un mejor ambiente de trabajo o para alcanzar objetivos más ambiciosos. Lo que no se concibe es que sea posible plasmar un plan, coordinar voluntades dispares, trabajar mancomunadamente, superar los niveles de producción y mejorar la distribución de ingresos sin una organización empresarial eficiente que logre eficacia y rentabilidad. Por lo tanto, es necesario que los empleados, jóvenes y adultos, se despojen del prejuicio cultural de que orden y organización son sinónimos de represión. No pueden dar por verdad inapelable que las organizaciones son una herramienta opresora de los poderosos para conculcar la libertad o sus derechos personales. Si bien algunos inescrupulosos han abusado del poder, la mayoría de las empresas en todo el mundo tienen organizaciones cada vez más flexibles, abiertas y participativas, generando grandes beneficios para sus empleados.

Es muy importante que la sociedad no asuma creencias o postulados que son falsos o van en contramano del progreso. Por lo tanto, ante el malestar de las nuevas generaciones en cuanto al orden y las obligaciones que resultan de las organizaciones, los responsables de empresas, el gobierno y los sindicatos deben emprender la ardua tarea educativa de enseñar a los empleados adultos y a los *millennials* que no es posible llevar adelante un emprendimiento y mejorar su rendimiento sin un formato de organización, que incluya orden, obligaciones y objetivos. Los empresarios, de manera especial, deben ayudar a que sus colaboradores y empleados valoren la importancia de una organización no solo para la empresa sino para potenciar sus beneficios y derechos personales. Deben mostrar que una organización empresarial flexible, justa y trasparente, lejos de ser un cerrojo opresivo es una herramienta para potenciar la creatividad, la movilidad, la libertad individual, el desarrollo personal o el disenso.

Lo que no debe hacer un empresario es obligar a sus empleados a sujetarse a una organización sin chistar, sin opinar, sin participar o negándoles la posibilidad de realizar sugerencias para su mejor funcionamiento. El autoritarismo y el abuso de poder no son el camino para gestionar. Se debe integrar a los empleados a la organización y hacerlos participar, porque son el *activo* más valioso del que se dispone para lograr los objetivos.

Conocer el negocio

Para que un emprendimiento genere resultados positivos, es fundamental conocer tanto su funcionamiento interno como los factores externos que lo pueden condicionar.

Los empresarios con larga experiencia suelen recomendar a los noveles emprendedores que, antes de iniciar una actividad comercial, hagan el esfuerzo de *conocer previamente* el negocio que quieren llevar adelante. Consideran que no contar con un conocimiento adecuado del negocio suele conducir al fracaso.

Es verdad que en algunas ocasiones el desconocimiento suele empujar a tomar decisiones que conducen al éxito. Decisiones que no se hubieran tomado si se tenía mayor información sobre la realidad o conciencia de los riesgos. Sin embargo, a pesar de esos logros circunstanciales, no cabe duda de que la ignorancia es la principal causa que lleva a cometer graves errores. Los éxitos que resultan de una falta de conocimiento son mínimos con respecto a la inmensa cantidad de fracasos producidos por la ignorancia. El *cementerio de los fracasos económicos* está plagado de víctimas de la ignorancia que improvisadamente o impulsados solamente por su entusiasmo, emprendieron una actividad económica sin conocer previamente cómo era y funcionaba un negocio.

La ignorancia no es buena consejera. Tener una información parcial o insuficiente no sirve para lograr objetivos exitosos. Para garantizar una buena gestión, un emprendedor necesita *empaparse* con toda la información vinculada al negocio que habrá de iniciar. No puede pecar de soberbia creyendo que un título académico o su entusiasmo son suficientes como para emprender exitosamente. No analizar, investigar e informarse sobre las características integrales del negocio es un error que puede costarle muy caro en lo emocional y en lo material. Un emprendedor necesita tener una información certera sobre la matriz productiva de la empresa y sobre su contexto macroeconómico antes de iniciar una actividad.

Conocer la *matriz productiva de la empresa y el contexto exterior* donde se habrán de desarrollar las actividades permite descubrir las debilidades y fortalezas de un emprendimiento. Permite saber cuáles son las falencias a corregir y las oportunidades que se pueden presentar. Sin ese conocimiento específico es difícil pronosticar el futuro de la empresa porque la ignorancia es un velo oscuro que oculta la realidad, impidiendo ver tanto las contingencias como los logros posibles.

Un conocimiento certero del negocio requiere que se analicen objetiva y fácticamente todos los factores que se conjugan para que un emprendimiento funcione. Es esencial que el emprendedor desmenuce la información disponible para analizar cómo debe ser la organización interna de la empresa, su sistema de producción, los insumos, la tecnología, el equipamiento técnico, el financiamiento, los recursos materiales, los potenciales clientes, los productos más rentables, la red de distribución y los recursos humanos que son necesarios para alcanzar sus objetivos.

También, *conocer el negocio* implica interiorizarse sobre el contexto exterior o el marco macroeconómico donde se realizará la actividad comercial. Un emprendedor no puede limitar su conocimiento a la dinámica interna del emprendimiento. Debe tener muy presente el contexto exterior en el cual deberá interrelacionarse con otras empresas, consumidores, proveedores y grupos de poder. Debe conocer mínimamente el funcionamiento del mercado, la conformación de la demanda, la competencia, las políticas económicas gubernamentales, el comercio exterior, el régimen impositivo, el régimen de paritarias, el ordenamiento jurídico y el ánimo de la sociedad, entre otras variables.

Un emprendedor jamás debe proyectar ni gestionar un negocio como si estuviera dentro de un *tupper*. No puede pretender llevar adelante una actividad económica sin mirar lo que sucede afuera de las fronteras de la empresa. Esa mirada debe ser amplia porque el contexto externo incluye muchos factores que pueden influir sobre su actividad, sea para apuntalar su crecimiento o para constituirse en un obstáculo que la haga fracasar.

Al analizar el contexto externo hay que poner especial atención al régimen jurídico comercial, civil, laboral, penal y tributario que repercutirá sobre sus actividades económicas. Conocer el derecho positivo es fundamental, ya que establece las obligaciones, los beneficios y los límites de toda empresa. No tener en cuenta el régimen jurídico al momento de emprender o no conocerlo de manera adecuada se convertirá en el *aquelarre* del emprendedor. Ignorar lo que establecen las leyes y cuáles son los impuestos que tiene que pagar determinará que, en vez de estar abocado a producir, tenga que pasarse todo el día litigando en tribunales, rogando que le otorguen habilitaciones o implorando al contador para que los impuestos no acaben con su empresa.

Al momento de evaluar la factibilidad de un negocio también es relevante poner atención él *ánimo social.* Es muy difícil mantener o aumentar la rentabilidad de una empresa si el entorno social está preocupado o desesperanzado sobre el futuro económico. El ánimo social es un fuerte condicionante para el desarrollo de un negocio porque incide sobre la actitud cotidiana y el comportamiento económico de la gente.

El ánimo social puede conocerse por los informes de agencias especializadas, pero, esencialmente, se puede conocer a través de las redes sociales, internet, la radio, la televisión, los periódicos y los formadores de opinión. Si esos medios difunden desconfianza, pesimismo, desesperanza o promueven una información negativa sobre el sistema económico, el ánimo de la gente decaerá. A la inversa, si difunden optimismo y buenos pronósticos sobre la actividad económica, los agentes de la economía actuarán positivamente aumentando el consumo y el crecimiento de las empresas.

Es evidente que la concreción de un negocio o una actividad comercial es mucho más que tener un sueño o deseos de independencia. Para que un emprendimiento se materialice de manera positiva es muy importante que el emprendedor conozca todas las variables que habrán de incidir para concretar sus expectativas. Mientras más conozca la empresa y su entorno externo, mayor cantidad de herramientas tendrá para conocer el negocio y su factibilidad de éxito. Por eso es fundamental que antes de lanzarse a una actividad se tome un tiempo para analizarla. No puede pecar de soberbia ni de ingenuidad considerando que su voluntad o impulso emprendedor son suficientes para comenzar con éxito un negocio.

Un modelo de negocio

Un modelo de negocio consiste en la construcción de un escenario hipotético sobre las actividades a desarrollar por un emprendimiento a fin de conjeturar sus posibles logros y posibles contingencias.

El *modelo de negocio* es un análisis integral de los recursos materiales y humanos que demandará el emprendimiento, como así también la descripción del proceso productivo y los posibles riesgos que pueden presentarse en la realidad.

Un emprendedor, con el propósito de tener una visión general de lo que se aspira lograr con determinado emprendimiento, debe contemplar mínimamente los siguientes tópicos: quiénes serán los responsables de gestión, cuáles son las razones que determinan que los productos ofrecidos despertarán el interés del mercado, quiénes serán los potenciales consumidores, quiénes serán los proveedores, cómo será la estructura organizacional de la empresa, de donde se obtendrán los recursos que se necesitan, cuál es el monto de inversión financiera, cuál es el flujo de ingresos y egresos esperados (*cash flow*) y cuál es la proyección del negocio a corto y mediano plazo.

Además de dar respuesta a todas esas preguntas, un m*odelo de negocio* debe contemplar los siguientes tópicos: objetivos principales y secundarios del emprendimiento, plazos de cada etapa del proceso productivo, asociaciones estratégicas, contexto jurídico y económico, análisis del mercado nacional e internacional, análisis de riesgos y ventajas comparativas, bienes y servicios que se producirán, precio de productos, recursos humanos, tecnología, proveedores, distribución, marketing y promoción.

En la medida que el Modelo de Negocio incluya mayor cantidad de variables para sustentarlo y sea más veraz, habrá mayores posibilidades de éxito. Un modelo de negocio es muy útil para emprender solo cuando se ajusta a la realidad y es certero en su información. La aclaración de que los datos deben ser veraces es pertinente porque muchas veces se falsea la información con otros propósitos. Es frecuente que algunos emprendedores fuercen la realidad y los datos para que coincida con sus deseos. También es frecuente que la falsedad de los *modelos de negocio* sea consecuencia de emprendedores deshonestos que manipulan la realidad y los datos de sus proyectos para conseguir inversiones, créditos bancarios o asociaciones que no lograrían si dijeran la verdad.

Manipular los datos del Modelo de Negocio, realizar un falso diagnóstico sobre los beneficios a obtener o presentar información incorrecta sobre las posibles contingencias es muy negativo. No solo para los inversores que son engañados sino también para los responsables de gestionar dado que generalmente terminan adoptando ese erróneo Modelo para trazar su plan operativo. Al sustentar su planificación en datos erróneos lo más factible es que fracasen. Un Modelo de Negocio solamente es útil en la medida que sea veraz, certero, transparente y se ajuste a la realidad. En caso contrario, es un castillo de naipes que se desplomará ante la cruda realidad. Desarrollar hipotéticos escenarios en base a falsedades lleva inexorablemente a una gestión errónea y a que los problemas se multipliquen a medida que se avanza en el emprendimiento.

Para aminorar los efectos negativos de malos diagnósticos es conveniente conocer cuáles son las f*ortalezas, oportunidades, debilidades y amenazas* que puede tener el emprendimiento que se pretende implementar.

Las *fortalezas y debilidades* hacen referencia a las ventajas, adversidades y oportunidades que pueden presentarse al emprender un negocio. Mientras que las *fortalezas* ponen de relieve los puntos fuertes y destacados del proyecto que auguran resultados positivos, las *debilidades* señalan cuáles son las carencias o aspectos negativos que pueden impedir que se logren los objetivos.

El análisis básico de las fortalezas y debilidades también debe incluir el examen de la organización interna del emprendimiento, su funcionamiento, financiamiento, calidad de recursos disponibles, las instalaciones físicas, ubicación geográfica y desarrollo tecnológico. Dentro de esta categoría de análisis también debe describirse la capacidad del emprendedor para gestionar, sus antecedentes, su prestigio, el equipo de profesionales que lo acompañan, los clientes cautivos y potenciales, y los proveedores.

El examen de las oportunidades y amenazas, busca exponer cuáles son los factores externos que pueden ayudar a lograr o impedir los objetivos del emprendimiento. Desde esta perspectiva, se analiza el mercado, las variables macroeconómicas del país, las importaciones y exportaciones, el contexto político, los niveles de corrupción, los monopolios, el sistema impositivo, la legislación, el marco jurídico, la competencia, los precios y la calidad de los productos sustitutos.

Aunque nadie puede tener la certeza y precisión para pronosticar todas las variables positivas que puede ofrecer el mercado ni prever todos los riesgos, el *modelo de negocio* es un instrumento muy útil para cotejar la viabilidad y sustentabilidad de los objetivos propuestos por un emprendimiento. Con la información que brinda, un emprendedor está en condiciones de planificar sus actividades para alcanzar sus objetivos dentro de un determinado plazo. Ese *modelo* será el sustento para realizar una planificación que permita guiar, ordenar, priorizar, coordinar, supervisar y definir cuáles son las acciones que habrá que emprender para alcanzar las metas proyectadas.

Generar un flujo de ingresos

**Un emprendimiento comercial, para ser rentable
y sustentable, debe generar un flujo de ingresos
permanentes, que sean superiores a los egresos.**

A los emprendedores se los puede definir de maneras diversas. Se puede decir que se caracterizan por ser personas creativas, ingeniosas, pasionales, prácticas, innovadoras, obsesivas o generadores de empleos. Todas esas definiciones, como muchas otras, son parcialmente válidas en la medida en que forman parte de una sumatoria de condiciones que definen integralmente la personalidad de un emprendedor. Sin embargo, desde mi perspectiva existe una característica, que sin estar por encima de las demás, es esencial para definirlo: *debe ser un hacedor de negocios.*

Entiendo como *hacedor de negocios* a las mujeres y hombres que a partir de una idea, una personalidad, una organización y un trabajo duro, llevan adelante una actividad económica que les reporta beneficios. Es decir, al final de su faena emprendedora logran que sus ingresos superen a los costos; que la inversión genere una rentabilidad superior a lo invertido.

No niego que tener una idea original, implementarla, coordinar un proceso de producción y posicionarse en el mercado no describa a un verdadero emprendedor. Lo que sostengo es que ese accionar no es suficiente si, al final del ciclo productivo, el emprendimiento no genera recursos suficientes como para mantener, invertir y expandir el negocio. Desde esta perspectiva, es comercialmente exitoso cuando tiene la posibilidad de generar *ingresos* superiores a los egresos para hacerlo viable y sustentable.

A diferencia de la compra de un inmueble o la inversión en una obra de arte, que al cabo de un tiempo seguramente aumentarán su valor generando una ganancia, un emprendimiento requiere generar un *flujo permanente de ingresos* para solventar sus actividades diarias, mensuales y anuales. La continuidad de ese flujo y la diferencia que tenga con los egresos son determinantes para su existencia. El flujo de ingresos positivos marca el ritmo cardiaco de un emprendimiento. Si no es constante y es inferior a los costos, no habrá posibilidad de mantenerlo *con vida.*

Un emprendedor puede llegar a darle forma a una idea, construir una inmensa fábrica, generar empleo para decenas de trabajadores y desarrollar tecnologías de avanzada, pero si no se logra generar un flujo de ingresos superiores a los egresos, el objetivo central del emprendimiento está herido de muerte. No tendrá beneficios ni utilidades que le permitan afrontar sus gastos. Habrá logrado desarrollar una actividad económica y llamar la atención del mercado, pero no tendrá un negocio sustentable porque sus ingresos no alcanzarán para mantener el emprendimiento.

Es cierto que el proceso para lograr un balance positivo de los ingresos puede demandar un tiempo. Hay un periodo de inversión y de siembra que es necesario transitar para recoger los frutos o beneficios. Sin embargo, esta verdad insoslayable muchas veces suele ser utilizada como un manto para ocultar un proceso improductivo. Un proceso que, a pesar del paso del tiempo, seguirá siendo deficitario porque el negocio no será rentable porque nunca los ingresos superarán los egresos. Por lo tanto, cuando se planifica una actividad empresarial es necesario establecer cuándo se producirá el *punto de quiebre* a partir del cual los ingresos necesariamente deben comenzar a ser superiores que los ingresos. Si eso no ocurre, hay que evitar las justificaciones que buscan la aprobación para seguir gastando por encima de los ingresos. Si el emprendimiento no es rentable, es esencial afrontarlo para no seguir perdiendo, invirtiendo en un pozo sin fondo o generando expectativas que no se materializarán. Tapar el sol con la mano no hará que el sol desaparezca. El auto engaño solo posterga y agranda el desenlace final.

Con respecto al flujo de ingresos, que mide el potencial de un emprendimiento, cabe agregar que en la medida que no dependa de la voluntad y dirección personal del emprendedor, mayor fortaleza tendrá la empresa para sustentar su actividad. Por el contrario, si los ingresos están directamente vinculados a la presencia y empuje del emprendedor, se correrá el riesgo que ese flujo no sea constante ni pueda incrementarse cuando el responsable de gestión no está presente.

Una empresa tiene una seria debilidad para crecer y mantenerse cuando el *grifo de ingresos* depende de la presencia y accionar del emprendedor. Esta dependencia, propia de las Pymes o de las organizaciones altamente centralizadas, es un grave inconveniente para su desarrollo. Mucho mejor y más eficiente es que el flujo de ingresos sea resultado de una aceitada organización y una eficiente comercialización.

Requisitos contables y jurídicos

Un emprendimiento que aspire a desenvolverse con eficacia, aumentando sus ingresos y reduciendo sus contingencias, requiere de una estructura contable y jurídica que le ofrezca certeza y seguridad.

Si bien la proyección de lo que pueden ser los ingresos es muy relevante porque marca los límites de la expansión del negocio y la factibilidad de crecer a partir de los beneficios que pueden lograrse, suele ser más importante conocer sus costos y egresos. Son los gastos fijos y variables, como la inversión que demandará la implementación emprendimiento, lo que finalmente condiciona la posibilidad de su realización y permanencia en el mercado. Si los costos se expanden más rápidamente de lo que pueden ser los ingresos o no se cuenta con el capital financiero para cubrir su déficit inicial, habrá que revisar la factibilidad del emprendimiento.

Es habitual entre los emprendedores *sobrevalorar los ingresos y subestimar los costos*. Es tan grande el anhelo de emprender que suelen ajustar la realidad a sus deseos tratando de inflar los ingresos y desinflar los costos. Esto es un error que hay que evitar. Un emprendedor tiene que ser muy preciso al definir sus egresos y la manera en que habrá de financiarlos si no tiene el recursos suficientes para afrontarlos. Proyectar cómo se cubrirán los costos, al igual que las posibles contingencias, es parte de la hoja de ruta que le permitirá gestionar sin sobresaltos.

Si nos referimos a los costos e ingresos, necesariamente hay que poner atención al presupuesto del emprendimiento. El Presupuesto es la columna vertebral de una organización empresarial en la medida en que es lo que permite proyectar contablemente cuáles serán los egresos, inversiones e ingresos que se producirán durante un periodo de tiempo. Esa proyección detallada y ajustada a la verdad será la guía para ordenar la contabilidad del emprendimiento a fin de que no existan desfasajes que alteren la planificación y la concreción de los objetivos. Sin un presupuesto ajustado a la realidad es casi imposible prever gastos o lograr un equilibrio financiero que permita el funcionamiento ordenado del negocio.

El presupuesto no solo es necesario para proyectar el flujo de ingresos y egresos previstos durante un año sino que también es útil para controlar que se cumpla con lo proyectado en tiempo y forma. Es la hoja de ruta contable de una organización. Por lo tanto, para que cumpla con sus objetivos no solo debe incluir los egresos e ingresos previstos sino también los montos de inversión financiera que habrá de requerir durante su ejecución, incluido el pago de intereses a pagar por esos créditos.

Un emprendedor debe prever el volumen de capital financiero que necesitará para iniciar su emprendimiento, tanto como la forma de conseguirlo en el sistema bancario a la menor tasa de interés. Igualmente, debe prever que sus planes pueden no cumplirse de la forma planificada y quizás tenga necesidad de apelar a nuevo financiamiento externo para seguir produciendo sin detener su normal actividad. No puede ignorar que la falta de crédito o el pago de fuertes tasas de interés suelen ser la causa principal por la que un emprendimiento fracasa o quiebra antes de lograr sus objetivos.

Otra consideración a tener en cuenta por un emprendedor al momento de decidir emprender es pensar en la marca distintiva de su empresa o productos. Es muy importante que tanto la empresa como los bienes a producir tengan una marca comercial a fin de que sean reconocidos por los consumidores, proveedores y clientes. Para lograr ese cometido es esencial la selección de un *nombre como marca* y su *registro* en los organismos públicos pertinentes.

La elección de una marca, si bien depende del gusto o preferencias del emprendedor, está absolutamente limitada por la infinidad de registros existentes en los organismos nacionales e internacionales. Esto obliga no solo a buscar nombres que sean atractivos sino que no estén registrados con anterioridad.

El paso posterior al registro de marca ante los organismos oficiales es verificar que no existirá oposición a ese registro por otra empresa o persona que haya inscripto la marca con anterioridad. Lograda la inscripción, es fundamental registrar esa misma marca en los dominios de internet y redes sociales. Es muy importante que la misma marca comercial pueda ser utilizada en todos los medios de comunicación para lograr su afianzamiento y reconocimiento en el mercado.

Otro factor a tener presente al planificar un emprendimiento es el *espacio físico* que se ocupará para impulsarlo y desarrollarlo. Ya sea que se proyecte una empresa que demandará cientos de empleados o se emprenda un negocio desde un dispositivo móvil, es necesario contar con un espacio físico. Toda acción humana requiere de un espacio físico, grande o pequeño, para lograr su cometido. Por lo tanto, se tenga planificado comenzar el emprendimiento en el garaje de la casa o en un local en la vía pública, es importante que ese lugar físico reúna las condiciones básicas y legales que faciliten su buen funcionamiento.

Si bien el espacio físico seleccionado puede variar según el destino del emprendimiento (pudiendo ser una oficina, un galpón, un local o una fábrica) es recomendable que ese espacio tenga la posibilidad de albergar en el futuro más puestos de trabajo y equipamientos si el emprendimiento crece. También es bueno prever los baños, depósitos, iluminación y las exigencias que el Estado solicitará para conceder la habilitación.

Por otra parte, es conveniente que el lugar seleccionado esté cerca del domicilio particular del emprendedor para ahorrar tiempo en la travesía diaria. También es recomendable que el emprendimiento esté localizado cerca de vías de comunicación para que los empleados y consumidores puedan acceder fácilmente y a un menor costo en viáticos. En caso de alquiler, hay que realizar un contrato largo en el tiempo para no estar cambiando la sede del emprendimiento en el futuro ni estar condicionado por aumentos excesivos en el alquiler.

Por último, un emprendedor debe actuar con cierta formalidad y prevención para evitar riesgos o contingencias en el futuro. Desde esta perspectiva, es esencial que todas sus relaciones laborales, comerciales o contractuales las realice de manera formal y por escrito. A las *palabras se las lleva el viento* y los peores pleitos o perjuicios son aquellos que no tienen antecedentes escritos para demostrar cómo fueron los acuerdos y obligaciones celebradas entre las partes. Asimismo, para un mejor funcionamiento empresarial es necesario e imprescindible que una empresa tenga una *cobertura de seguro* apropiada que cubra cualquier tipo de siniestro o contingencia. Al tal fin, es necesario que el emprendedor cuente con un buen asesoramiento y compañía aseguradora que le garantice capacidad financiera para cubrir sus contingencias materiales y humanas al menor costo posible.

Establecer prioridades

Un emprendedor debe aprender a priorizar sus objetivos a fin de concentrarse exclusivamente en los que son más relevantes para el crecimiento de la empresa.

Un emprendedor debe aprender a seleccionar y priorizar sus objetivos. Debe saber escalonar las urgencias, las necesidades y las oportunidades que tiene por delante para emprender, en primer lugar, aquellas actividades que le permitan alcanzar el máximo de beneficio de acuerdo a la capacidad y disponibilidad de recursos.

Si un emprendedor intenta alcanzar muchos objetivos en un mismo periodo o no prioriza la ejecución de aquellos que le reportarán mejores resultados, no logrará una gestión óptima. Estudios realizados en Alemania en el año 2005 han puesto en evidencia que el *multitasking* atenta contra la efectividad de las tareas emprendidas. Las investigaciones revelan que emprender una multiplicidad de actividades de manera conjunta afecta a la concentración, atenta contra la precisión y multiplica las interrupciones improductivas, lo que se traduce en un incremento de errores y una disminución del rendimiento. Lo contrario ocurre cuando un emprendimiento se especializa en una tarea específica, poniendo toda su atención en la concreción de un objetivo. Cuando esto sucede se logran resultados mucho más sobresalientes que cuando el equipo de trabajo diversifica su creatividad y operatividad en varias actividades de manera simultánea.

Las investigaciones realizadas en Alemania pusieron de relieve que cuando se intenta emprender conjuntamente varias actividades lo que normalmente sucede es que la segunda tarea, realizada en simultáneo, logra un 80% de optimización sobre el 100% que podría haberse alcanzado si fuera la única acción emprendida. La investigación de campo también reveló que si se continúa con ese procedimiento y se suma una nueva actividad a las anteriores, la tercera tarea solo logrará una optimización cercana al 50% sobre el 100% que hubiera alcanzado si fuera una única actividad emprendida. La caída del rendimiento de las actividades que se vayan sumando continuará con cada nueva incorporación, hasta llegar a un punto que la última tarea sumada tendrá un rendimiento nulo.

A las razones expuestas en cuanto a la merma de efectividad al emprender varias actividades de manera simultánea, por el mismo equipo de trabajo, hay que sumar las conclusiones del *Principio 80/20* enunciado por Richard Koch, que sostiene que solamente "un veinte por ciento de las actividades que se emprenden generan efectos significativos". Según el autor, en todos los ámbitos de la vida alrededor del 20% de las actividades emprendidas acaparan el 80% de los resultados más relevantes. A la inversa, el 80% de las actividades que se realizan tienen una trascendencia que no supera el 20%.

El *Principio 80/20* se puede comprobar en todos los ámbitos y actividades. En el deporte se puede verificar que el veinte por ciento de los atletas se lleva el ochenta por ciento de los premios y medallas. Igual ocurre en *twitter*, donde el 20% de los usuarios logra acaparar el 80% de los seguidores de la red social. En economía sucede exactamente lo mismo. El 20% de las empresas controla el 80% del mercado de consumo.

Este principio es un llamado de atención para los emprendedores, aunque no se dé exactamente igual en todos los casos.

Verificado ampliamente, pone en evidencia que no todas las acciones o actividades generan iguales resultados, por lo que un emprendedor debe priorizar aquellas que pueden acaparar el 80% de efectividad, dejando de lado aquellos objetivos que solo pueden producir resultados menores al 20%. No tiene sentido canalizar esfuerzos y recursos en objetivos que reportan magros resultados aunque demanden igual tiempo, inversión y energías que los que generan mayores beneficios. Un emprendedor debe saber seleccionar y priorizar sus actividades a fin de obtener el máximo rendimiento con el mínimo esfuerzo.

Sea por las razones expuestas por Koch o por la decadencia en el rendimiento cuando se emprenden varias actividades simultáneas, es evidente que un emprendedor debe seleccionar, analizar y priorizar las metas de acuerdo a su capacidad de generar los beneficios más altos. Detrás de ese propósito, es necesario aprender a *decir que no* a los objetivos menos beneficiosos cuando se tiene la posibilidad de emprender otros de mayor rendimiento. Hay que saber *decir que no*, para dejarlos definitivamente de lado por improductivos o para postergar su realización para más adelante.

Un emprendedor y su equipo de colaboradores tienen que comprender que sus capacidades, tiempo, energías, talentos y recursos son limitados, por lo cual es imposible lograr la máxima efectividad y rendimiento cuando se emprenden simultáneamente varias actividades al mismo tiempo o se eligen acciones que generan deficientes resultados. Para optimizar la capacidad operativa y el rendimiento es esencial que aprenda a seleccionar los objetivos más relevantes en función de las metas que se haya fijado. Una vez que los concrete deberá emprender aquellos otros proyectos que fueron postergados y que, en una segunda fase, son importantes de realizar por diferentes razones.

La disminución de efectividad por querer hacer varias cosas al mismo tiempo, en el caso de un emprendedor, normalmente está ligada a las limitaciones físicas, intelectuales y materiales que tiene todo ser humano. Todo hombre o mujer tiene una acotada capacidad de concentración, una limitada resistencia física, está ceñido a un tiempo finito y tiene un *techo* para hacer cosas. La mayoría de las personas está emocional, física e intelectualmente condicionada a emprender un limitado número de actividades *simultáneas*. Las empresas también tienen una capacidad limitada para hacer con los mismos recursos, empleados y tecnología muchas actividades, al mismo tiempo. Si pretende emprender en simultáneo muchas actividades la maximización de resultados por objetivo emprendido disminuirá de manera exponencial.

Son justamente las limitaciones que tiene tanto un emprendedor como una empresa, en cuanto a capacidad para iniciar varias actividades simultáneas, lo que determina la necesidad de seleccionar, priorizar y organizar los objetivos que se llevarán adelante para alcanzar el máximo rendimiento.

Una gestión eficaz debe evitar las equivocaciones y las imprecisiones que suelen producirse por querer hacer todo al mismo tiempo y no priorizar objetivos. No es conveniente canalizar las energías colectivas de la empresa detrás de metas coyunturales, secundarias o de escasa repercusión según el *Principio* de Koch. Es esencial priorizar los objetivos sabiendo que no todos los proyectos reportan iguales beneficios. Hay productos que se *venden solos* y otros que generan pocos ingresos a pesar de su promoción. Por lo tanto, un emprendedor debe saber priorizar los que le reportan mayor utilidad.

Al seleccionar los objetivos de un emprendimiento es importante tener presente que priorizar no es sinónimo de *inmediatez*. El encargado de la gestión no puede trazar estrategias pensando solo en el corto plazo o buscando logros inmediatos. Generalmente lo objetivos que se consolidan en el mercado demandan un tiempo prolongado de maduración y desarrollo. Por lo tanto, al momento de priorizar las metas, es esencial no dejarse llevarse por la inmediatez o la premura sino que hay que tener en cuenta los beneficios que aportan cada uno de los objetivos perseguidos.

Finalmente, cabe apuntar que seleccionar los objetivos más beneficiosos para la empresa no es algo sencillo ni fácil de realizar. No siempre un emprendedor puede priorizar sus objetivos de manera objetiva, libre de tensiones financieras, laborales, económicas o emocionales. Muchas veces las presiones externas para conformar intereses o la urgencia de lograr el éxito de manera rápida, lo induce a establecer prioridades erróneas, que lo llevan al fracaso. Por tal motivo, es esencial al momento de mesurar, seleccionar y establecer el orden escalonado de prioridades actuar con objetividad y libre de presiones, para que las metas se ajusten a las posibilidades operativas y reporten el máximo rendimiento. En la medida en que el orden de prioridades sea acertado, más chance tendrá de alcanzar el máximo beneficio, evitando canalizar sus energías en objetivos inconducentes para el éxito.

Detectar oportunidades

Un emprendedor debe estar atento a los movimientos del mercado, a las necesidades de la gente y a sus demandas insatisfechas con el propósito de detectar oportunidades de negocio.

La gestión empresarial no puede limitarse al presente sino que debe mirar hacia el futuro, a fin de estar preparada para adaptarse a la movilidad constante del mercado. Es necesario que acompañe los cambios sociales actualizando el soporte tecnológico de la empresa, capacitando a los equipos de trabajo e innovando los procesos productivos. Asumir un comportamiento conservador cancela la posibilidad de mantener vigente a la empresa y expandir su crecimiento. Solo innovando permanentemente y descubriendo *nuevas oportunidades* es posible lograr la permanencia en el mercado y su expansión.

Para no quedar rezagado, el emprendedor no puede ser conformista. Al quedarse atrapado en la rutina corre el riesgo de ser expulsado del mercado. Su obligación es buscar constantemente las *oportunidades de negocio* que se presentan en el escenario económico. Es importante que esté atento a los cambios sociales y a sus renovadas demandas para aprovechar situaciones ventajosas que los demás no logran percibir. Se sabe que el mercado se encuentra en permanente transformación. Diariamente los gustos cambian, la tecnología se modifica o aparecen nuevas expectativas. Esos cambios generan necesidades que a la sociedad le interesa satisfacer. Para muchos, esas carencias insatisfechas pueden ser visualizadas como un problema en la medida que no les pueden dar una respuesta adecuada. En cambio, para los emprendedores inquietos suelen ser oportunidades para hacer negocios que aumenten la rentabilidad de la empresa o generen ganancias adicionales.

Las necesidades, carencias y problemas que se presentan en el mercado pueden impulsar o apalancar acciones económicas que reporten grandes utilidades. Solo es cuestión de percibir, detectar y valorar cuáles son las demandas insatisfechas o las ofertas que pueden tener una amplia aceptación en un determinado momento. El emprendedor que pueda detectar con rapidez esas oportunidades de negocio tiene una ventaja comparativa con respecto a los empresarios que no las ven o se demoran en reaccionar.

Un gestor de empresa no puede pretender que las oportunidades lo busquen o le golpeen la puerta de su establecimiento. Las oportunidades tampoco se presentan con un moño de regalo acompañado de un cartel que dice "aquí hay un negocio". Las opciones comerciales hay que salir a buscarlas en la calle, en los libros, en internet, en el mercado o conversando con los amigos. Es fundamental tratar de visualizarlas en todos los rincones y no quedarse inactivo porque otros emprendedores pueden tomar la delantera.

Los emprendedores más informados, actualizados y con una mente abierta a nuevos desafíos son los que tienen mayores posibilidades de detectar opciones de negocio. Los que se aferran al pasado, no salen de su zona de confort o se quedan inmóviles por estar embargados por el temor al fracaso, jamás podrán aprovechar las oportunidades que se presentan a diario.

El temeroso de asumir riesgos seguramente nunca aprovechará las *oportunidades* que ofrece la coyuntura. Ser excesivamente mesurado, asustadizo, pesimista, rutinario o aferrarse a las tradiciones le impide racional y emocionalmente estar predispuesto a arriesgar en nuevos proyectos. Para aprovechar las oportunidades de negocio es necesario que se combinen la capacidad de percibirlas con el coraje de asumir los peligros que pueden presentarse. Todo intento de aprovechar una oportunidad implica, necesariamente, asumir un riesgo. Las señales del mercado que muestran que se puede estar frente a un negocio económico no garantizan que se concretará con éxito. No son pocas las ocasiones en que las *potenciales oportunidades* no generan beneficios por errores de cálculo, malos pronósticos o ineficiencia en la gestión. Nunca debe olvidarse que para concretar un negocio comercial, más allá de sus circunstancias favorables del mercado, es necesario recorrer un camino sinuoso que requiere de eficiencia, capacidad, recursos apropiados, flexibilidad y planes certeros que permitan llegar a destino.

Tampoco son pocas las veces en que las oportunidades de negocio fracasan porque se intentaron materializar fuera de tiempo o en el lugar equivocado. La historia está plagada de empresarios que fracasaron por lanzar un producto antes de tiempo o en ámbitos culturales que rechazaban las nuevas propuestas comerciales. Esta no sincronización de variables tiene que ver con lo que se conoce como tener *"sentido de la oportunidad"*, es decir, valorar el contexto para saber si una ocurrencia tiene posibilidades en cuanto su tiempo, lugar y forma.

Sin embargo, a pesar de los riesgos y desaciertos que pueden aparecer al lanzarse detrás de un objetivo desconocido, un emprendedor no debe amedrentarse dejando pasar oportunidades. Los fracasos y equivocaciones son parte del aprendizaje de aquellos que deciden emprender. Lograr el éxito no es un camino fácil ni directo. Los logros requieren esfuerzo, eficacia, talento y, también, superar sucesivos errores. Pero ninguno de estos sacrificios o adversidades puede ser justificativo para no arriesgar o desaprovechar oportunidades. De eso se trata justamente la actitud que caracteriza a un emprendedor. Su osadía, perseverancia, tesón y la capacidad de levantarse con nuevos bríos ante cada fracaso es lo que distingue a los hacedores de los mediocres. Se trata de luchar por un sueño que jamás lograrán los temerosos que dejan pasar las oportunidades.

Lo expresado no implica que uno deba lanzarse detrás de cualquier oportunidad de negocio que se le presente. No debe enfrascarse en utopías impulsado por el entusiasmo y audacia. No debe gastar energía detrás de supuestos negocios que en verdad son *puro humo* en la medida que no son viables o no arrojarán beneficios. Muchas veces el deseo de emprender una actividad comercial lleva a visualizar *oportunidades* donde verdaderamente no existen.

Un empresario, también, debe ser precavido ante las *oportunidades de negocio* que otros presentan como fáciles o como una opción para obtener grandes beneficios. En el ámbito económico existen muchos *vendedores de ilusiones* que, por ignorancia o mala fe, suelen afirmar que existen opciones para hacer dinero donde no las hay. Apelando a proyectos visualmente cautivadores en pantallas digitales, mostrando números que cierran positivamente y dando explicaciones que aparentemente no tienen fisuras, entusiasman a los crédulos a invertir tiempo y recursos en negocios que finalmente son un engaño o fiasco.

Distinguir las falsas oportunidades de las buenas no es algo sencillo. Si fuera fácil, todos los emprendedores tendrían asegurando un destino promisorio. Pero esa dificultad no implica desconocer la importancia que tiene saber detectarlas y aprovecharlas para lograr beneficios. Por temor o exceso de mesura, no se puede dejar de buscar nuevas opciones que permitan crecer.

Emprender también es vender

De poco sirve tener una gran idea creativa y haber organizado de manera eficiente un emprendimiento, si no se tiene la capacidad de vender sus productos en el mercado.

Es absolutamente acertado asociar la personalidad de un emprendedor a la imagen de un *explorador de oportunidades y hacedor de negocios*. Desde esta perspectiva, es habitual que se destaque el valor que tienen la pasión, la creatividad, la perseverancia, el trabajo en equipo, la osadía, la organización y la planificación para alcanzar sus objetivos. Sin embargo, en esa valoración no es frecuente que se destaque una cualidad de la cual depende inexorablemente que un emprendimiento pueda tener éxito o sea un fracaso. Esa cualidad tan relevante y determinante en el destino de una empresa está vinculada a la capacidad que demuestre un emprendedor en *el arte de vender*.

Se entiende por vender el talento y la organización dirigida a convencer al mercado de que demande y consuma los productos generados por el emprendimiento. Esa acción de convencimiento se traduce, en primer lugar, en una actividad planificada de marketing destinada a promocionar las cualidades de los bienes producidos con el propósito de estimular su consumo. El paso subsiguiente consiste en implementar una *red de venta* para que la demanda se haga efectiva y se potencie para generar ingresos.

En la medida en que más extensa sea la *red de venta* –sea por medio de estructuras de mercadeo, franquicias, sucursales físicas, internet o vendedores a domicilio–, mayor será la capacidad de vender de un producto o servicio. Con cada nuevo local o con cada vendedor que se agregue a la red de comercialización, las ventas de los productos aumentarán en proporción geométrica. Hecho muy difícil de lograr si la comercialización de un bien se concentra en un solo lugar o se canaliza a través de una reducida cadena de vendedores.

Lamentablemente, muchos emprendedores, al poner en marcha sus proyectos creativos, no se sienten atraídos por el proceso de venta de sus productos, relegándolo o no prestándole la debida atención. Por diversas razones, no comprenden acabadamente la importancia que tiene el *arte de vender* en el desarrollo del negocio. No entienden que la capacidad de crecimiento y expansión de un emprendimiento depende en buena medida de su *red de comercialización y venta*.

El desgano o falta de interés de los emprendedores en poner atención a los procesos de venta suele ser consecuencia de circunscribir *la acción de emprender* solamente al acto creativo y a la implementación operativa de producción. Depositan todas sus energías y expectativas en los procesos creativos porque creen ingenuamente que la venta de los productos se dará de manera automática, una vez que logren materializar sus novedosas ideas. No perciben que la venta es una actividad compleja que si bien depende de la calidad, el precio y la originalidad de los bienes producidos tiene una dinámica propia y singular. Es un proceso que debe instrumentarse con mucha responsabilidad y talento para estimular el consumo y lograr que esa demanda se mantenga a través del tiempo. De acuerdo a cómo se instrumente la venta dependerá el éxito o fracaso del emprendimiento porque su existencia depende de los ingresos generados por la comercialización de los bienes producidos.

A algunos emprendedores tampoco les interesa vincularse o relacionarse con la venta porque lo ven como una actividad menos *noble* o relevante que crear un producto y organizar su proceso de producción. Consideran que vender no tiene la *mística* que acompaña a la creatividad, la planificación o la dirección de un proceso de producción. Pensamiento que es compartido por mucha gente que también considera al comercio y las ventas como actividades secundarias o menos glamorosas que crear.

Seguramente esa visión negativa hacia el comercio tiene sus raíces en que han existido y existen muchos inescrupulosos que suelen engañar a la gente vendiéndole *espejitos de colores* como si fueran piedras preciosas. Pero la existencia de estos embaucadores no implica que los vendedores sean sanguijuelas que buscan engañar a la gente para perjudicarla.

El arte de vender es un proceso fundamental en toda actividad económica. Nada más desacertado que considerar a las actividades de comercialización como acciones de segundo orden o como actos poco nobles. La venta, a pesar de la creencia de muchos, es la etapa más importante de un proceso productivo porque es la vara que permite medir si la idea creativa que dio origen al emprendimiento era un buen negocio o una falsa expectativa. El proceso de venta levanta el velo y muestra la verdad sobre las ocurrencias del emprendedor. Si los productos no se venden en el mercado quiere decir que la idea no fue acertada o que la instrumentación de la red de venta es deficiente.

La venta mide el éxito o pone en evidencia el fracaso de toda idea económica. De poco sirve tener una gran idea creativa o haber organizado de manera eficiente un proceso productivo, si los productos no son vendidos para obtener los ingresos que sustenten al emprendimiento.

El arte de vender es determinante para la subsistencia de un emprendimiento. En el mercado se ofrecen diariamente miles de productos, por lo que es necesario que una empresa promocione y venda acertadamente los suyos para salir airosa de la tremenda competencia. No tener una política de marketing y una red amplia de vendedores puede significar el fin de un emprendimiento. La historia muestra que los empresarios exitosos fueron esencialmente grandes vendedores de sus productos, porque supieron promocionarlos y organizar grandes *redes de venta* a través de franquicias, internet o vendedores puerta a puerta.

Solamente a través de un buen manejo del *arte de vender* se puede lograr que los consumidores cambien su manera de pensar, modifiquen sus conductas, alteren sus expectativas o modifiquen sus necesidades de consumo.

La promoción y la venta es lo que genera la *savia* de una empresa, en la medida en que permite mantenerla con vida y expandir su potencial. Por lo tanto, la comercialización es algo muy serio e importante como para improvisar o no tenerla en cuenta. Los procesos de venta requieren planificación, creatividad, objetivos y buenos equipos de vendedores entre los cuales no puede estar ausente el responsable de la empresa. Si al empresario no le interesa o no sabe vender, su equipo de colaboradores no tendrá el impulso ni las ocurrencias necesaria para multiplicar las ventas.

Toda empresa, grande o pequeña, debe tener una política de promoción y comercialización porque sus productos no se venden solos. Con ese fin, es importante que las políticas de venta se adapten a los medios de comunicación que constantemente se renuevan a partir de la *revolución tecnológica*. Es sabido que existen políticas de marketing dirigidas al público adulto que consume medios tradicionales como la televisión, y otras políticas que utilizan un lenguaje, estética y algoritmos específicos porque están dirigidas a los jóvenes usuarios de redes sociales. Cada producto, cada mercado, cada medio de comunicación y cada nivel socio económico, requiere un diseño o formato de promoción específico.

Cabe aclarar que no existe un *medio infalible* para promocionar y vender un producto, como tampoco existe un solo medio de comunicación para llegar a todos los segmentos y matices que tiene el mercado. Esto obliga a estudiar y valorar qué conjunto de medios promocionales y de venta son los apropiados para llegar al segmento del mercado al que puede interesarle el producto ofrecido por el emprendimiento. En la actualidad existen los medios tradicionales como la radio, la gráfica o la televisión que son muy útiles para promocionar ciertos bienes o servicios de consumo popular y masivo. Paralelamente, existen los medios electrónicos como internet y las diferentes redes sociales que apuntan a nichos o segmentos específicos ayudados por algoritmos digitales. Esta variedad de medios de promoción obliga a un emprendedor y su equipo de marketing a evaluar cuales son los más efectivos y ajustarlos a sus necesidades. Lo relevante es que vaya probando y no se encapriche con uno porque está de moda o lo presionan las agencias de publicidad. Es fundamental que pruebe y corrobore los que le dan mejores resultados.

Una manera efectiva para lograr mayor cantidad de ventas es a través de lo que se conoce *red de contactos o networking*, que no es otra cosa que utilizar las redes sociales con un propósito comercial específico. Las redes sociales permiten focalizar los objetivos, seleccionar a quiénes se quiere vender, flexibilidad en la comunicación, actualización inmediata, masividad, bajo costo y expandir las fronteras del negocio a todo el mundo. Por ese motivo, el emprendedor que busque mejorar sus ventas debe prever su comunicación a través de las redes sociales a fin de ampliar la promoción y difusión que pueda realizar por otros medios.

Cada red social, sea Facebook, Twitter o Instagram, tiene sus ventajas y desventajas de acuerdo al producto que se promocione, o según los usuarios a que se pretenda llegar. Lo importante es que todas esas redes sociales son un vehículo muy eficiente para generar una *red de ventas* que permita potenciar el negocio.

Por último, cabe agregar que el *arte de vender* no siempre se limita a promocionar y vender los productos del emprendimiento. En el ámbito económico también existe la expresión *vender el negocio*. En este caso se refiere a la capacidad de promocionar o vender la imagen de la empresa como organización productiva. Con este *tipo de venta* se busca resaltar las cualidades del emprendimiento para fortalecer su imagen corporativa, la calidad de sus recursos humanos o la marca que la caracteriza a fin de aumentar el prestigio y, por ende, agregar valor a sus productos.

Una empresa con mala reputación seguramente tendrá mayores dificultades de comercializar sus productos o conseguir inversores que aquellas que supieron instalar en el mercado una imagen positiva. No hay duda de que haber *vendido* una buena imagen del emprendimiento a los bancos, clientes o consumidores permite obtener mayores beneficios. Por lo tanto, un emprendedor no solo debe tener la capacidad de vender sus productos sino también debe saber *vender la imagen* de su empresa para lograr un prestigio que atraiga a los inversores o les abra la puerta a nuevos mercados. Si un emprendedor no sabe vender su empresa y productos, tendrá serios problemas para insertarse en el mercado y generar una demanda positiva.

Paso 3

Capacitación y creatividad

No hay progreso sin capacitación

La elevada complejidad de los procesos de producción y el alto nivel de competitividad expulsa del mercado a los emprendedores que no tengan una adecuada educación, capacitación, actualización y formación profesional.

Los seres humanos han tenido históricamente dos tipos de capacidades para generar bienes y servicios: *la capacidad física y la cognoscitiva*. Durante la mayor parte de la civilización, fue la capacidad física el motor que impulso la producción de riqueza. Esta situación sufrió un importante cambio partir de la Revolución Industrial. Fue en esa instancia de nuestra historia en que el conocimiento comenzó a tener un papel protagónico en la generación de bienes y en las formas de organizar las actividades económicas.

El saber o conocimiento de las personas comenzó a equiparse y a superar en muchos casos al aporte físico del trabajo humano. A través de los equipamientos técnicos, las propuestas de división del trabajo, las economías de escala y el desarrollo financiero se dieron pasos relevantes para lograr una mayor eficiencia de los factores de producción, lo que permitió generar un significativo nivel de riqueza destinado al consumo de vastos sectores de la población, como nunca antes en la historia.

En el siglo XX la producción económica de bienes y servicios progresiva y aceleradamente comenzó a estar sustentada en el conocimiento técnico y científico, relegando gradualmente al trabajo físico como pilar de la producción. Para mediados del Siglo, como consecuencia de la *Revolución Tecnológica*, el conocimiento terminó convirtiéndose en el factor principal del crecimiento económico. Esa *Revolución*, que se expandió rápidamente por todo el mundo, permitió multiplicar la riqueza, disminuir el esfuerzo físico de los trabajadores, reducir las horas laborales, explorar nuevas formas de producción, aumentar los ingresos, reducir considerablemente el hambre y multiplicar las opciones de consumo para satisfacción de las crecientes necesidades de la población.

La *Revolución tecnológica* puso en evidencia el gran valor que tenía el conocimiento y la creatividad para seguir creciendo y satisfaciendo las crecientes necesidades de la gente. En este devenir, el conocimiento alcanzado por hombres y mujeres dio un paso más audaz en su carrera hacia el futuro. A través de la biotecnología se diseño y generó la IA (inteligencia artificial), que en muchos casos fue superior a la capacidad cognoscitiva de las personas. La IA demostró que puede aprender, analizar, comunicar, dar respuestas acertadas e, incluso, comprender las emociones humanas gracias a la combinación de millones de algoritmos que suelen superar el trabajo de las millones de neuronas del cerebro. Al darse este paso gigantesco, el trabajo físico ha quedado muy relegado y el conocimiento se ha convertido casi en el factor excluyente de la actividad económica. Conocimiento que ahora tiene la particularidad de no solo depender solamente de las personas sino que empieza a independizarse a través de la inteligencia artificial.

Sin desmerecer la importancia que todavía tiene el trabajo físico y los activos técnicos en gran parte de los procesos productivos de los países menos desarrollados, es evidente que la expansión económica depende cada vez más del *conocimiento y la creatividad* de las personas y sus nuevos aliados, que surgen a partir de la inteligencia artificial. Esta realidad, entre otros efectos, pone en evidencia que actualmente no es posible progresar en el plano individual y colectivo sin conocimientos. De allí que la educación, capacitación, actualización y estímulo a la creatividad, sean las herramientas esenciales para no quedar fuera del sistema económico.

La adquisición de conocimientos útiles para satisfacer las nuevas necesidades generadas por la *Revolución Tecnológica* se ha convertido en la clave para progresar, competir, innovar y no ser expulsado del sistema de producción y distribución de riqueza. Solo las empresas y personas que accedan a un mayor nivel de conocimiento científico y tecnológico podrán permanecer vigentes, crecer y expandirse. Los que opten por repetir procesos económicos del pasado, no modifiquen su sistemas de aprendizaje de acuerdo a las nuevas necesidades sociales o se encierran en su ignorancia están condenados al fracaso, la exclusión o a vivir de la beneficencia pública.

En las empresas de vanguardia, la primera condición para contratar a un trabajador es su capacidad cognoscitiva, aunque deba realizar actividades físicas. El conocimiento es esencial para conseguir empleo o para emprender una actividad por cuenta propia. En ambos casos los talentos naturales, la intuición o *la viveza* no suelen ser consideradas herramientas relevantes para incorporarse positivamente a las nuevas formas de producción. Toda persona, sin distinción de género, que busque un empleo o quiera emprender de manera independiente debe tener un conocimiento que sirva a las necesidades del mercado.

Ya nadie puede dudar –sean empleados o emprendedores– que el cambio y las constantes transformaciones tecnológicas exigen una permanente actualización, capacitación y educación para insertarse en un proceso productivo. En el caso específico de los emprendedores, el actual dinamismo del mercado no solo les exige que tengan un conocimiento que ayude a generar riqueza sino que es fundamental que ese *saber* sea renovado constantemente para no quedar rezagados. Un emprendedor debe actualizarse de manera permanente porque el conocimiento es un bien que no se mantiene inerte y estanco como lo fue la teología o buena parte de las ciencias sociales durante siglos. El saber tecnológico y científico aplicado a la producción de riqueza y al mejoramiento de la calidad de vida evoluciona permanentemente, lo que obliga a su constante actualización. Gran parte del conocimiento aprendido en la niñez deja de tener utilidad en la adultez. Por lo tanto, no hay posibilidad que un emprendedor pueda sostener una actitud innovadora si no actualiza sus conocimientos para lograr mayor competitividad, originalidad y rentabilidad. Creer que se puede sostener exitosamente un emprendimiento durante mucho tiempo sin acceder a los conocimientos que regulan la vanguardia económica es un tremendo error, porque conduce inexorablemente al fracaso o la pérdida de vigencia.

Un emprendedor no puede creer que tendrá éxito solamente porque es intuitivo, tiene una buena idea o es más vivo que otros para aprovechar las oportunidades de negocio. Un emprendedor que decida comenzar una actividad debe saber que no basta su *cintura para los negocios*. Necesariamente debe incluir dentro de sus prioridades o requisitos la adquisición de conocimientos a través de la capacitación. Si no lo hace, se moverá con ideas obsoletas, prejuicios, creencias o dogmas que le pondrán límite a su crecimiento o supervivencia empresarial. Para evitar que la impericia o lo falta de conocimientos apropiados la induzcan a cometer errores es fundamental que se capacite de forma constante. La elevada complejidad de los procesos de producción, la inteligencia artificial y el alto nivel de competitividad que han alcanzado las actividades comerciales expulsa del mercado a los emprendedores que no tengan una adecuada educación, formación profesional y tecnología apropiada para la gestión económica.

Un emprendedor no puede estar ausente de todos los cambios que se generan como consecuencia de la dinámica social. No puede desconocer la fluctuación de las variables que inciden sobre el funcionamiento de su emprendimiento y el mercado. Debe estar preparado e informado sobre lo que ocurre en el intrincado contexto económico, jurídico, científico y tecnológico. Necesariamente debe echar mano a la capacitación para aprender y conocer todo lo que tiene que saber para que su negocio pueda instalarse y desarrollarse. Ese conocimiento constituirá su *principal fortaleza* para superar adversidades y aprovechar oportunidades para progresar.

El conocimiento abre la mente de un emprendedor para crear ideas, desechar malos negocios, prevenir adversidades, planificar con mayor eficacia y generar oportunidades comerciales. El conocimiento da seguridad, ocupa poco lugar y se puede trasladar a cualquier lugar del planeta. Por esa razón es muy difícil imaginar resultados exitosos sin ningún tipo de conocimiento. Posiblemente los pequeños emprendimientos, con poca inserción en el mercado, pueden inicialmente estar dirigidos por personas sin demasiada capacitación profesional o sin conocimientos en técnicas económicas. En esos casos, los talentos naturales o la intuición para gestionar un negocio pueden inicialmente garantizar algunos resultados positivos. Sin embargo, *tener cintura* para los negocios e intuición es insuficiente para consolidar una empresa cuando debe insertarse plenamente en un orden económico complejo como el actual.

Hoy más que nunca, acceder a un conocimiento actualizado y útil es la llave para que un emprendedor tenga oportunidades de éxito, mientras que la ignorancia lo condenará al fracaso o a tener magros ingresos. A diferencia del trabajo físico o el dinero, el *conocimiento* es el factor de producción que más rentabilidad puede generar en la actualidad. Tiene la virtud de potenciar la imaginación y de brindar herramientas valiosas para generar negocios. Es un *poder* para hacer cosas que no dependen de la fuerza muscular o la sangre azul. Es el único factor de la producción que permite que las personas, más allá de su origen, nacionalidad o condición social, puedan mejorar sus ingresos, crear emprendimientos y lograr el reconocimiento de sus pares.

No cabe duda de que la clave de nuestro tiempo para progresar se encuentra en el acceso al conocimiento y el saber más avanzado. De allí la importancia que tiene la capacitación y la información como punto de apoyo para apalancar el progreso individual y colectivo de una sociedad.

Animarse a aprender

Ningún conocimiento garantiza ni asegura que se logrará exitosamente un emprendimiento, por lo que hay un momento en que es necesario arriesgarse si se quiere lograr un objetivo.

Hoy más que nunca, la formación y capacitación profesional es esencial para emprender exitosamente una actividad económica. Sin conocimientos e información actualizada es muy difícil generar una idea rentable, emprender un negocio, conocer las expectativas del consumo, innovar, superar a la competencia o lograr la expansión de la empresa. Sin embargo, la capacitación profesional, la obtención de doctorados y haber devorado cientos de libros no garantizan que un emprendimiento logre sus objetivos. No puede desconocerse que la capacitación es muy valiosa e imprescindible para lograr objetivos exitosos. Sin embargo, la historia económica muestra a cientos de emprendedores con elevada capacitación académica, títulos y honores que fracasaron en sus intentos comerciales, lo que pone en evidencia que para lograr resultados positivos también es necesaria la concurrencia de otros factores relevantes.

A lo largo de este libro se ha mostrado que para lograr que una gestión empresarial sea venturosa es necesario que confluyan muchos factores que exceden la capacitación o formación profesional. Por un lado, es importante tener una personalidad emprendedora que conjugue creatividad, tenacidad, osadía, perseverancia, liderazgo, equilibrio y una buena pizca de intuición, entre una amplia variedad de factores subjetivos. Complementariamente a esa personalidad hacedora, se ha sostenido que es importante que el contexto exterior no sea hostil al emprendimiento o ponga trabas difíciles de superar. Muchos emprendimiento no logran resultados positivos por las políticas públicas negativas o por las fluctuaciones adversas del mercado. Son muchos los factores externos que no pueden ser controlados ni pueden superarse a pesar de que el emprendedor tenga una excelente formación profesional.

La necesidad de contar con talentos personales para emprender como el reconocimiento de que existen factores externos que no son controlables por el emprendedor, pone de relieve que la formación académica ni la voluntad de plasmar un sueño son suficientes para concretarlo. Esta aseveración debe ser tenida presente por aquellos aspirantes a emprendedores que se pasan la vida capacitándose con la creencia de que ese saber teórico les abrirá todas las puertas para alcanzar el éxito y les garantizará que no se cometerán errores el día en que inicien un emprendimiento. Pensar de esa manera implica una sobrevaloración exagerada de la incidencia de la capacitación profesional en la actividad económica. Creer que sabiendo las últimas teorías económicas o leyendo el último libro del *gurú de moda* se garantiza el éxito, lleva a muchos jóvenes con vocación emprendedora a dedicar todo su tiempo a la capacitación, realización de cursos o a concurrir a conferencias. Siempre les parece que les falta aprender algo más, antes de lanzarse a emprender una actividad.

Los aspirantes a emprendedores que dedican su tiempo exclusivamente a la capacitación y a sumar títulos académicos, suelen justificar su conducta argumentando que ese largo aprendizaje es imprescindible para no cometer equivocaciones al momento de iniciar una actividad económica. Sienten que necesitan llegar al último escalón del conocimiento y estar súper actualizados con las ultimas novedades antes de lanzarse a emprender. Al asumir esa actitud lo único que hacen es demorar su decisión de iniciar un emprendimiento. La mayoría nunca encuentra el momento ni la oportunidad ideal para animarse a emprender. Tienen dudas sobre arriesgar y fracasar, por lo tanto continuamente están tomando *envión* sin moverse del lugar donde se encuentran.

Creer que mientras mayor sea la capacitación menor será la posibilidad de fracaso tiene un punto de verdad. No hay duda de que mientras más conocimientos se posean más posibilidades se tiene de resolver los problemas, evitar los errores y generar mejores ideas. Pero esta es una verdad parcial. Ningún conocimiento puede asegurar el éxito de un emprendimiento. Se sabe que toda actividad económica incluye riesgos, incertidumbres, imprevistos, contingencias, errores y cisnes negros que generalmente no pueden evitarse. Por tal motivo, un emprendedor no puede buscar eternamente la *llave del éxito* o la seguridad de no fracasar en los libros, internet, cursos o conferencias académicas. No se puede pasar la vida buscando un saber que le garantice triunfos y excluya los fracasos. Hay un momento en que un emprendedor debe abandonar el ámbito académico para arriesgarse. Debe *animarse a emprender* para descubrir si sus ideas son viables, si tiene la capacidad para gestionar y si el mercado le es propicio.

Un emprendedor no debe postergar permanentemente su decisión de empezar una actividad con la excusa de que tiene que capacitarse un poco más. Si después de un tiempo razonable de capacitación sigue postergando la decisión de iniciar un negocio está ocultando una realidad. Le falta el fuego interior que debe tener para emprender. Le falta el coraje, la pasión y la valentía para emprender y dejar de ser un estudiante crónico o un soñador eterno.

Aprender y capacitarse es esencial dada la complejidad del mundo económico y social. Pero postergar constantemente la decisión de emprender porque no se tienen los conocimientos teóricos necesarios, es una excusa de temerosos e inseguros. Emprendedores son aquellas mujeres y hombres que se animan a plasmar en realidad sus sueños o creaciones. Emprendedores son los *hacedores de ideas* que un día decidieron dejar de tomar envión y pusieron los pies en el barro para enfrentar problemas y superar adversidades detrás de un objetivo.

El exceso de información es tóxico

La abundancia de información suministrada por internet, medios de comunicación o libros tiene un efecto negativo para un emprendedor cuando excede ciertos límites que hacen difícil su comprensión y procesamiento mental.

En la actualidad un emprendedor tiene la posibilidad de acceder a una fuente inagotable de información, datos económicos, estadísticas, autores especializados y experiencias que le permiten adquirir un mayor conocimiento para planificar un emprendimiento. La multiplicidad de fuentes y formas de acceso al conocimiento, en donde internet ocupa un papel relevante, permite abastecerse de una información a la que antes era imposible acceder con facilidad. Esa posibilidad ayuda a que una gestión empresarial sea más eficiente, la creatividad se expanda y las innovaciones se multipliquen.

Tener acceso a una gran multiplicidad de información y variedad de conocimientos es altamente positivo para sortear las complejidades que se presentan en el mercado. Mientras mayor sea el conocimiento disponible, más elementos de juicio se poseen para evaluar las fortalezas y debilidades de un emprendimiento. Sin embargo, también es cierto que acceder a una multiplicidad de conocimientos puede tener un efecto perjudicial sobre un emprendedor.

Al ser tan excesiva y abrumadora la información que diariamente se brinda sobre las innovaciones, oportunidades de negocios o variables macroeconómicas suele afectar el *procesamiento mental* de quien trata de analizarla y asimilarla. Situación que se hace más compleja y negativa cuando esa información es contradictoria entre sí. Es habitual que se difundan en los distintos medios de comunicación diferentes estadísticas, postulados teóricos, informes gubernamentales o pronósticos económicos que son contradictorios entre sí porque sostienen información distinta y antagónica. Esa multiplicidad inagotable y contradictoria de información termina superando la capacidad de asimilación y comprensión de quienes la reciben. De esta forma, la información en lugar de abrir la mente y orientar conductas de los emprendedores se convierte en una *neblina tóxica* que genera más dudas que certezas.

Es palpable que nadie puede retener, comprender ni corroborar todo lo que se difunde por los medios. Los comentarios televisivos, las redes sociales y toda información mediática fluyen con gran rapidez y exceso, sin que nadie finalmente pueda corroborar su veracidad, ni absorber todo lo que se da a conocer.

Es evidente que los océanos de información cotidiana hacen imposible que la gente pueda retener, comprender y verificar la información que se expande sin ningún tipo filtro por la *info tecnología* y el resto de los medios convencionales. Esta enorme cantidad de datos lleva a que finalmente se cumpla la llamada *ley de la saciedad*. Mientras más información se brinda menos interesada está la gente en escuchar o retener lo que se informa.

Nunca en la historia ha existido tanto conocimiento, tantas experiencias narradas y tantas propuestas para ser exitoso como en la actualidad. El problema es que esa abrumadora cantidad de conocimiento que se difunde a diario, en cierta forma, afecta el buen discernimiento de un emprendedor deseoso de llevar adelante un negocio.

Este abrumador panorama es lapidario para alguien que está buscando una guía certera que lo oriente para emprender con éxito. Herbert Simon afirma que la multiplicación de la información termina produciendo, tarde o temprano, una escasez de aquello que la información debe generar: *la atención de los receptores.* El exceso de información, según Simon, genera finalmente hastío y falta de interés por conocer y aprender. Por esta razón, cada vez es más habitual que la gente consuma su tiempo en entretenerse con opciones *pasatistas* en lugar de dedicarlo a la búsqueda del conocimiento útil y productivo.

Ante el avasallamiento informativo de conocimientos dispares es necesario que un emprendedor no quede atrapado en un ambiente de saturación que lo pueda terminar confundiendo. Es necesario que aprenda a seleccionar el conocimiento útil dejando de lado la información intrascendente, errónea o falsa. Desde ya que no es un trabajo fácil, ya que toda información se auto proclama importante y veraz. Sin embargo tiene que hacerlo si no quiere ser ahogado por una bruma tóxica que no lo dejará avanzar. Así como es necesario seguir una dieta alimentaria que impida la obesidad como consecuencia de la ingesta de alimentos chatarra, se debe realizar una *dieta informativa en calidad y cantidad.*

También es fundamental tener frenos mentales para no dejarse embaucar o seducir por cualquier *vendedor de humo* que le muestre caminos fáciles para el éxito. Un emprendedor debe corroborar cuál es la información que le puede ser útil para sus objetivos y cuáles son *fake news* que lo pueden inducir a cometer errores. Con ese propósito, todo conocimiento brindado por las redes e información dada por los medios de comunicación debe pasar por el tamiz de la verificación y la corroboración empírica, para que no sean datos inconducentes para alcanzar una meta.

Si un emprendedor no está preparado para sobrevivir a la avalancha de información contradictoria y prometedora de éxitos inmediatos, correrá muchos riesgos y experimentará grandes fracasos. Es esencial que aprenda a depurar la información, seguir autores que han demostrado una solvencia en sus pronósticos y, sobre todo, dudar de todo conocimiento que dice ser portador de la verdad y del éxito. Esta manera de proceder permitirá disminuir los riesgos y no cabalgar en base a fantasías o mentiras lanzadas en los medios por irresponsables que no perciben el daño que causan con sus engaños.

El dogmatismo es negativo

Cuando un emprendedor adhiere ciegamente a una teoría económica corre el riesgo de cometer errores o de realizar malos pronósticos, porque no tiene en cuenta que la ciencia económica no es exacta ni certera.

La experiencia, sea propia o ajena, es un referente importante para proyectar actividades económicas. Es una valiosa guía
que los emprendedores suelen utilizar para no repetir los mismos
errores. Sin embargo, la experiencia no es ciento por ciento se-
gura. No siempre los hechos económicos se reiteran y repiten de
manera similar ante iguales circunstancias. Las conductas sociales se encuentran en constante cambio, lo mismo que las relaciones de producción, por lo que algunas situaciones del pasado
pueden no repetirse en el futuro. Lo que ayer reportó grandes
utilidades a una empresa hoy puede arrojar resultados negativos.
Lo que en el pasado puede haber conducido al fracaso en el futuro puede conducir al éxito. Esto es consecuencia de que todo
proceso económico está en permanente evolución por lo que
nadie se baña dos veces en el mismo río.

Esos cambios constantes en los comportamientos sociales
y los procesos económicos obligan a los emprendedores a tener
en cuenta otros elementos de consulta al momento de planificar un emprendimiento. No es suficiente tener presente la experiencia propia o ajena para proyectar exitosamente una gestión.
Se necesita complementar ese conocimiento vivencial con otras
herramientas que permitan pronosticar, prever o entender qué
puede acontecer. Esas herramientas son básicamente las Teorías
o Postulados Económicos que, a partir de una visión sobre la realidad, proponen acciones o predicen consecuencias que pueden
darse en el futuro.

No cabe duda que las teorías que conforman la ciencia económica suelen ser útiles para interpretar los hechos del pasado,
desentrañar conductas del presente, analizar comportamientos
y pronosticar qué puede acontecer en el futuro bajo ciertas circunstancias. A partir de un marco teórico, los empresarios pueden aumentar su conocimiento para implementar planes y ejecutar acciones destinadas a obtener un beneficio. Sin embargo,
desde el punto de vista operativo, este mecanismo no siempre es
tan sencillo. La razón es que gran parte de las teorías que inte-
gran la ciencia económica no sostienen iguales postulados sino
que la mayoría se contradicen o proponen axiomas distintos.

La causa que determina la existencia de una gran diversidad de Teorías económicas se debe a diferentes circunstancias. La principal es que la economía forma parte de las ciencias sociales, con lo cual buena parte de sus postulados no pueden corroborarse como sucede con las llamadas ciencias de la naturaleza (Biología) y las ciencias exactas (Matemáticas).

Las ciencias sociales tienen la dificultad para desarrollar postulados certeros porque su objeto de estudio (las conductas humanas) lejos de repetir los mismos patrones de comportamiento, los cambian de manera permanente. Sea por el libre albedrío del género humano, por la búsqueda constante de nuevas alternativas para satisfacer sus necesidades o por la impronta cultural de cada comunidad, el hecho es que las personas no suelen repetir la mayoría de sus conductas sociales a través del tiempo.

Ese cambio constante de las conductas individuales y sociales, acelerado de manera vertiginosa en la última centuria, determina que sea muy difícil encontrar *patrones* que se repitan de manera regular dentro del accionar económico. La movilidad y variabilidad de los comportamientos humanos es un obstáculo para describir acertadamente los que sucede en cierto momento o pronosticar el futuro económico de una sociedad. Esa ausencia de patrones repetitivos e inalterables determina que no puedan prescribirse *leyes o axiomas exactos* que interpreten con precisión la realidad presente y pronostiquen qué sucederá en el futuro. Así, lo máximo a lo que puede aspirar una teoría económica, es a enunciar tendencias o proyecciones aproximadas sobre lo que puede suceder, según ciertas circunstancias.

Ante la dinámica cambiante de las conductas humanas, y la dificultad de verificar los postulados teóricos con métodos experimentales, es entendible que existan cientos de interpretaciones de la realidad y pronósticos económicos que son antagónicos entre sí. Cada científico social se siente libre de elaborar sus teorías de acuerdo a su concepción ideológica, impronta cultural y valores personales. La ausencia de patrones inalterables que se reiteren en todas las sociedades y en todos los tiempos, permite que convivan teorías económicas que describen de manera diferente la realidad, realicen distintos pronósticos y propongan diferentes herramientas para alcanzar los mismos objetivos. Por lo tanto, todas las teorías económicas mantienen su vigencia y se auto proclaman como válidas. Y, en caso de presentar errores de apreciación o pronósticos desacertados al confrontarse con la realidad, el economista siempre encuentra una justificación alegando que cambiaron las variables sociales que fueron tenidas en cuenta al elaborar su teoría.

Esta dificultad para verificar la certeza de las teorías económicas no implica que deban ser rechazadas y no tenidas en cuenta por un emprendedor. Si bien ninguna garantiza veracidad ni certeza absoluta, esto no quiere decir que sean totalmente inservibles o carezcan de conocimientos que pueden ser útiles para tomar decisiones. Muchas brindan herramientas que ayudan a comprender la realidad y analizar cómo puede ser el futuro. Por lo tanto, un emprendedor no debe desechar de cuajo los postulados económicos por su debilidad de no poder garantizar veracidad. Es mucho más peligroso actuar de forma improvisada y despojado del conocimiento que aportan algunos teóricos de la economía.

Lo que sí es prudente y recomendable es que deben tomarse ciertos recaudos. Un emprendedor debe tener capacidad crítica, objetividad y sentido común para seleccionar aquellas teorías que describen mejor su escenario económico y lo pueden guiar de manera más eficiente para lograr sus objetivos. Con ese propósito, antes de lanzarse a la concreción de un objetivo tiene la obligación de verificar las ideas económicas que habrán de guiar su gestión y que serán un referente para comprender la economía social donde sus actividades.

Un emprendedor *no debe ser un creyente*. No puede priorizar el dogma sobre los resultados económicos concretos. Si las teorías económicas que lo guían no logran su cometido, deben ser abandonadas aunque ideológicamente se tenga afinidad. Un hacedor únicamente debe seguir los postulados que lo llevan al éxito. El dogmatismo económico no es bueno para la gestión empresarial.

Superar la mediocridad

La falta de excelencia y la limitación imaginativa invitan a seguir los modelos creativos de otros, a ser temerosos, a no innovar y a carecer de la osadía necesaria para llevar adelante un emprendimiento.

La mediocridad describe a las personas que, en su actividad profesional o personal, no tienen conductas ni ideas que busquen la excelencia. Las mujeres y hombres mediocres se caracterizan por pasar a hurtadillas por el mundo sin dejar ninguna huella a su paso. Son personalidades silenciosas, grises e intrascendentes por propia voluntad, ya que no aspiran ni se esfuerzan en generar acciones que cambien la realidad que les viene dada por otros. Carecen de méritos para destacarse entre sus pares, porque no realizan algo distinto a lo que siempre hacen de manera rutinaria.

En los empresarios, la mediocridad se caracteriza por gestionar de manera rutinaria, generalmente copiando modelos de otros o repitiendo las pautas de producción establecidas por sus antecesores. Los mediocres no tienen la voluntad de emprender innovaciones o modificar las conductas porque se apegan al pasado. Son empresarios que carecen de creatividad, no inventan nada, no dejan en libertad su imaginación ni se permiten pensar ideas que los empujen a asumir riesgos. Su creatividad es reprimida al igual que su curiosidad porque no se sienten a gusto transitando senderos que desconocen o son riesgosos. Por el contrario, se sienten cómodos haciendo lo mismo todos los días porque son profundamente temerosos a lo desconocido y todo lo que implica incertidumbre. Lo nuevo los incomoda porque la creatividad no forma parte de su personalidad anodina.

Los mediocres son, esencialmente, *personajes grises* en el sentido de que su gestión no tiene matices diferentes a los que le marca la rutina y las normas preestablecidas. Por esa razón, su gestión no suele tener sobresaltos, oscilaciones ni colores estridentes, dado que su accionar es reiterativo, monocorde y previsible. Lejos de ser emprendedores –aunque algunos se ufanen de serlo– son solamente administradores rutinarios que no construyen futuros innovadores.

El empresario mediocre cambia sus conductas cuando los demás deciden cambiar. Jamás se le ocurre emprender una innovación por cuenta propia ni apartarse de lo que hace la mayoría. Se caracteriza por tener la conducta del *camaleón*. Siempre están atentos a los cambios de los otros para no desentonar, por lo que se suman rápidamente a esos cambios para agradar y no disentir. El mediocre se niega a ser atrevido o asumir riesgos cuando visualiza que puede recibir críticas del entorno. Su personalidad lo inhabilita mental y emocionalmente para crear o disentir con los demás, porque le gusta ser parte de la mayoría y, por lo tanto, no está dispuesto a arriesgarse porque puede generar algún tipo de rechazo. Ante cualquier riesgo, prefiere quedarse inmóvil para evitar críticas, ya que su máxima aspiración es ser aceptado por su entorno.

Como no tienen una vida relevante que merezca ser contada, buscan afanosamente mezclarse con los hacedores famosos para ocultar su mediocridad y fingir que forman parte del círculo de los exitosos. Les encanta narrar historias, experiencias, chismes y vivencias de empresarios poderosos para demostrar que comparten intereses y formas de pensar.

Los mediocres gestionan las empresas de manera rutinaria y con exceso de mesura. Conocedores de sus limitaciones, aunque tratan de ocultarlas públicamente, siempre están buscando el respaldo de sus asesores para que apuntalen sus falencias. Antes de tomar una decisión, habitualmente la chequean con sus consejeros para saber si es conveniente dar ese paso. En caso de duda prefieren aferrarse a la rutina anterior y no emprender cambio alguno. Tampoco les gusta que descubran públicamente su orfandad de ideas y falta de empuje para gestionar. Por lo tanto les molesta cuando alguno de sus colaboradores es creativo o muy eficiente, pues siente que ponen en evidencia sus falencias. Les genera malestar que alguien de su equipo tenga la audacia y creatividad de la que ellos carecen. Este disgusto ante el talento ajeno se traduce en políticas de marginación, ninguneo o intolerancia hasta que finalmente son despedidos. Los mediocres prefieren empleados dóciles y sin demasiados talentos para que no sobresalgan generando una sombra sobre su débil personalidad.

La mediocridad es absolutamente la antítesis de lo que debe caracterizar a un emprendedor. La buena noticia es que no es una enfermedad ni es un mal que no tenga cura. Puede superarse y combatirse con las mejores herramientas que tiene un emprendedor: pasión, capacitación, imaginación, voluntad y perseverancia.

Para superarla, lo primero que debe hacer un emprendedor es analizar su gestión para comprobar si actúa de manera rutinaria, aburrida, gris y sin cambios trascendentes. Si verifica que es lo que ocurre en su emprendimiento, debe decidirse a cambiar su actitud. Esto implica que debe estar dispuesto a capacitarse, generar ideas innovadoras, superar los miedos, arriesgar, reinventarse y dejar de estar pendiente de la opinión de los demás.

Es fundamental que encienda su imaginación y su pasión si quiere salir de la mediocridad. Para tal fin, debe estimular sus deseos de éxito y resistirse a quedar atrapado en una zona de confort. Tiene que esforzarse en tener sueños que lo motiven para alcanzar objetivos superadores. Debe animarse a cambiar y emprender acciones que trasciendan.

La mediocridad es negativa para quienes desean emprender por cuenta propia. Es necesario erradicarla. Con ese propósito es muy importante que un emprendedor apuntale su autoestima y dé *rienda suelta* a sus ambiciones. Nada es posible de lograr si no existe voluntad de cambio y *sed de éxitos*. Para salir de la zona gris de la mediocridad también es esencial no sabotearse. Sin autoestima nada es posible. Tampoco nada se puede lograr si la mente no quiere cambiar y no hay voluntad de modificar los hábitos rutinarios.

Incentivar la creatividad

Un emprendedor debe incorporar constantemente mayor valor a su actividad y sus productos, a través de la generación de ideas originales e innovadoras.

Tener una idea original, viable y rentable es resultado de muchas variables que deben conjugarse de manera simultánea, en donde, incluso, el azar muchas veces aporta su granito de arena. Si bien hay personas que tienen una gran capacidad creativa, la gran mayoría se esfuerza en tener ideas sin poder lograrlo. Henry Ford, gran emprendedor y creativo, fue categórico al respecto: "Pensar una idea es el trabajo más duro que existe, y probablemente, por eso pocas personas son las que se dedican a este tipo de trabajo".

Cabe decir que *la originalidad plena y absoluta* al desarrollar una idea es muy difícil de conseguir en todos los ámbitos de la vida, no siendo la actividad económica una excepción. Normalmente las ideas absolutamente originales no abundan ni son frecuentes. Tampoco existen muchas ocurrencias creativas que surjan de la nada o de manera espontanea como aparecen en los *comics*. Toda nueva idea, salvo contadas excepciones, tiene un antecedente o soporte creativo que la precede. La mayor parte de las llamadas nuevas ideas generalmente tiene como precedente a otras ideas, experiencias, sucesos y ocurrencias anteriores que le sirvieron de inspiración o soporte para dar lugar a la nueva propuesta creativa. De hecho, la mayoría de las creaciones e ideas que hicieron progresar a la humanidad se han retroalimentado de referentes preexistentes, sea a partir de la confrontación o porque fueron su fuente de inspiración. Esto no implica que las nuevas ocurrencias que a diario se presentan no tengan originalidad o no se diferencien de las anteriores. Todo ingrediente que se sume a una idea precedente para cambiarla o mejorarla es un acto de originalidad, por lo que es valioso y significativo para el progreso.

Desde esta perspectiva, los emprendedores que se pasan la vida buscando una musa inspiradora que les aporte una *idea absolutamente original* que los lleve al éxito, es difícil que lo logren. Lo más factible es que conozcan la decepción porque esa musa inspiradora aparece muy excepcionalmente. La gran mayoría de las ideas que se imponen en el mercado no son plenamente originales. Todas esas ocurrencias, generalmente, tienen un referente inspirador que las apalancó.

Se comprende que todo emprendedor aspire o tenga el deseo de generar una idea plenamente original que lo haga famoso y le permita hacerse millonario. Sin embargo, esto no es lo habitual. Lo normal es que tenga en cuenta ideas o hechos precedentes para posteriormente *añadirle un valor* que le permita generar un producto diferente. Si los hermanos McDonald no hubieran tenido en cuenta los rústicos servicios de atención de los restaurantes de hamburguesas que los precedieron, posiblemente su creativo sistema de *servicio rápido* no hubiera salido a la luz. Lo mismo podemos decir de Steve Jobs, Bill Gates o Marcos Galperin. Todos agregaron valor a procesos e ideas precedentes para dar lugar a nuevas propuestas creativas que tuvieron éxito porque supieron satisfacer necesidades insatisfechas.

La mayoría de los emprendedores exitosos han seguido la premisa de que "todo producto puede ser mejorado". Detrás de ese principio utilizaron su ingenio para optimizar el precio, la calidad del producto, las utilidades, el servicio, la comercialización, la fabricación o la estética. En mayor o menor medida, todos *añadieron valor* a los bienes e ideas precedentes. Ese es el camino evolutivo que ha seguido la humanidad. Es lo que permitió que la comunicación comenzara con señales de humo, pasara por el telégrafo y terminara con los celulares. Y cuando digo que *terminó con los celulares* es solo una expresión porque, seguramente, nuevos emprendedores seguirán aportando propuestas creativas para proseguir con la evolución.

Si se observa a las actuales empresas líderes, se podrá comprobar que la mayoría no han sido las creadoras originales de los productos que la llevaron a la fama sino que casi en su totalidad agregaron valor a las ideas de otros para mejorarlas y superarlas en algún aspecto. El caso más patente de este proceso de "mejorar lo existente" se puede observar en la industria china. Sus empresarios se caracterizan por reformular los productos que otros han creado introduciendo cambios y agregando un valor que permite reducir costos y, en algunos casos, mejorar su calidad. La ciudad de Shenzhen, en China, se expandió de manera exponencial generando miles de emprendimientos que tomaron como modelo a productos originados en Occidente para luego producirlos a menor costo, para ingresar con éxito en los mercados emergentes e, incluso, en los mercados donde los productos fueron originalmente creados.

Por esta sencilla y contundente razón, un emprendedor no debe desechar un proyecto ni debe dejar elucubrar una idea porque ya existen propuestas parecidas en el mercado. Seguramente esos productos preexistentes le sirvan de punto de apoyo para sumar una ocurrencia que agregará algún tipo de valor adicional. Sin embargo, que la mayoría de los emprendedores se inspiren en ideas precedentes no quiere decir que su propósito sea constituirse en una *aspiradora de ideas* de otros para copiarlas y reproducirlas sin cambio alguno. No es propio de quien se considera un emprendedor *fotocopiar* exactamente lo que otros crearon. No es cuestionable que lo haga, pero su paso por el mercado no dejará huella y, posiblemente, le reportará pocas ganancias porque no tiene nada nuevo que aportar.

Es cierto que no es fácil crear o agregar valor, pero no por eso debe dejar de intentarlo. Un emprendedor jamás debe claudicar en su creatividad. No puede justificar su inacción creativa sosteniendo que "no hay nada que inventar" porque ya todo fue creado. La historia humana se sigue caracterizando por su constante innovación y generación de ideas de manera permanente.

Es importante señalar que la creatividad y la imaginación necesitan ser incentivadas. Una manera de hacerlo es no perdiendo la *curiosidad*. La búsqueda de respuestas sobre lo que se desconoce ayuda a descifrar incógnitas y empuja a abrir puertas que estaban cerradas. La curiosidad enciende la imaginación, permitiendo descubrir procesos e ideas que antes eran invisibles porque nadie trataba de encontrar respuestas. No hay duda de que la curiosidad es el principal incentivo para imaginar, crear, llenar vacíos y dar luz en donde existían zonas de sombra.

La ausencia de curiosidad es mortal para la creatividad porque induce a repetir las mismas conductas y a no buscar oportunidades que cambien la situación preexistente. La falta de interés o ausencia de motivación por tratar de comprender lo que se desconoce hace perezosa a la imaginación y mata la creatividad. Afortunadamente en la historia han existido y existen muchos curiosos que no se conforman con lo establecido sino que buscan respuestas donde supuestamente no las hay.

Otro gran motivador de la creación y la búsqueda de ideas originales es la *disconformidad.* No estar conforme con lo que se hace o con los productos que ofrecen los competidores, moviliza a buscar alternativas superadoras o diferentes. La disconformidad empuja a buscar alternativas, a innovar, crear o cambiar los modelos existentes para generar nuevas y mejores opciones que se traduzcan en beneficios para su empresa.

Está claro que repetir planes y no innovar con nuevas ideas lleva a una rutina que termina expulsando a un empresario del mercado. No se puede ver el futuro con los ojos del pasado. No se puede ser conformista si se pretende ser un emprendedor exitoso. Es necesario estar permanentemente creando nuevas propuestas, por lo que no hay que conformarse con los éxitos obtenidos o copiando ideas de otros sin agregar valor.

Finalmente, vale la pena recordar que las ideas necesitan un tiempo de reposo y maduración desde el momento en que surgieron en la mente. A veces la ansiedad o el enamoramiento hacia una ocurrencia pueden llevar a tomar decisiones apresuradas o emprender actividades que conducen al fracaso y frustración. Por eso es muy importante que las ideas tengan un tiempo para reposar en la mente y alcancen su maduración plena. Es esencial que a las ideas se las deje macerar para que se potencien con otras ideas que circulan por la cabeza. Hay que dejar que las neuronas trabajen y se retroalimenten. Al dejar pasar un cierto tiempo lo más factible es que la mente, de manera autónoma o dirigida, comience a analizar correctivos para mejorar las ocurrencias o desecharlas sin son inviables. La mente es la principal herramienta para mesurar y depurar las ideas. Solo hay que darle un tiempo. Luego de esa maceración y reposo vendrá el tiempo de experimentación y corroboración para confirmar si las ocurrencias creativas son conducentes para alcanzar los objetivos económicos buscados. De ser así, la creatividad será coronada por el éxito.

Estimular la pasión

La pasión es la herramienta que permite desterrar la rutina, apalancar el entusiasmo, movilizar la voluntad, innovar, superar los miedos y revertir el estado de ánimo negativo.

La actividad empresarial genera muchas satisfacciones como también numerosas frustraciones. Tanto unas como otras influyen sobre el estado de ánimo del emprendedor. Cuando las emociones son positivas se renuevan las energías y crece el entusiasmo para buscar nuevas oportunidades de negocios. Por el contrario, cuando existen problemas que entorpecen la gestión, el emprendedor es invadido por el desaliento que frena su impulso de avanzar hacia nuevos desafíos. Si esas frustraciones y la *mala fortuna* son constantes, lo más factible es que repercuta negativamente en su ánimo, quebrándole la voluntad y el entusiasmo. Si no logra controlar o revertir ese desánimo, seguramente la pasión desaparecerá, con lo cual cancelará el fuego que enciende las energías, la imaginación y la osadía.

Los fracasos y los errores de gestión no pasan por la vida de un emprendedor sin dejar una marca en su ánimo y su bolsillo. No lograr las metas no solo lo daña materialmente sino que afecta su estado anímico. Ante la imposibilidad de concretar los sueños se siente impotente, desolado y frustrado. Las frustraciones le generan desazón e impotencia. La consecuencia de este quiebre emocional será la falta de voluntad para seguir adelante y la instalación en su mente de pensamientos agoreros.

La ausencia de pasión no es un hecho menor ni puede ser ignorado por un emprendedor. La falta de entusiasmo para gestionar, liderar, arriesgar, buscar oportunidades y pensar creativamente lleva al estancamiento, la mediocridad y a lamentarse de por vida. Por ese motivo, es esencial contrarrestar el desánimo que generan las frustraciones o los problemas. Cuando se pierde la pasión se debe hacer lo posible para recuperarla, porque no solamente es el principal *energizante* que estimula la creatividad y moviliza la voluntad detrás de objetivos desafiantes, sino que la pasión es el principal *antídoto* para revertir las cargas emocionales negativas o depresivas.

La pasión es el fuego interior que estimula el ánimo y empuja a realizar proyectos desafiantes. La pasión, a la vez, es una coraza que permite resistir adversidades y enfrentar los embates del mercado manteniendo firme la voluntad emprendedora. Por esa razón no hay que permitir que ese fuego interior se apague. Cuando la pasión está en baja es fundamental reanimarla para que vuelva a desplegar su energía constructiva. No hay que olvidar que el grado de pasión que tenga un emprendedor marcará los límites hasta dónde puede llegar. Mientras más grande y sólida sea la pasión mayores serán los logros y la resistencia a los problemas.

Hay personalidades emprendedoras que tienen la pasión incrustada en sus genes. Son pasionales de manera natural por lo que no necesitan mucho esfuerzo para mantenerla encendida y renovarla ante cada frustración o al levantarse cada mañana después de un reconfortante reposo. Sin embargo, algunos emprendedores no tienen la posibilidad de recobrar fácilmente su entusiasmo ante los fracasos o adversidades. No todos tienen la pasión *a flor de piel*. En estos casos, es necesario que el emprendedor busque recuperar su vigor a través de estímulos externos y ejercicios mentales que permitan volver a tener pensamientos positivos, constructivos y creativos. En los últimos tiempos se han desarrollado muchos métodos individuales y grupales para generar estímulos que apalanquen y reanimen la pasión perdida. Entre esas herramientas estimuladoras se destacan los trabajos de *coaching* a cargo de profesionales o las acciones de *mentoring* destinadas a guiar al emprendedor, para que vuelva a construir metas que lo conduzcan al éxito y estimulen su pasión por hacer.

Junto a la ayuda profesional destinada a superar situaciones de crisis anímicas, un emprendedor no debe olvidar que la pasión se estimula esencialmente con pensamientos positivos y creativos. Mirar el futuro con optimismo y expectativas superadoras fortalece la autoestima, restablece la confianza, bloquea el auto sabotaje y genera la certeza de que una batalla perdida no significa perder la guerra. La búsqueda de nuevos objetivos expulsa el sabor amargo de los errores cometidos y deja atrás la desazón. Por tal motivo, es necesario alimentar la mente y las emociones con pensamientos positivos.

Además, el emprendedor necesita reactivar su pasión con objetivos que lo estimulen para ponerse en movimiento. Sin proyectos superadores o sumidos en la mediocridad no hay posibilidad de encender la pasión. Por lo tanto, el principal enemigo de un emprendedor no son los fracasos sino la *falta de metas*. Sin objetivos desafiantes que despierten algún tipo de interés material o espiritual es difícil que exista el entusiasmo que se requiere para emprender. Por este motivo, un hacedor debe proponerse metas y desafíos que lo saquen de su desolación y el lamento. La construcción mental de nuevos objetivos generará un bienestar interior que repercutirá en el estado ánimo, induciendo al emprendedor a salir del estancamiento y el malestar que significa perder una batalla.

Fracasar forma parte de la experiencia de todos los emprendedores. Mientras más exitoso haya sido un empresario, mayor cantidad de fracasos y errores se encuentran en su historia. Lo que hizo posible que hayan alcanzado sus objetivos es haber tenido la voluntad de levantarse ante una adversidad. Creer en sus ideas, corregir los errores y tener grandes expectativas de alcanzar el éxito, es lo que permite llegar a destino.

Los emprendedores que alcanzan el éxito *nunca se dan por vencidos, aun vencidos*, porque saben que el fracaso suele ser la antesala del éxito si están dispuestos a levantarse para concretar sus sueños. Lo importante para emprender es mantener la fuerza de voluntad, la perseverancia, los idearios y la confianza en uno mismo para plasmar en realidad los proyectos. Eso se llama tener pasión.

Lo peor que puede sucederle a una persona es caer en un rutinario letargo sin ideas ni motivaciones que lo impulsen a emprender nuevos proyectos. Si en algún momento, por diversas circunstancias, su pasión decae es recomendable tomar alguna de estas iniciativas:

- Aferrarse a un proyecto temporal que le entusiasme, aunque no sea propio ni esté vinculado directamente al emprendimiento o historia profesional. Encender nuevamente el interés y estimular el entusiasmo detrás de un objetivo hará que crezcan sus energías y se ponga nuevamente en acción abandonando el estancamiento.

- Buscar apoyo en un *coach* que lo movilice e impulse a renovar plenamente sus actividades. Muchas veces ese entusiasmo se logra cuando el emprendedor está rodeado de colaboradores activos y pasionales que contagian sus energías positivas.

- Apartarse del ojo de la tormenta para no dejarse arrastrar por los problemas y angustias. Si el desgano, la frustración y falta de entusiasmo son por exceso de trabajo, debe tomarse un tiempo para relajarse y desentenderse de las presiones diarias. Desconectarse y dejar ser *el yunque* donde se reciben todos los golpes permite recargar energías y volver a la actividad con vigor.

Finalmente, es necesario subrayar que la pasión, como todas las emociones, debe ser equilibrada. Así como la falta de entusiasmo es absolutamente negativa para emprender, el exceso de pasión afecta la gestión y el liderazgo. La pasión es una fuerza interior muy poderosa que, si no se controla, puede desbordarse generando consecuencias negativas. El exceso de pasión se puede transformar en una carga negativa, convirtiéndola en una fuerza destructiva que perturba el juicio equilibrado del emprendedor. Al *desbordarse,* deja de ser un factor positivo para convertirse en una *energía emocional destructiva* que atenta contra el estado físico, la sensatez, la armonía y la eficacia de la gestión. Al salirse de cauce, la pasión empuja a tener actitudes desequilibradas que promueven el conflicto con el entorno, los malos entendidos, los exabruptos y la falta de criterio en las decisiones.

Un emprendedor debe apalancarse en su pasión para recargar su energía hacedora, sin que esto lo lleve a excederse, convirtiendo a la pasión en una fuerza dañina y perjudicial para todos. Por lo tanto, debe mesurar racionalmente sus emociones para encontrar un equilibrio que favorezca la construcción y no la destrucción de su físico, mente y gestión. Debe aprender a controlar sus emociones, estado de ánimo y su pasión para lograr potenciar positivamente la gestión y su calidad de vida.

Pensar en grande

Los emprendedores que piensan en grande son aquellos que no se fijan límites al momento de imaginar sus objetivos, dando libertad a sus elucubraciones creativas.

Pensar en grande es atreverse a que la imaginación explore todas las alternativas creativas que permitan construir ambiciosos proyectos. *Pensar en grande* no es una opción reservada para emprendedores que tienen títulos universitarios, capital financiero, conexiones sociales o un alto coeficiente intelectual. *Pensar en grande* está disponible para hombres y mujeres que quieren ampliar su visión del mundo, tener grandes sueños y llevar adelante desafíos que dejen huella. Es una posibilidad que se encuentra al alcance de todos los que deciden emprender un negocio, se tienen confianza y no quieren quedarse en una zona de confort.

Toda persona que quiera emprender una actividad tiene la opción de *pensar en grande* o conformarse con limitadas aspiraciones. Si opta por tener sueños pequeños lograra resultados pequeños. En cambio si opta por liberar a su imaginación, abre puertas que lo llevaran a destinos que nunca alcanzan los que piensan en pequeño. Al pensar en grande, se disparan pensamientos positivos y creativos que no se detienen a reflexionar en lo lejos que está un objetivo sino en cómo lograrlo.

Algunos emprendedores no se atreven a tener grandes sueños porque les parece que no podrán alcanzarlos. Se sabotean al considerar que no tienen el talento, capacidades o recursos para concretarlos. Censuran su imaginación llenando su mente de pensamientos negativos o elucubrando pequeños proyectos. No son capaces de verse haciendo grandes cosas porque desvalorizan sus capacidades, formación profesional y sus ocurrencias. No se tienen confianza porque *a priori* se descalifican. Al actuar de esa manera no perciben que son sus propios pensamientos negativos los que le ponen un cerrojo a su imaginación y a las posibilidades de emprender grandes desafíos.

No hay duda que la magnitud del éxito que puede alcanzar un emprendedor generalmente esta en proporción directa a su capacidad de pensar en grandes objetivos. Por lo tanto, es fundamental que se despoje de los miedos que lo acechan, deje de sabotearse y dé libertad a su imaginación para que aflore la máxima creatividad. Si un emprendedor permite que lo dominen los pensamientos agoreros será esclavo de sus inseguridades con lo cual su imaginación solo se animara a crear ideas pequeñas. Sus miedos y prejuicios se convertirán en un corsé para la creatividad y un freno para emprender planes ambiciosos. Esas limitaciones a su creatividad y ser preso de sus temores lo llevaran inexorablemente a posturas conservadoras y a emprender desafíos menores que terminan siendo poco estimulantes y de escasa rentabilidad.

Pensar en grande implica tener ambiciones. Un emprendedor logrará mayores motivaciones y apalancará mejor sus energías si tiene un objetivo que a los demás les parece demasiado grande. Es cierto que la palabra *ambición* suele tener connotaciones negativas porque se la asocia erróneamente con el *comportamiento amoral* de algunas personas que buscan alcanzar un objetivo a cualquier precio. Sin embargo, la ambición no necesariamente implica tener conductas deshonestas o avanzar pisando cabezas. Por el contrario, suele ser un factor sano y estimulante para un emprendedor. La ambición de alcanzar grandes metas estimula la superación, la capacitación, la creación y el esfuerzo. Sobre todo, puesta al servicio de la generación de riqueza, la producción de nuevas ideas o para lograr complejos objetivos, es un aliciente para pensar en grande.

Sin embargo, ser ambicioso y tener magnas ideas no es suficiente para lograr un objetivo. La grandeza de una idea no solo está dada por su amplitud y creatividad sino también por su viabilidad y sustentabilidad. Esta advertencia es válida porque muchos emprendedores se enamoran de sus elucubraciones mentales y no verifican su factibilidad de implementación en la realidad. Deseosos de aprovechar una oportunidad o generar un gran emprendimiento suelen quedar subyugados por su creativa imaginación sin valorar si esas ideas son viables de llevar adelante.

Toda gran idea de negocio debe pasar por el tamiz de su comprobación empírica, para saber si es viable, sustentable y rentable. No importa lo original, descollante o espectacular que sea una idea generada por la imaginación, para el mundo económico carece de valor si esa creación no se puede materializar ni ser rentable. Por lo tanto, un emprendedor no solo debe concentrarse en la grandiosidad de su creación mental sino también en la posibilidad de implementarla con éxito.

Si una idea no es sustentable ni viable, es simplemente un sueño fantasioso y etéreo. La historia está plagada de grandes ideas que por la imposibilidad material de realización no trascendieron más allá de la mente de sus creadores. Es muy importante que un emprendedor cuando se pone a soñar y pergeñar un negocio lo haga con *los pies sobre la tierra.* Debe dejar volar su imaginación pero con un cable a la realidad. Un cable a tierra para que sus ideas no se conviertan en elucubraciones utópicas que no podrán implementarse.

Finalmente, cabe decir que pensar en grande no solo beneficia al emprendedor sino también a toda la sociedad. Por esa razón el colectivo social estimula a los emprendedores a que se arriesguen a *pensar en grande,* porque sus éxitos personales también repercutirán beneficiosamente en toda la sociedad. Gracias a los hombres y mujeres que tuvieron grandes sueños y se sacrificaron en pos de ambiciosos proyectos la humanidad logró significativos avances. Mejoras que permitieron que se hayan podido satisfacer muchas necesidades, acceder a una mejor calidad de vida y alcanzar altos niveles de bienestar. Gracias a que esos emprendedores se atrevieron a pensar en grande fue posible impulsar un progreso del que no disfrutaron nuestros antepasados.

Es cierto que existen autores que sostienen que pensar en pequeño y llevar adelante planes acotados, puede generar una felicidad personal superior a la que puede producir la búsqueda de ambiciosos objetivos que consumen energías, generan frustraciones, producen estrés, pérdidas económicas y padecimientos físicos. Sin embargo, esto no puede ser un argumento para abandonar los grandes desafíos que la humanidad necesita llevar adelante para terminar con la pobreza y la indigencia que padece más de la mitad de la población mundial. Si bien no se puede exigir que todo empresario tenga la osadía de pensar en grande y llevar adelante sus desafíos, sí puede afirmarse que aquellos que lo hacen colaboran en la construcción de un mundo mejor.

Paso 4

Cambiar para innovar

La rutina es dañina

Los emprendedores deben evitar ser conservadores y quedar atrapados por la rutina, porque esa conducta repetitiva los conduce inexorablemente al estancamiento por falta de renovación y actualización.

Cambiar de planes y asumir riesgos genera incertidumbre, temores e inseguridades tanto en el responsable de la empresa, como entre sus colaboradores porque no tienen certeza sobre lo que puede suceder al transitar caminos desconocidos. Por esta razón, muchos emprendedores prefieren repetir las conductas que les dieron buenos resultados en el pasado realizando una gestión conservadora y rutinaria. Tienen temor de que al cambiar de planes o buscar nuevas metas los lleve a cometer equivocaciones, enfrentar contingencias, fracasar y perder lo que lograron en el pasado. Ante lo desconocido o el miedo al fracaso prefieren asumir conductas cautelosas, mesuradas y repetitivas.

El problema de reiterar los mismos planes económicos y no generar cambios en el proceso productivo es que, a la corta o a la larga, se producirán consecuencias negativas para la empresa. Aferrarse a una rutina lleva a soterrar la creatividad, la innovación, el entusiasmo y las energías colectivas que se requieren para adaptarse a los cambios constantes de la demanda social. Repetir el mismo proceso productivo, los mismos planes y los mismos productos impide actualizar el emprendimiento, quedando expuesto a ser expulsado del mercado por una competencia más activa y dinámica. La rutina, lejos de ser un salvavidas que permite permanecer a flote, es una carga muy pesada que hunde a la empresa por falta de innovación, inercia, multiplicación de mañas y cancelación de estímulos para emprender desafíos.

Las gestiones rutinarias cancelan el futuro porque se aferran al pasado. Al repetir planes y objetivos, un emprendimiento se aleja gradualmente del mercado porque no acompaña su constante transformación. Al hacer siempre lo mismo se *mata* la voluntad de buscar nuevas metas que permitan que la empresa se mantenga vigente, actualizada y a la vanguardia. Con la repetición de conductas, en la empresa se instala el calvario de la mediocridad y la *chatura* que impide la renovación, la evolución y el progreso.

La conducta rutinaria de un empresario siempre termina siendo imitada por todos los integrantes del emprendimiento. Los empleados no solo se adaptan anímica y materialmente a hacer siempre las mismas actividades, sino que manifiestan disconformidad cuando se pretenden introducir cambios, por pequeños que sean. Preferirán mantenerse dentro de la *zona de confort* que promueve la rutina. Se sienten más a gusto por no tener la presión de aprender cosas nuevas, considerando que eso les garantiza estabilidad laboral. Al adoptar esa actitud, ignoran que están cancelando su futuro dado que la rutina conduce indefectiblemente al estancamiento de la empresa como paso previo a su cancelación de actividades, perdiendo por lo tanto sus empleos.

No cabe duda de que dada la movilidad de la economía moderna la rutina mata el progreso y la evolución de una empresa, cancelando la posibilidad de mantenerse vigente. La única forma de contrarrestar ese estancamiento creativo, la apatía colectiva y la pérdida de voluntad *innovadora* es erradicando las causas que conducen a la rutina laboral y económica. Es esencial que la gestión empresarial asuma una actitud audaz para no quedar atrapada en la mediocridad, la comodidad y la repetición de los mismos planes detrás de los mismos objetivos. Es fundamental que constantemente genere nuevas metas y objetivos que reviven la pasión por hacer cosas nuevas.

Los emprendedores, aunque se vean tentados a repetir planes que le dieron buenos resultados en el pasado, deben aprender que dados los actuales niveles de competitividad no pueden ni conservadores. Deben comprender que *la rutina mata el progreso*. Si pretenden sobrevivir a la vorágine del mercado globalizado, deben arriesgar, cambiar y renovarse. Por tal motivo, lejos de aferrarse a planes del pasado deben emprender nuevos desafíos. Si no se actualizan, se quedan en una zona de confort o tienen miedo a innovar, su futuro será sombrío.

Atreverse a cambiar

Un emprendedor no puede ser temeroso ni quedarse en una zona de confort para evitar los riesgos. Es esencial que se anime constantemente a buscar cambios para que su empresa sea competitiva y genere mayores beneficios.

En la actualidad es imposible mantener o acrecentar la rentabilidad de un emprendimiento, a lo largo del tiempo, sin innovar la línea de producción o sus productos. La movilidad social, los cambios en el consumo, la competencia, la diversidad de la oferta y las revoluciones tecnológicas son algunos de los factores que obligan a un empresario a estar en constante trasformación si quiere mantener vigencia y no ser desplazado del mercado. Ningún emprendimiento puede sobrevivir ni aspirar a desarrollarse si rutinariamente repite las mismas actividades durante un tiempo prolongado. Solo los que renuevan su producción y sus productos tienen posibilidad de crecer, expandirse y ser competitivos.

La gente admira a los emprendedores audaces y arriesgados que proponen nuevos productos para satisfacer necesidades que les permiten tener una vida más placentera. Nadie honra al timorato ni tiene registrado a los conservadores que durante años ofrecen los mismos productos sin cambio alguno. La sociedad premia a los emprendedores que satisfacen sus renovadas necesidades mientras que *le da la espalda* a los que no tienen nada nuevo que ofrecer.

Un emprendedor cauteloso y conservador que se no anima a cambiar, *corre con desventaja* con respecto a aquellos que tienen la osadía de emprender nuevos proyectos. La timidez, la vacilación, el temor o la prudencia son muy peligrosos en un escenario económico regido por el cambio permanente, la competencia sin límites, el frenesí del consumo y la fluctuación constante de las necesidades. Es necesario que un emprendedor siempre tenga el coraje y la osadía de implementar nuevos proyectos. Es esencial que no pierda el tiempo en vacilaciones dilatorias que lo único que hacen es llenarlo de dudas y pensamientos negativos que le impiden avanzar. Cuando un emprendedor titubea, reflexiona en exceso o vacila, termina paralizándose. Detrás de una supuesta mesura y actitud reflexiva termina realizando siempre lo mismo, por lo cual deja de emprender cambios.

Renovar la gestión o emprender nuevos objetivos es esencial para progresar y aumentar la rentabilidad de una empresa. No animarse a innovar o ser temeroso en llevar adelante un nuevo proyecto va en contra lo que debe ser la matriz de un hacedor. De nada sirve tener una gran idea de negocio si no se tiene el coraje de implementarlo. Emprender significa animarse a cambiar cuando se tienen ideas innovadoras o el mercado reclama nuevas propuestas. Mientras un emprendedor no concrete sus proyectos, solo es un soñador o un manipulador que intenta mostrar una imagen de hacedor que no corresponde a la realidad.

Un emprendedor en la actualidad, para obtener grandes o pequeños logros, necesita estar cambiando constantemente detrás de objetivos innovadores o transformadores. Quedarse en una *zona de confort*, creyendo que si repite lo mismo que le trajo beneficios en el pasado tiene garantizada su rentabilidad, seguramente lo conducirá al fracaso o a su gradual desaparición.

Los que no arriesgan detrás de nuevos procesos de producción difícilmente puedan progresar. En una economía altamente competitiva y en constante transformación no se puede mantener durante mucho tiempo conductas rutinarias. Hay que cambiar y arriesgar sabiendo que nadie puede dar certezas sobre que esos cambios serán positivos. Los empresarios que buscan certeza y seguridad no comprenden que jamás la podrán encontrar.

Muchos, en especial los adultos, no se animan cambiar o abandonar su rutina porque son víctimas de pensamientos agoreros o tienen temor a perder lo que consiguieron en el pasado. Su principal enemigo es su propia mente. Sus pensamientos temerosos le ponen freno al cambio y los llenan de excusas para no tomar la iniciativa de dar el paso hacia la *línea de largada*. Las inseguridades, dudas y posibilidad de fracaso los paralizan. Siempre tienen una excusa para postergar sus decisiones para emprender un cambio, con lo cual ponen en riesgo su empresa por no hacer nada diferente a lo que han hecho en el pasado.

Un emprendedor, si quiere crecer y mantenerse vigente, debe superar sus temores y abandonar sus conductas rutinarias. Su condición de hacedor lo obliga a estar siempre activo, buscando oportunidades novedosas. Si por inseguridad, dudas o miedos no se anima a llevar adelante nuevos proyectos, seguramente su futuro será poco promisorio. Pagará un precio muy alto por no animarse a innovar, o por quedarse en una zona de confort haciendo siempre lo mismo.

Erradicar los miedos

El miedo es el principal enemigo que puede tener un emprendedor, ya que cuando se instala en su mente e invade sus emociones y bloquea la energía emprendedora que se necesita para innovar.

Es evidente que un emprendedor no puede permitir que los miedos lo dominen porque cancelan su esencia y razón de ser. Si pretende ser un hacedor y transitar caminos innovadores, debe aprender a superar esas sensaciones negativas. Si no lo hace con prontitud, los miedos gobernarán su mente y sus emociones, condicionándolo a realizar una gestión rutinaria, mediocre, conservadora o, lo que es peor, impidiéndole accionar.

Ser hacedor implica enfrentar contingencias, problemas, competencia y fracasos de todo tipo y color. Por lo tanto, es necesario prepararse anímica y mentalmente para superar y controlar los temores. Si se permite que los pensamientos agoreros se expandan por la mente y el *alma,* se estarán generando barreras interiores que impedirán llevar adelante cualquier tipo de proyecto. Por esta razón, un emprendedor debe hacer el esfuerzo de instalar en su mente pensamientos positivos que apuntalen una actitud emprendedora y alejen aquellos recelos que lo hacen sentir un *perdedor* antes de empezar.

El miedo, si no se supera, se convierte en el principal enemigo interior que puede tener un emprendedor. Cuando se apodera de los pensamientos, rápidamente cancela la energía y la voluntad que se necesita para arriesgar o superar adversidades. El miedo inhibe la personalidad hacedora para instalar en su lugar una personalidad cobarde, mediocre e insegura. Es una fuente inagotable de pensamientos negativos que inducen al auto sabotaje, a perder la audacia, a erosionar la autoestima y a dejar de tener iniciativas que impliquen cambiar el *statu quo.* Es una sensación dañina que debe ser erradicada de forma inmediata para que no crezca ni domine la mente. El miedo sin contención se expande como un virus, hasta que el emprendedor termina acobardado, sin voluntad de tomar iniciativas que impliquen algún riesgo.

Entre los temores más negativos que puede experimentar un emprendedor se destaca el *miedo al fracaso*. Esa sensación es muy dañina porque paraliza, intimida y frena toda acción emprendedora. Sentir y pensar que se puede fracasar hace que los pensamientos agoreros se expandan generando desconfianza, inseguridad y cobardía. Tener la convicción de que se puede fracasar inhibe a un emprendedor empujándolo a tener conductas extremadamente cautelosas o simplemente a no hacer nada.

El *miedo al fracaso* aumenta o disminuye en proporción directa a las contingencias o éxitos sufridos en el pasado. Si el empresario tiene una trayectoria de aciertos, su temor a fracasar es muy pequeño. En cambio, el miedo se potencia en empresarios que han tenido experiencias negativas. Las neuronas, como los algoritmos, ante cualquier señal de riesgo se nuclean para enviar sensaciones negativas. Sin embargo, esta reacción natural y automática puede ser controlada y cambiada. Aun cuando se hayan tenido experiencias traumáticas en el pasado, el miedo puede superarse en la medida que se tome conciencia de que el fracaso no es un estigma del cual no se puede salir. Fracasar dos, tres o cuatro veces no implica que se fracasará por siempre. Un emprendedor debe saber que al éxito no se llega a través de un sendero directo y sin dificultades. Todo lo contrario, el camino al éxito está plagado de errores y fracasos que van dejando enseñanzas. Por lo tanto, es necesario que neutralice las sensaciones generadas por pasadas experiencias negativas y haga un esfuerzo para cambiar sus *algoritmos neuronales* que le generan temores ante posibles riesgos o cuando emprende un proyecto.

Los errores y adversidades suelen ser parte del camino que hay que recorrer para alcanzar el éxito. Por lo tanto, no hay que tener temor a equivocarse. El único temor que debe tener un empresario es que los miedos lo dominen, porque si eso ocurre habrá perdido la creatividad innovadora, la valentía, la pasión y la personalidad hacedora que se necesita para alcanzar una meta.

Un emprendedor debe evitar que su mente y emociones sean saboteadas por el miedo. Tiene que nutrirse de pensamientos positivos que apuntalen la autoestima, la creatividad y alimenten la pasión por nuevos objetivos. Ante una adversidad, tiene que pensar en positivo y rechazar pensamientos agoreros. Ante el fracaso, en vez de lamentarse, tiene que animarse a emprender nuevamente, teniendo en cuenta los errores cometidos a fin de no volver a repetirlos. No debe dejarse atrapar por las frustraciones y generar nuevas ideas que despierten el entusiasmo.

Los miedos pueden superarse. Existen muchos métodos de aprendizaje y superación para superar el temor, que combinan ejercicios físicos, mentales, espirituales y de respiración. Sin embargo, ninguno de estos métodos podrá tener resultados positivos si no se aprende a expulsar los pensamientos y los hábitos que tienden a sabotear las capacidades profesionales, a inflar las adversidades o alimentar la creencia de que se es un *perdedor.*

Los expertos en psicología y coaching afirman que la forma más contundente para combatir, controlar y superar los miedos es tener objetivos que estimulen la creatividad y la fogosidad pasional. La pasión es una carga energética que alimenta el coraje, la perseverancia y la voluntad que se necesita para dominar los miedos. La pasión permite superar los obstáculos que el miedo intenta instalar y genera energías para emprender. El entusiasmo pasional devora a los miedos, porque los sueños se convierten en algo más importante y estimulante que los temores.

Innovar es progresar

Los emprendimientos que no tienen políticas de innovación quedarán rezagados ante el cambio constante de la demanda social, la aparición de nuevas tecnologías, la transformación de los procesos de producción y la competencia.

Muchos empresarios, cuando logran una cierta estabilidad económica no quieren innovar ni emprender nuevos proyectos a fin de evitar contingencias o cometer errores que generen pérdidas.

Prefieren repetir los objetivos y planes que arrojaron resultados exitosos porque consideran que seguir ese camino les garantiza estabilidad en los ingresos, *seguridad* de no cometer desaciertos y *certidumbre* sobre lo que puede acontecer en el futuro. Evalúan que no emprender nuevos proyectos les permite eludir contratiempos y evitar problemas. *Para qué cambiar o arriesgar si las cosas van bien*, es el pensamiento dominante en este tipo de empresarios.

La mala noticia para esos conservadores es que la ejecución de los mismos planes que en el pasado les dieron beneficios, no garantiza ausencia de imprevistos, la misma rentabilidad ni un crecimiento económico en el futuro. Por el contrario, repetir la misma rutina durante un largo tiempo generalmente conduce al estancamiento de la empresa o a ser expulsada del mercado por falta de competitividad ante los cambios de la demanda.

En el mercado moderno, aunque les pese a muchos, los cambios son más abundantes y frecuentes. En la actualidad, es muy difícil que un emprendimiento pueda mantenerse inmune a los avances tecnológicos, a la oferta de nuevos productos, a la transformación de los procesos de producción y a la presión de consumidores ansiosos de satisfacer sus crecientes necesidades. Por lo tanto, solo las empresas que acompañan o se adelantan a esos cambios permanentes pueden evolucionar y progresar.

Un emprendedor no puede ser un *espectador pasivo* ante los cambios sociales y las fluctuaciones del mercado. La única forma de no ser expulsado del quehacer económico es actualizando sus objetivos de producción. Esa actitud le permitirá mantener vigencia, competitividad, crecer y expandirse. Según el economista Joseph Schumpeter, un emprendedor tiene la obligación de destruir las viejas estructuras económicas para crear otras nuevas, debe ser *un destructor del pasado,* porque su misión es cambiarlo y superarlo, generando innovaciones que le permitan evolucionar con la mirada puesta en el futuro.

Es cierto que innovar o cambiar las viejas estructuras de producción no es fácil ni siempre es posible. Por esa razón, muchos empresarios prefieren repetir planes del pasado antes que arriesgarse a comenzar nuevos proyectos. Sin embargo, este no suele ser el camino más seguro para permanecer vigentes. Se ha expresado que la movilidad transformadora del mercado exige estar cambiando constantemente los procesos de producción si se intenta mantener competitividad. La realidad pone de manifiesto que mientras en el pasado el pez grande se comía al pequeño, en el mercado actual son los *peces innovadores* los que se imponen sobre los grandes y los pequeños. Sin importar el tamaño ni su historia, los emprendedores innovadores son los que fijan las pautas del mercado y logran mayores niveles de rentabilidad.

Atrás quedó la época en que la fortaleza de una empresa estaba dada por su tamaño, capital o la cantidad de recursos humanos que laboraban en sus establecimientos. Hoy la fortaleza de un emprendimiento está dada en su capacidad para generar novedades e innovaciones que generen demanda efectiva. La globalización, el consumismo, la inmediatez, la multiplicación exponencial de riqueza y la diversificación en la producción, entre decenas de factores, exigen que la innovación empresarial sea permanente para crear nuevos productos que permitan mantener activa la línea de producción.

Detrás de esa premisa, un gran número de economistas recomiendan que un emprendimiento incorpore desde el primer día el concepto de *innovación programada*. Esto quiere decir que la empresa no debe limitar su producción al objetivo que le dio origen sino que debe programar sus innovaciones con antelación para renovar su oferta de manera permanente. Como si fuera una serie de Netflix, no solo debe preocuparse por el contenido de la primera temporada sino que debe programar los cambios que introducirá en la segunda temporada para mantener la audiencia.

En la actualidad, la mayoría de las corporaciones tienen incorporada la innovación y el cambio constante en su gestión. Lejos de dedicarse solo a administrar y tener siempre los mismos objetivos, llevan adelante muchos cambios e innovaciones en su producción de manera programada, gradual y permanente. Lo hacen dentro del concepto denominado obsolescencia programada que consiste en fijar a *priori* la vida útil de un producto o servicio, para sacarlo de circulación o cambiarlo en una fecha prefijada para generar una mayor demanda del mercado.

La *obsolescencia programada* obliga a las empresas a innovar constantemente su producción a fin de renovar sus productos antes de que el consumo decaiga porque los artículos ofrecidos son obsoletos, vetustos o no despiertan interés.

Es relevante aclarar que falta de renovación, en muchas empresas, no suele ser consecuencia de ausencia de ideas creativas, falta de recursos o temor a los riesgos que pudieran presentarse a partir de los cambios. La ausencia de innovación suele tener sus raíces en factores emocionales que inciden sobre el responsable de gestión. Cambiar e innovar suele ser difícil para algunos empresarios porque a veces no pueden asimilar *emocionalmente* esas transformaciones. Llevar adelante un cambio significa estar dispuesto a dejar atrás proyectos que en su momento le causaron gran felicidad. Significa destruir el pasado, según palabras de Schumpeter. Es dejar atrás la historia personal para construir un futuro diferente.

Por esa razón, la mayoría de las veces innovar requiere que el empresario tenga una gran fortaleza para dejar atrás compromisos emocionales y materiales que le son muy entrañables. No es sencillo apartar personas, enterrar viejos sueños o deshacerse de instalaciones materiales que han sido parte de la vida. No es sencillo aceptar que los productos que ayer dieron grandes satisfacciones hoy no tienen ningún valor o que hay que desvincular a colaboradores porque no se adaptan a los cambios que hay que llevar adelante.

Finalmente, cabe señalar que no solo el responsable de la gestión debe prepararse para los cambios generados por las innovaciones. También lo deben hacer todos los integrantes de la empresa. Lo tienen que hacer aunque los afecte o prefieran la comodidad de no cambiar. Tienen que acompañar las transformaciones porque las empresas que no cambian quedan rezagadas, no progresan, pierden valor económico y terminan cerrando, dejando en la calle a todos sus empleados. Siguiendo los principios expresados por Darwin en la teoría de la evolución de las Especies, una empresa que no evolucione y se no se adapte a las nuevas realidades corre el *riesgo de extinción* después de un cierto tiempo. Solo los emprendimientos que tienen incluido en su ADN la innovación y la transformación pueden aspirar a permanecer, crecer, desarrollarse y progresar en el mercado mundial.

La mente se resiste a cambiar

La mente es renuente a buscar caminos innovadores porque no le agrada que la obliguen a cambiar hábitos y a buscar nuevos conocimientos.

Constantemente el cerebro humano actúa como una esponja que absorbe conocimientos que le son útiles para lograr diferentes propósitos. Este proceso de absorción informativa se produce durante toda la vida pero se manifiesta con mayor intensidad durante los primeros años de existencia. Es durante esta etapa de crecimiento cuando la mente desarrolla una gran avidez por acumular conocimientos con el fin de interpretar el enigmático mundo exterior y tener respuestas ante los múltiples interrogantes que se le presentan. Con el paso de los años, todas las vivencias, emociones y experiencias son registradas, sistematizas y depositadas en la memoria para convertirse en una guía que orientará las conductas futuras. Es ese conocimiento e información depositada en la mente lo que permite interpretar la realidad, relacionarse con los demás, forjar creencias, desarrollar hábitos, reconocer lo que causa satisfacción y emitir juicios de valor.

A medida que una persona ingresa a su etapa adulta, la necesidad y avidez de nuevos conocimientos comienza a mermar dado que el *back up* de la memoria tiene mucha data y muchas respuestas. La mente llega a un estadio de acumulación de información tal que siente que es más fácil remitirse a lo que ha aprendido en el pasado que acumular nueva información. Considera que ha acopiado información suficiente para poder superar sus dudas, tomar decisiones o resolver encrucijadas.

Al creer que las vivencias y conocimientos acumulados son suficientes para enfrentar las incertidumbres y resolver problemas, la mente trasmite señales de seguridad y certeza para desenvolverse en la vida. A partir de su bagaje cognoscitivo y emocional ya no tiene avidez por aprender o buscar nuevas experiencias. A través de su proceso formativo y educativo llega a un punto en que se considera capacitada para elaborar ideas, razonamientos y herramientas que facilitan la resolución rápida de los problemas. Ese conocimiento acumulado le permite reaccionar de manera automática e imperceptible ante cualquier cuestionamiento o duda, sin necesidad de razonamiento previo. De esta forma, los conocimientos depositados en la memoria fluyen naturalmente y sin esfuerzo, dando las respuestas que se requieren para sortear problemas.

Con el paso del tiempo, las vivencias e información depositada en la memoria van forjando la personalidad, las creencias y conducta de una persona. Son las experiencias, emociones y conocimientos registrados en el pasado los que le hacen repetir las mismas conductas, defender determinados valores o sostener una cierta ideología. Como los algoritmos, las neuronas trabajan con rapidez y autonomía, enviando información instantánea ante cualquier duda o problema. Al hacerlo condicionan, subrepticiamente, las conductas, emociones, hábitos o creencias de una persona.

Estas respuestas rápidas y automáticas hacen la vida más llevadera porque ofrecen la posibilidad de que las personas se sientan más seguras, no duden ante los mismos problemas, ahorren tiempo en la toma de decisiones, respondan con prontitud y se desenvuelvan con fluidez por sentir que están haciendo lo correcto. Sin embargo, responder de manera automática, sin reflexión previa, tiene la desventaja de disminuir o cancelar la capacidad crítica de una persona. La hace actuar y repetir sus pensamientos sin detenerse a pensar si son correctos o merecen ser cambiados. De esta forma, el pasado condiciona el futuro.

Tener el *back up* lleno de conocimientos suele atentar contra la imaginación, la creatividad y el cambio. Al tener la percepción de que el conocimiento adquirido es suficiente para resolver todos los problemas o dar respuesta a todos los interrogantes, una persona cancela la posibilidad de imaginar nuevos escenarios. Al responder automáticamente de manera semejante, dar siempre las mismas respuestas y sostener las mismas creencias, cancela la posibilidad de cuestionar lo preestablecido, imaginar otras respuestas o reflexionar sobre la posibilidad de que existan otras alternativas a las que la mente propone de manera instantánea.

La mente al dar las mismas respuestas ante los mismos problemas sigue al pie de la letra el principio de la *ley del menor esfuerzo.* No quiere gastar energías creando nuevas ideas o buscando nuevos conocimientos si puede apelar fácilmente a la información acumulada en la memoria. Este proceso "del menor esfuerzo" lleva a que, con el paso de los años, se haga más perezosa para generar nuevas ideas, cambiar comportamientos o cuestionar conocimientos adquiridos en el pasado. Pereza que es muy negativa para los emprendedores porque repetir las mismas ideas o conductas limita su imaginación creativa, las innovaciones y la búsqueda de nuevos desafíos. Al dejarse manipular por hábitos y conocimientos adquiridos en el pasado, desaparece la capacidad crítica y la energía para emprender caminos innovadores.

Si bien la mente es la principal herramienta para generar nuevas ideas, también, puede ser su principal cerrojo para emprender un cambio, arriesgar o realizar nuevos desafíos. Al responder automáticamente y de manera semejante ante los estímulos externos e internos, no suele estar predispuesta a gastar energías en revisar los conocimientos o creencias adoptadas en el pasado. Por tal motivo, a medida que pasan los años, la mente se resiste a cambiar, innovar, cuestionar o desechar lo que acumuló en su *back up* y que considera como única verdad. Prefiere repetir hábitos e ideas antes que buscar caminos creativos que le exigen trabajar o cuestionar lo que pensaba con anterioridad. No le agrada esforzarse cuando puede ofrecer respuestas inmediatas sin ningún tipo de sacrificio. Esta pereza y resistencia lleva a la mente a convertirse en un freno que impide las innovaciones y el cambio que demanda un emprendedor.

La mente es muy astuta y utiliza infinidad de recursos para no trabajar ni esforzarse en cambiar. Apela a mecanismos imperceptibles para presionar, sugerir o inducir a una persona a que no modifique sus conductas, juicios de valor, ideas, hábitos o sentimientos. Sin que se pueda percibir racionalmente, la mente condiciona los comportamientos y pensamientos a través de sutiles sensaciones interiores. Esas sensaciones envían señales positivas para generar confianza, seguridad, certeza, familiaridad o tranquilidad en caso de que la persona repita las mismas conductas o creencias del pasado. Por el contrario, envía *señales negativas* como el miedo, la ansiedad, la incertidumbre o la desconfianza si una persona quiere modificar pensamientos o conductas acumulados en la memoria.

Para un emprendedor es muy negativo quedarse aferrado a sus creencias y no tener la capacidad para cambiar. Cerrar la puerta a la autocrítica, a las dudas, a la confrontación de ideas, a la creatividad innovadora o la imaginación es cancelar la posibilidad de progresar y salir de la rutina. El statu quo que le impone la mente le quita posibilidad de cambiar o cuestionar su historia, con lo cual lo encasilla en espacios acotados que lo pueden dejar rezagado con respecto a aquellos otros emprendedores que dan rienda suelta a su imaginación y cambian de manera constante.

Aferrarse a creencias y no permitirse incursionar en nuevos escenarios es lo contrario a lo que debe ser un emprendedor. Es esencial que no quede preso de sus hábitos y conocimientos cuando frenan su creatividad y espíritu crítico para seguir innovando y buscando oportunidades de negocio. Es fundamental que no quede sometido a los mandatos manipuladores de una mente perezosa, sino que debe obligarla a romper esquemas prefijados para buscar nuevas ideas y conocimientos. Es necesario que saque a la mente de la zona de confort y la ponga a trabajar en busca de nuevos desafíos. Para ese fin, debe esforzarse en adquirir nuevos conocimientos, actualizar la información, tener predisposición a conocer las ideas que se oponen a las suyas, tratar de cambiar hábitos, rechazar las respuestas automáticas y atreverse a ser diferente.

Plasticidad y flexibilidad

La mayoría de las veces el principal escollo para iniciar una actividad, innovar o emprender nuevos desafíos se encuentra en la mente del emprendedor.

La realidad económica contemporánea pone de manifiesto que las empresas que no cambian son arrastradas por la dinámica del mercado, que nunca permanece en un mismo lugar ni demanda lo mismo. Sin embargo, esa exigencia de cambio y transformación no siempre es posible de lograr. Existen muchos factores materiales, económicos, jurídicos, tecnológicos y políticos que suelen impedir que un emprendedor lleve adelante una idea renovadora.

Gran parte de las veces es imposible emprender un proyecto, iniciar una actividad o modificar un proceso productivo porque se carece de ideas creativas o no se pueden conseguir inversiones financieras. Otras veces, los objetivos empresariales no se pueden lograr por el cierre de las importaciones, una alta tasa inflacionaria o la imposición de gravámenes a la producción. Sin embargo, no suelen ser las dificultades económicas, políticas o tributarias las que constituyen el principal obstáculo para renovar una empresa o emprender un nuevo desafío comercial. La mayoría de las veces el escollo para emprender una nueva actividad se encuentra en la mente y sentimientos del empresario responsable de la gestión. Son sus prejuicios, hábitos, creencias y valores, forjados a través de la experiencia o en los procesos educativos, los que se convierten en el obstáculo fundamental para llevar adelante un cambio.

La neurociencia ha revelado que la mente tiende a rechazar los cambios que implican modificar las creencias, dogmas, sentimientos o valores forjados a través de la vida. Al cerebro no le gusta esforzarse en revisar críticamente lo aprendido en el pasado ni se siente a gusto modificando sus idearios o alterando las costumbres. Cada vez que una persona tiene la intención de cambiar sus valoraciones o comportamientos, la mente envía mensajes disuasivos para descalificar o minar la voluntad de cambio. Esos mensajes se traducen en pensamientos agoreros y sensaciones angustiantes que intentan imponer el temor, la inseguridad, la desconfianza y la sensación de fracaso para frenar todo intento de cambio.

El cerebro humano no es propenso a gastar energías para elaborar nuevas ideas o generar nuevos sentimientos cuando ya tiene depositados en su memoria códigos y patrones que ofrecen respuestas a todos los interrogantes o emociones que se le presenten. Por esta razón, ejerce resistencia a cualquier tipo de alteración que implique empezar de nuevo o cambiar. La mente no está dispuesta a ceder el

poder que tiene sobre las conductas y pensamientos de una persona, por lo que no acepta que se pretenda cambiar la información o
creencias acumuladas en su *back up*. Lo habitual ante una propuesta
de cambio o idea innovadora es que la mente nos haga decir NO. El
rechazo o la negación siempre se encuentra en la punta de la lengua
para desplazar aquellas propuestas diferentes y que no se ajustan a
las creencias o pensamientos acuñados en el pasado.

Este rechazo al cambio o resistencia a revisar la información
que ha sido soporte de las decisiones en el pasado es lo que determina que la mayoría de las veces se rechace toda idea diferente.
La mente bloquea todo intento de alterar sus patrones mentales y
sentimientos acuñados tiempo atrás. Por el contrario, la mente es
muy dúctil y generosa con las creencias y conocimientos que son
afines a los que tiene en su *back up.*

La resistencia de la mente a cambiar las conductas o valoraciones determina que un emprendedor deba realizar un gran esfuerzo
para innovar, reinventarse o transitar caminos opuestos a los reco-
rridos en el pasado. La única forma de contrarrestar el *poder de la
mente* y su actitud perezosa para modificar los patrones acuñados
en el tiempo, es tener la convicción de que es necesario realizar
cambios en sus objetivos o conductas. Si un emprendedor tiene
disciplina, voluntad, perseverancia, fortaleza y tesón para modificar
sus hábitos y creencias, lo habrá de conseguir porque la cerrazón
de la mente no es absoluta. El cerebro humano, si bien se resiste a
cambiar sus patrones, también tiene la capacidad de modificarlos o
reemplazarlos por su plasticidad para renovarse. La mente no es una
piedra rígida que no se puede modificar o modelar. Por el contrario,
es flexible y está capacitada para adaptarse a nuevas realidades..

El cerebro humano es algo maravilloso, complejo y equilibrado.
Por un lado, trata de preservar los conocimientos adquiridos resis-
tiéndose a los cambios, pero por otro, ofrece la posibilidad de que
los patrones mentales cambien o dejen de gravitar como referentes
de la conducta diaria. La mente puede ser caprichosa, pero no es
obcecada porque tiene la capacidad de ser flexible ante la voluntad
de cambiar. Su *plasticidad* hace posible que puedan modificarse los
juicios valorativos, sentimientos y hábitos adquiridos en el pasado.

Lo bueno de la plasticidad mental es que no tiene fecha de vencimiento, por lo cual las creencias y hábitos acuñados en el pasado pueden cambiarse hasta el final de la vida. Es cierto que esa flexibilidad para aceptar cambios disminuye a partir de los 70 años, sin embargo esto no implica que no exista la posibilidad de modificar algunos patrones mentales a partir de esa edad. El cerebro tiene la plasticidad suficiente como para cambiar sus creencias acuñadas durante toda la vida, siempre y cuando se tenga el tesón para hacerlo y perciba que esos cambios son favorables.

En el caso de un emprendedor, es evidente que no puede quedar atrapado en paradigmas, dogmas ni patrones mentales que le impiden renovarse. Su rol en el proceso económico le exige romper las cadenas que lo atan a rutinas inconducentes o que lo llevan al fracaso. Un emprendedor debe aprender a *reciclar* constantemente sus hábitos o ideas para generar nuevos objetivos que le permitan acompañar la movilidad del mercado. No puede ser manipulado por la mente para que repita conductas obsoletas o pautas culturales aprendidas en el pasado que no responden a la realidad actual. Todo emprendedor, para mantenerse vigente, debe aceptar que muchas de las cosas que creyó en el pasado pueden haber dejado de ser idóneas o perdido relevancia. Por lo tanto, es necesario que aprenda a reciclarlas, cambiarlas o desecharlas para generar las ideas adecuadas que le permitan alcanzar nuevos objetivos.

Un emprendedor debe abrir su mente para dejar que sus ideas, sentimientos y conductas se renueven. Si repite rutinariamente conductas del pasado que han dejado de ser eficientes, difícilmente logre estar a la vanguardia del progreso. Es cierto que no todas las ideas generadas en el pasado son necesariamente negativas y, por lo tanto, deben ser cambiadas. Justamente la sabiduría de un emprendedor es saber qué cosas debe cambiar y cuáles debe conservar para lograr sus objetivos. Acertar en este punto es clave para su progreso y crecimiento profesional.

Un emprendedor, sea hombre o mujer, debe ser equilibrado y mesurado en los cambios. Debe darle tiempo a la mente a asimilar la nueva realidad y las nuevas ideas. Tiene que saber que la tozudez de la mente tiene como contrapartida su plasticidad y flexibilidad. Por lo tanto, los hábitos y pensamientos acuñados en otros momentos no son barreras inexpugnables, si se tiene la voluntad y convicción de modificar las creencias. Al principio le costará doblegar la resistencia mental, pero finalmente el cerebro se adaptará a esos cambios para convertirse en un gran aliado para crear, imaginar y generar nuevos proyectos.

Reinventarse

Reinventarse implica animarse a reformular la historia personal y las conductas profesionales, para no repetir ideas o acciones que no reportan beneficios personales ni utilidades materiales.

No hay nada más negativo para el progreso empresarial que aferrarse a acciones o propuestas que son inconducentes para alcanzar un objetivo superador. La constante movilidad de los procesos económicos y del mercado exige estar siempre predispuesto a dar un golpe de timón a la gestión y buscar nuevos rumbos cuando se cierran las opciones para alcanzar metas rentables.

A pesar de lo inapelable de la sentencia de que "nadie se baña dos veces en el mismo río", no todos los empresarios están dispuestos a modificar sus conductas cuando el contexto cambia. Como se ha señalado, no es fácil dejar atrás la historia personal y profesional para empezar de nuevo. Solo los que pueden superar esos temores, tienen la fortaleza de abandonar ideas que dejaron de ser útiles o están dispuestos a renunciar al pasado por ser inconducente, tienen la posibilidad de reinventarse para ir detrás de nuevos objetivos. Solamente los que tienen las agallas, el coraje, la pasión y la decisión de dejar atrás su historia cuando no le reporta beneficios, tienen la posibilidad de revivir como el Ave Fénix para volver a emprender con expectativas de éxito.

Es cierto que, para cambiar conductas y hábitos, se requiere una gran fuerza de voluntad y tener ideas superadoras. También es cierto que reformular la historia de vida no es tarea sencilla ni fácil. Pero es mucho más grave no hacerlo cuando se está al borde del precipicio o en el fondo del abismo. Por esa razón, un emprendedor debe ser flexible y no aferrarse al pasado. No puede resistirse a cambiar su historia y conductas cuando no existe futuro y *el pasado se lo lleva puesto*.

Es cierto que la gran mayoría de los empresarios en algún momento cambian algún proceso productivo para ser más eficientes. Sin embargo, no todos están dispuestos reinventarse totalmente cuando el horizonte empresarial no es venturoso. No lo hacen porque tomar esa decisión es mucho más profundo y exigente que realizar cambios parciales en una actividad para proseguir con el proceso productivo. *Reinventarse* implica dejar atrás el camino recorrido para *renacer o volver a empezar* con otras ideas, otras conductas y otras maneras de encarar el futuro. Es recomenzar una actividad empresarial con pensamientos, objetivos y comportamientos bastante distintos a los realizados en el pasado.

Los emprendedores que deciden reinventarse o reinventar la empresa, generalmente son los que se dan cuenta de que no pueden proseguir haciendo lo mismo que hicieron en el pasado. La certeza de que ciertas ideas son inconducentes para alcanzar el éxito es lo que los motiva a replantearse cambios profundos en su historia personal y profesional.

Reinventarse implica tener una buena dosis de sabiduría para poder analizar objetivamente el pasado y percibir los beneficios que pueden darse en el futuro si se cambian las ideas hasta ese momento sostenidas. Hay que tener coraje y sabiduría para aceptar que durante un largo tiempo se defendió una idea improductiva o se tuvieron comportamientos que condujeron a resultados negativos. A nadie le resulta sencillo reconocer que creyó, amó, se apasionó y actuó detrás de algo que era un error. Sin embargo, es mucho más traumático reincidir en las equivocaciones por no animarse a reformular el pasado. Es mucho más sabio renacer con nuevos objetivos que quedarse atrapado en proyectos que conducen una y otra vez al fracaso.

Un emprendedor debe estar siempre predispuesto a *reinventarse* para mantenerse vigente y emocionalmente feliz, salvo que prefiera vivir de los recuerdos o buscar un trabajo en relación de dependencia por no animarse a cambiar profundamente sus creencias y conductas.

Paso 5

Temperamento emprendedor

Nadie es imprescindible

Los emprendedores que se sienten imprescindibles, tienden a desarrollar conductas arrogantes y soberbias que afectan negativamente las relaciones con sus colaboradores.

Algunos emprendedores, en función de la originalidad de sus ideas, los logros obtenidos o por su personalidad egocéntrica sienten que son imprescindibles por lo que nada es posible de lograr sin su presencia y participación. Ese exceso de auto valoración, a veces refrendada por los empleados aduladores que los rodean, los lleva a gestionar en forma centralizada y arrogante, evitando la participación de sus colaboradores. Al considerar que son el motor del emprendimiento y el generador de todas las iniciativas tratan con desdén a sus empleados, haciéndoles sentir que sin su presencia ningún objetivo es viable de alcanzar.

Los empresarios que se sienten imprescindibles toman la totalidad de las decisiones porque no valoran el aporte de su entorno. Deciden sobre todo y exigen que sus empleados no hagan nada sin su supervisión. Todo lo que sucede en la empresa debe pasar por su control porque consideran que son los únicos que saben y pueden resolver los problemas con eficacia. Por esa razón, jamás delegan o hacen participar a su entorno en las decisiones de trascendencia. El solo pensar que sus empleados pueden actuar autónomamente sin su control les causa estrés, ansiedad y angustia porque consideran que son los únicos portadores de un saber que los demás no tienen. Aunque en su intimidad puedan pensar que algunos integrantes de su equipo tienen méritos y talentos, esa valoración no es suficiente como para dar un paso al costado y dejarlos actuar con independencia. No conciben que las personas y la empresa funcionen sin su presencia, control y dirección.

El resultado de esa gestión centralizada, omnipresente y egocéntrica es que los integrantes de la empresa no asumen plenamente sus responsabilidades, no aportan iniciativas, trabajan con temor, dejan pasar oportunidades y construyen relaciones laborales en base a la sumisión. Toda la gestión queda sujeta a los humores, estado de ánimo, creatividad, voluntad y ocurrencias del empresario.

Sentirse imprescindible y llevar adelante una gestión omnipresente es negativo porque obliga al empresario a estar en todos lados y a tomar todas las decisiones. Esto afecta el rendimiento de la empresa y el crecimiento profesional de los empleados porque, al no querer que se haga nada sin su participación, se reducen las posibilidades de potenciar el esfuerzo y creatividad colectiva. El empresario que tiene como lema que "si quieres que algo salga bien, hazlo tú mismo" solo podrá construir un negocio acotado a sus talentos por lo que el rendimiento de la empresa será limitado. Al descartarse las ideas del equipo de trabajo, el horizonte del emprendimiento llegará hasta donde termina el brazo del empresario. Es decir tendrá un horizonte muy limitado y estrecho.

Si un emprendedor quiere aumentar la productividad, la eficiencia y potenciar la creatividad debe abrir la gestión a la crítica y a la participación de sus colaboradores. No puede tener la soberbia de sentirse imprescindible y creer que es el único que puede hacer las cosas bien. No puede atribuirse la capacidad de saberlo todo y querer hacerlo todo porque considera que es el único capacitado.

Las personalidades que se consideran imprescindibles tienen la particularidad de rodearse de empleados mediocres que sobreviven a su incapacidad adulando a sus jefes. Son empleados que ocultan su falta de creatividad o poca predisposición hacia el trabajo haciéndole sentir al responsable de la gestión que es irreemplazable y único. Esta actitud lisonjera ayuda a promover el culto a la personalidad del empresario y a acrecentar su ego, con lo cual los mediocres diluyen sus responsabilidades mientras que los talentosos deben dejar la empresa porque saben que no podrán crecer profesionalmente, porque nadie puede demostrar mayores méritos que el empresario.

Ningún directivo de empresa puede sentirse imprescindible. Debe mesurar objetivamente su capacidad y no sobrestimarla. No puede inflar su ego al punto tal de que se sienta único, infalible y mejor que todos los demás. No puede creer que es el centro del universo, y que todo debe girar a su alrededor. Su objetivo es que la empresa crezca y sea rentable, por lo cual no puede limitar el futuro a sus exclusivas capacidades. Debe gestionar con la colaboración y participación de su entorno, premiando a los que tiene mayor mérito y no a los aduladores que le dicen lo que su ego quiere escuchar. No puede actuar con arrogancia creyendo que es la única persona que puede tomar decisiones acertadas. Debe construir mecanismos institucionales para delegar responsabilidades con el objetivo de que la empresa pueda seguir funcionando eficazmente si él no está presente.

Nadie es imprescindible aunque muchos quieran serlo. Todos los empresarios, por más exitosos que sean, deben comprender que necesitan el aporte de los demás para lograr objetivos. Es un acto de soberbia e inmadurez considerar que nada puede funcionar si su presencia o sin su absoluta supervisión. Un emprendedor debe saber que en la economía moderna nadie es imprescindible sino que por el contrario los que consiguen logros son los que trabajan en equipo. Es cierto que a muchos empresarios les gustaría ser únicos y que nadie pueda jamás ocupar su lugar. Pero esto no es lo que suele suceder. Si así fuera, la humanidad no habría podido evolucionar ni crecer de la forma en que lo ha hecho. Por lo tanto, para llevar adelante una buena gestión, es necesario que un empresario trabaje mancomunadamente con el entorno, comparta responsabilidades y genere mecanismos institucionales para que, en caso de ausencia, pueda ser reemplazado sin que esto implique un problema para el funcionamiento de la empresa.

El exceso de ego es negativo

El exceso de ego hace que un emprendedor considere que su talento, inteligencia y creatividad es superior a la de los demás, por lo que considera que no tiene nada que aprender pero sí mucho que enseñar.

El ego forma parte de la naturaleza humana, siendo una propiedad que permite reconocer nuestra identidad e individualidad que nos distingue de las demás personas. El ego es el *yo* que permite diferenciarnos de los *otros*. Desde esta perspectiva, es una propiedad muy positiva porque afianza nuestra personalidad y marca las características que nos diferencian de quienes nos rodean. Sin embargo, también puede ser un elemento muy negativo cuando crece más allá de ciertos límites, llevando a una persona a sobredimensionar sus capacidades y a desvalorizar las condiciones ajenas.

Existe una línea muy delgada que separa el *auto reconocimiento* de las cualidades personales con la *sobre valoración* de esas capacidades, asignándoles una jerarquía mayor a las que efectivamente tienen. Cuando ocurre ese tipo de sobre valoración, *el ego se infla y expande* convirtiéndose en factor negativo y peligroso porque induce a una persona a pensar que es superior a los demás o a considerar que tiene mayores capacidades que las que verdaderamente tiene.

Al *inflarse el ego* se instala una creencia malsana de que se es mejor o más importante que los otros, con lo cual se afecta la convivencia, el trabajo en equipo, el respeto al esfuerzo ajeno, y se pierde la capacidad para analizar objetivamente las potencialidades que se tienen. Para un emprendedor, esta actitud es absolutamente negativa porque afecta su objetividad, impidiéndole reconocer sus errores, falencias y debilidades. Es igualmente negativa porque descalifica las cualidades de los demás y considera que nada tiene que aprender de los otros. De esta forma, el *ego inflado* se convierte en una barrera para afianzar el trabajo mancomunado y el reconocimiento al aporte que le pueden ofrecer los colaboradores.

El exceso de auto valoración hace que un emprendedor se visualice a sí mismo como superior en cuanto talento, inteligencia, belleza o creatividad. Siente que lo sabe todo, por lo que tiene poco que aprender y mucho que enseñar. Esa sobre valoración hacia uno mismo, genera una constante ansiedad por lograr objetivos trascendentes que permitan cosechar aplausos para seguir inflando el ego. Como contrapartida, ese exceso de ego hace que se padezcan grandes frustraciones y desequilibrios emocionales ante los fracasos o equivocaciones.

La exposición mediática, el abuso de las redes sociales, el deseo de figuración, la intención de reflejar un constante bienestar y el deseo de mostrar una personalidad descollante, infla el ego de manera enfermiza. Está corroborado que cada visualización de los usuarios de las redes sociales genera una gran excitación por parte de quien envía un mensaje o foto, haciendo que se sienta más importante y sobrevalore sus cualidades con cada *me gusta*. Esto explica que gran parte de los usuarios conectados a una red busquen, consciente o inconscientemente, tener millones de seguidores que alimenten su vanidad y que terminan inflando el ego.

En los tiempos de Facebook o Instagram, el anonimato, el bajo perfil o no tener seguidores es una desgracia para las personas que buscan ser aceptados, reconocidos o aplaudidos por el entorno. La falta de seguidores significa que no se es tan importante como se desea, con lo cual se tiene la sensación de ser un *muerto social*. Esto causa profundas depresiones y angustias en el ego de mucha gente. Por esta razón son muchos los que se desviven tratando de aumentar su nómina de seguidores y coleccionar *me gusta* a cualquier precio. Para los narcisistas, estar conectado a una red, mostrar fotos que denotan felicidad y narrar historias de éxito se ha convertido en una terapia adictiva que necesariamente va acompañada con la férrea decisión de ocultar fracasos, carencias o caras sin sonrisas. La *cultura de la exposición* busca desesperadamente el aplauso de los demás, por lo que siempre vende una imagen positiva, exitosa y triunfadora. El ego de los que se nutren de la exposición pública no resiste el anonimato y la falta de aplausos.

La actitud de alimentar el ego es bastante frecuente entre los jóvenes emprendedores. Sentirse líderes de proyectos, tener ideas originales, generar éxitos y recibir el elogio de la gente se convierte en una obsesión. Mientras más crece su ego, mayor es el deseo de trascender para demostrar que son superiores y triunfadores. Tal es deseo de sobresalir que muchos emprendedores se preocupan más por figurar que por abocarse a sus actividades. Para esta clase de *ego-emprendedores* las apariencias son el principal objetivo, por lo que necesitan de la figuración y el aplauso permanente. La mirada de los demás es esencial para sentirse superiores y mejores. Por esta razón, están más preocupados por el tamaño de sus oficinas, el lugar de la ciudad donde viven, el auto que manejan, los restaurantes que frecuentan o los lugares donde veranean que por ponerse a trabajar duro. Brillar, aparentar y despertar envidias los hace sentir en la cima del éxito.

Un emprendedor no debe ser víctima de la ansiedad generada por alcanzar grandes logros. Tampoco debe estar pendiente de la mirada de los otros para buscar elogios y sobresalir. Es necesario que controle su ego y narcisismo trabajando en equipo, concentrándose en su trabajo, respetando a su entorno, aprendiendo de los otros y no teniendo actitudes soberbias por creerse superior al resto. Si se deja dominar por su ego tendrá un gran obstáculo para construir proyectos valiosos para la sociedad y para su propio desarrollo personal. Un emprendedor debe ser esencialmente un hacedor sin estar pensando si lo que hace le da brillo a su personalidad. No puede guiar su carrera profesional pensando en los aplausos de los demás o actuando para sobresalir. Su prioridad es hacer, construir, crear, innovar y desarrollar actividades que generen trabajo, bienes y beneficios.

El ego de un emprendedor, cuando está sobredimensionado, tiende la particularidad de rechazar los planes a largo plazo que demandan un extenso periodo de realización. El ego, cuando está *inflado,* necesita sentir la adrenalina de éxito por lo que busca el camino que lo conduce rápidamente al aplauso. Por esa misma razón, también rechaza los proyectos que obligan a trabajar en la oscuridad o anonimato. El ego siempre busca estar bajo las luces del escenario y ser el primer actor para cosechar la mirada de todos. Esta actitud es muy negativa para un emprendedor.

La malsana creencia de sentirse superior atenta contra el progreso, la convivencia y el crecimiento colectivo de un emprendimiento. El exceso de auto valoración se convierte en una barrera para ampliar los conocimientos porque hace creer al empresario que no hay nada nuevo que aprender. En definitiva, el ego desbordado, impide ser humilde y escuchar a los colaboradores porque solo se mira sí mismo considerando que los demás no tienen nada que aportar. De esta forma el empresario, en lugar de ser una esponja que absorbe y retiene todo conocimiento que le permita mejorar su gestión, solo mira su *ombligo* porque se considera el único portador de buenas ideas.

La *inflamación del ego* se controla con la modestia, la humildad y la discreción. Su expansión se la limita reconociendo que por más éxitos que se hayan logrado siempre hay mucho que aprender de los demás.

Se debe aprender a manejar el éxito, el poder, el dinero, los medios, la fama y el prestigio, porque son factores embriagadores.

Todo esto no quiere decir que un emprendedor no debe disfrutar de sus logros o sentirse satisfecho por lo realizado. Un hacedor no puede sentir culpas por haber alcanzado el éxito ni ocultarlo por temor a que le critiquen por haber llegado a la cima, obtenido beneficios y recibir felicitaciones. Sin pecar de soberbia, es muy importante que disfrute y sea feliz cuando concreta sus sueños.

Gestionar no debe ser una epopeya

Si bien emprender exige mucho sacrificio, pasión y osadía, esto no implica que un emprendedor deba inmolarse detrás de sus objetivos o que deba estar 24 horas al servicio de la empresa.

La gestión empresarial genera muchas satisfacciones pero como contrapartida tiene numerosas exigencias que condicionan la vida personal y profesional de su responsable. Dirigir una compañía, grande o pequeña, requiere una gran dedicación, esfuerzo y sacrificio que no siempre se traduce en beneficios como suele pensar la mayoría social. Es sabido que gran parte de los emprendimientos no logran resultados económicos positivos a pesar del esfuerzo que demanda su creación y mantenimiento. Esta falta de buenos resultados lleva a muchos emprendedores a tener que librar constantemente batallas épicas para revertir los problemas y superar las adversidades.

Este derrotero complejo y sacrificado determina que la gran mayoría de los emprendedores trabajen física y mentalmente los siete días a la semana tratando de alcanzar sus objetivos. Aunque para muchos esta afirmación parece ser exagerada, no lo es, pues la responsabilidad que tienen sobre su empresa no les da pausa ni tiempo para descansar adecuadamente. La gran mayoría desconocen lo que es descansar plenamente los fines de semana o los días feriados porque siempre tienen pendientes obligaciones que demandan su atención. Su mente generalmente no puede *desenchufarse* de sus responsabilidades porque la tienen dedicada a desentrañar los problemas que deben resolver, o en los proyectos que sueñan realizar.

La dedicación full time a la empresa no es buena ni recomendable. Ese esfuerzo y dedicación desmesurados termina afectando su salud física, el equilibrio emocional, su creatividad, la eficacia de la gestión y las relaciones con familiares o amigos. Todo exceso es absolutamente negativo, y gestionar física y mentalmente todo el día no es una excepción.

Un emprendedor debe controlar su ansiedad, frenesí y deseos de éxito. Debe evitar que el exceso de trabajo y concentración lo lleve al estrés, a la fatiga y al desequilibrio mental. Encarar un emprendimiento y gestionarlo, no puede constituirse en una actividad obsesiva ni excluyente que lo lleve a trabajar todo el día.

Es cierto que organizar una empresa es *un trabajo exigente* que requiere muchas horas de esfuerzo personal y profesional, que no suele demandar un trabajo en relación de dependencia. También es cierto que emprender demanda tenacidad, perseverancia, coraje, compromisos y una gran dedicación. Es un trabajo de elevada responsabilidad. Sin embargo, a pesar de ese esfuerzo y exigencias, de ninguna manera una acción emprendedora debe tomarse como una epopeya épica por la que hay que estar dispuesto a inmolarse.

Emprender no es una epopeya propia de los dioses del Olimpo. Hay que saber graduar el esfuerzo emprendedor. Todo responsable de gestionar debe aprender a canalizar sus energías y capacidades de manera eficiente, ordenada, organizada y eficaz sin tener la necesidad de agotarse o estresarse. Debe potenciar su esfuerzo priorizando objetivos, apalancando el esfuerzo de sus colaboradores, administrando idóneamente sus recursos o delegando responsabilidades para no tener que estar en todo y trabajar 24 horas diarias.

Aunque la actitud comprometida de un emprendedor hacia su empresa es meritoria e incluso es motivadora para sus colaboradores, querer hacerlo todo y estar en todo es una actitud equivocada. Es necesario que seleccione sus actividades para enfocarse en la creatividad, el aprovechamiento de oportunidades, la optimización de los recursos o ampliar los mercados. Debe priorizar sus objetivos y dedicarse solamente a aquellos en donde es más eficiente, delegando a sus colaboradores el resto de las actividades. Debe seleccionar sus actividades a fin de definir cuáles estarán bajo su responsabilidad, cuáles delegará y cuáles postergará su realización para el futuro.

El responsable de una gestión debe saber que su principal activo para potenciar un emprendimiento son sus empleados. Por lo tanto, es fundamental que elija un equipo de trabajo idóneo para delegar sus responsabilidades en pos de una mayor eficacia productiva, que jamás logrará si quiere hacerlo todo por su cuenta. La omnipresencia empresarial es negativa para el funcionamiento de una organización, la participación de los colaboradores y la salud del empresario.

Algunos autores definen como *apalancamiento productivo* las acciones motivacionales para que los empleados se comprometan con los objetivos de la empresa y puedan actuar de manera autónoma, sin que el responsable de gestión deba estar presente. Impulsar esa conducta no solo redundará en beneficio de la empresa y de los empleados, sino que permitirá que el empresario no tenga una carga de trabajo extenuante y, consecuentemente, poco eficaz.

Un emprendedor, para no agotarse y estresarse, debe aprender a establecer prioridades. Una gestión eficiente y con menos carga laboral requiere concentrarse en lo relevante e importante para la empresa, postergando para otro momento los objetivos secundarios y poco rentables. Para administrar el tiempo y ser más eficiente en los resultados no se puede pretender hacer todo al mismo tiempo. Es fundamental definir la importancia de los objetivos que se van a emprender para establecer prioridades. Para tal fin, es importante tener en cuenta la destreza de sus colaboradores y los equipos técnicos disponibles. No tener presente las fortalezas de la empresa y apoyarse en sus debilidades, produce una combinación explosiva en la gestión: se trabaja en objetivos pero no se tiene la destreza necesaria para alcanzar el éxito, con lo cual es necesario un mayor esfuerzo laboral sin que esto garantice buenos resultados.

Paciencia y perseverancia

La presión por lograr éxitos inmediatos genera una gran ansiedad que afecta negativamente en el físico y la mente, al tiempo que atenta contra la paciencia y la perseverancia, que son esenciales para lograr objetivos económicos.

La presión por obtener logros rutilantes de manera rápida sumada al miedo a no lograrlo se ha convertido en una patología

que afecta física y mentalmente a muchas personas. Emprendedores, comerciantes, clientes o proveedores son víctimas de esa
epidemia patológica que combina la ansiedad y los temores. Si
bien todas las personas necesitan una pizca de ansiedad para emprender desafíos, cuando esa ansiedad se desborda genera efectos negativos.

Está corroborado que la búsqueda constante de nuevos proyectos para sobresalir o para alcanzar éxitos suele generar un fuerte estrés y desequilibrios físicos. La adrenalina y emoción de llevar
adelante un plan de acción, no siempre tiene consecuencias positivas que ayudan a concretar los sueños. Muchas veces la ansiedad
estimuladora se transforma en angustia o pánico por temor a que
los planes no se puedan concretar. En este caso, la ansiedad tiene
efectos absolutamente negativos para la mente y el físico. Genera
tensión, insatisfacción, indecisión, trastornos de sueño, cansancio,
actitudes hipercríticas, dificultad para respirar, ataques de pánico
y conflictos con el entorno, entre otras consecuencias negativas.

Es muy importante que un emprendedor controle la ansiedad,
no solo por sus consecuencias físicas y mentales, sino porque la
realidad económica enseña que no siempre es posible alcanzar los
objetivos propuestos, en un *abrir y cerrar de ojos*. Todo proceso
de producción y consolidación de un producto en el mercado demanda una *inversión de tiempo* que, habitualmente, es superior al
planificado o deseado. Errores de cálculo, contingencias, rectifica-
ción de proyectos, cambio de estrategias comerciales o situaciones
imprevistas hacen que los plazos previstos habitualmente se extiendan. Aunque el deseo del responsable de un emprendimiento sea
alcanzar sus objetivos de manera inmediata y sin riesgos esto no
suele ser posible. La pretensión de generar resultados económicos
rápidamente y sin contingencias es una ilusión que la realidad suele
demoler. Por lo tanto, si un emprendedor tiene un exceso de ansiedad para alcanzar sus objetivos, lo más factible es que padezca se-
rias consecuencias, porque la realidad económica tiene sus tiempos.

Un emprendedor debe aprender a controlar su ansiedad por
sí mismo o con ayuda profesional. Es fundamental que estimule su
paciencia, templanza y perseverancia para adaptarse a los tiempos

que demanda la realidad económica. Necesita tener paciencia para acompañar el ciclo de crecimiento, maduración y consolidación que tiene todo proceso productivo. Necesita perseverancia porque el camino hacia la concreción de los objetivos suele ser sinuoso y plagado de adversidades. Requiere *templanza* para controlar su ansiedad, superar los fracasos y no dejar que el ánimo decaiga.

La gente de campo sabe perfectamente que hay un tiempo para dar, otro para esperar y finalmente otro para recibir. Sabe que para producir manzanas necesitan preparar la tierra y sembrar las semillas. Luego viene el tiempo de cuidar los brotes de las plantas para que crezcan sanas y fuertes, evitando plagas o superando sequías. Finalmente llega el momento de la cosecha y la venta de las deliciosas manzanas. El agricultor, por experiencia, sabe que no puede acelerar su proceso de producción y pretender resultados de un día para otro. Obtener su recompensa económica le demanda una *inversión de tiempo* por lo que debe ser paciente, perseverante y tener una gran templanza.

Más allá de las características del trabajo de los agricultores, es evidente que su actividad tiene una matriz en común con la mayoría de los procesos productivos. Todo emprendimiento requiere una inversión de tiempo para *sembrar* una idea, hacerla crecer y lograr finalmente una recompensa. El factor tiempo está presente tanto en el agricultor como en un proceso productivo de alta complejidad. Nadie puede escapar al tiempo. Es cierto que diariamente se ensayan tecnologías, se cambian los sistemas de producción, se incorpora robótica con IA o se capacita a los trabajadores para que los periodos de producción sean cada vez menores. Sin embargo, esos logros no pueden evitar que el *factor tiempo* siempre esté presente en todo emprendimiento. Contemplar esos tiempos con paciencia y sin ansiedad es esencial para un emprendedor, a fin de que se descontrole o pretenda lograr éxitos inmediatos cuando es imposible lograrlo.

Por infinidad de factores, en la actualidad, ser paciente no es fácil. Cada vez es más frecuente que los responsables de emprendimientos no solo busquen el *máximo resultado con el mínimo esfuerzo* sino que también quieren que esos resultados se logren en el *menor tiempo posible*. Son muchos los emprendedores que por ansiedad o impaciencia abandonan un proyecto al comprobar que el proceso de *siembra y cosecha* es demasiado extenso. Prefieren emprender actividades en las que puedan ver los resultados de manera inmediata, estimulando el espíritu de abandono, la angustia, la frustración y los miedos ante la primera adversidad.

Pretender todo ya, de manera instantánea y rápida, es una ilusión en la gran mayoría de los casos. Buscar éxitos inmediatos y sin riesgos suele ser un deseo imposible de cumplir. Al tener esa ilusión la ansiedad se expande negativamente afectando la perseverancia, la paciencia y la cultura del trabajo. Esa búsqueda de lograr todo rápido invita a tener una concepción mágica de la realidad, creyendo que el tiempo de los procesos productivos puede ajustarse a voluntad. Pretensión irreal que confunde y genera daños en los emprendedores que recién comienzan. No los prepara para tener la perseverancia y paciencia que la actividad económica exige para alcanzar resultados positivos. No los prepara para que tomen conciencia de que la gestión empresarial también implica fracasos y demanda un tiempo que no siempre se puede manejar como se desea.

Emprender una actividad con la idea de que los tiempos de producción pueden ajustarse a la voluntad del empresario es tan inocente como desconocer que en una gestión pueden surgir imprevistos, errores o contingencias que la hagan fracasar. A pesar de los adelantos científicos o el capital disponible, los periodos de tiempo que demandan los procesos productivos generalmente no pueden alterarse, por lo que es necesario que un emprendedor aprenda a ser paciente para no ser víctima de una ansiedad que solo le reporte afecciones.

La búsqueda de lograr objetivos de manera rápida suele generar comportamientos fantasiosos e improcedentes. Puede inducir a querer construir un futuro económico que coincida con los deseos y no con la realidad. Esa manera de encarar las actividades da lugar a muchos errores, frustraciones y auto engaños. En la economía, las intenciones valen bastante poco a la hora de medir la calidad de un emprendimiento o los objetivos buscados. No se puede justificar los fracasos a partir de la buena intención o los deseos que tuvo un emprendedor al iniciar una actividad. El cementerio económico está plagado de buenas intenciones. El comportamiento económico de un emprendedor se mide por sus resultados y, por ende, por la calidad operativa de su emprendimiento. Guiarse por los deseos no es apropiado si no se tiene una mirada realista sobre los objetivos perseguidos, los riesgos y el tiempo que demanda llegar a una meta. No hacerlo lleva a muchos emprendedores a abandonar los negocios que demandan esfuerzo, tiempo y riesgos.

El emprendedor que no está dispuesto a ser realista, objetivo, paciente y flexible para ajustarse al devenir económico es mejor que se dedique a otra actividad. El emprendedor que no sabe esperar por estar dominado por la ansiedad de lograr un objetivo de manera inmediata no la pasará bien en su gestión. Es necesario que comprenda que llevar adelante un emprendimiento requiere un tiempo de siembra. No se puede tener un pensamiento mágico, creyendo que las metas económicas se hacen realidad de forma inmediata con solo desearlo mentalmente o dejándose llevar por una ansiedad descontrolada.

Emprender con la idea de que la realidad puede ajustarse fácilmente a los tiempos e intereses de cada uno, es tan inocente como creer que los planes siempre se cumplen como estaban previstos. Decenas de imprevistos o adversidades se encargan de demorar los planes o hacerlos fracasar. Un emprendedor no es un *semidiós* bajado del Olimpo que puede lograr lo que se le antoja, cuando quiere, como quiere y en el tiempo que quiere. Un emprendedor debe aceptar que existen tiempos e imprevistos por lo que tiene que tener paciencia para no ser dominado por una ansiedad inconducente o una fantasía sin sustento.

Tener ambiciones

Son muchos los que no miran con agrado o critican ferozmente a los emprendedores que van detrás del éxito porque consideran que tener ese tipo de ambición deriva en conductas negativas.

Sostener que tener ambición de hacer dinero, triunfar o ser reconocido socialmente conduce inexorablemente a tener conductas egoístas, perversas o contrarias al bien común, es insostenible y falta a la verdad. No se necesita ser ambicioso para ser maligno, codicioso o irrespetuoso. La ambición de progresar o superarse no puede ser asociada con conductas negativas que no tienen códigos ni moral. Al contrario, la ambición en la mayoría de los casos es un estímulo para progresar, cambiar, innovar o buscar objetivos superadores. Es un estímulo que ha dado lugar a los grandes avances de la civilización.

En los emprendedores económicos, la ambición los empuja a salir de las zonas de confort para buscar nuevos desafíos y alcanzar un bienestar que no tenían. Este deseo y energía movilizadora que impulsa a lograr objetivos que suelen ser complejos y difíciles no tiene porque traducirse en el ejercicio de conductas egoístas y perversas. Los comportamientos negativos no tienen nada que ver con la sana ambición de obtener logros. Es cierto que hay personas que con el fin de lograr un beneficio son capaces de hacer cualquier tropelía. Pero que algunos inescrupulosos justifiquen sus fechorías detrás de la consigna *negocios son negocios*, no puede llevar a la falsa conclusión de que la ambición de progreso de un emprendedor es dañina para quienes lo rodean.

Sin embargo, a pesar de lo sostenido, no se puede evitar que la gente castigue y critique destructivamente a los que tienen ambiciones. Por esta razón, muchos emprendedores con sed de éxitos suelen disimular su ambición de hacer fortuna o alcanzar grandes metas. No desean ser descalificados socialmente. No quieren que su entorno los acuse, de ser unos crápulas, amorales, inescrupulosos y carecer de códigos por tener ambiciones de mejorar su patrimonio o prestigio. Por lo tanto, prefieren pasar desapercibidos. Para ocultar sus intenciones y evitar ser señalados con el dedo, prefieren construir una imagen que se ajuste a lo socialmente aceptado. Se muestran sumisos y no expresan sus ambiciones de hacer fortuna o lograr una posición relevante dentro de una empresa. Lejos de manifestar sus intenciones de crecer y progresar, prefieren pasar inadvertidos tratando de demostrar que no están disconformes con lo que tienen. Este obligado silencio es muy doloroso y humillante porque los obliga a desdibujar su personalidad, a mentir, a ser deshonestos en sus intenciones y aparentar desinterés por las cosas materiales. Lisa y llanamente los condiciona a oculta sus legítimas ambiciones para no ser juzgados negativamente por el entorno. Afortunadamente, esta actitud cada vez es menos frecuente entre las nuevas generaciones, que suelen ser menos prejuiciosas, se muestran como son y dicen lo que piensan. Sin embargo, todavía son muchos los emprendedores que tienen miedo de manifestar públicamente sus ambiciones para no ser cuestionados o apartados de las organizaciones por ser visualizados como *trepadores.*

Tener ambiciones, en el caso de las mujeres, es mucho más cuestionado por parte de la sociedad. Para muchos es casi una herejía que atenta contra "la mesura, el equilibrio y la femineidad que debe caracterizar a una mujer". Mientras que a los hombres se les puede llegar a aceptar a regañadientes que sean ambiciosos y logren éxitos, en el caso de las mujeres está absolutamente mal visto que quieran ser ricas, famosas o alcanzar posiciones de poder. Las mujeres que se muestran ambiciosas son denostadas y calificadas como "trepadoras insaciables", por lo que deben ser repudiadas como un virus infeccioso. Esa mirada negativa no solo la tienen los hombres sino que particularmente la tienen sus pares de género. Son las mujeres las más críticas contra aquellas que manifiestan sus deseos de progresar económicamente, tener riquezas o ascender a posiciones de poder. Son las integrantes del propio género las que suelen ser más duras contra las que se animan a manifestar sus ambiciones, emprender actividades comerciales y embarcarse detrás de grandes objetivos.

Aunque son muchas las mujeres que se resisten ser consideradas como trepadoras que no tienen límites por tener la ambición de progresar, no pueden evitar que esas acusaciones las lastimen psíquica y emocionalmente. No todas pueden soportar esos agravios porque les generan infelicidad, las lastiman o las marginan. Muchas emprendedoras no pueden aguantar ese calvario, por lo que prefieren alejarse de las competencia para acceder a puestos de dirección, abandonan negocios o se limitan a hacer siempre lo mismo para no despertar suspicacias.

No hay duda de que la hostilidad social hacia los hombres y mujeres que manifiestan su deseo de progresar es absolutamente negativa. Cuestionar a una persona porque tiene ambiciones solo puede provenir de gente pacata, mediocre o incapaz de tener sueños superadores. Descalificar a los emprendedores por su ambición de crecimiento, refleja una profunda envidia de quienes carecen del empuje para alcanzar grandes objetivos. Criticar a los que tienen sed de éxito es una actitud retrógrada de los mediocres que solo buscan cortar las alas a quienes pueden volar. Es un ataque envidioso que busca ocultar la impotencia de no ser osados ni tener el coraje para ir detrás de grandes desafíos. Aunque quieran ocultar sus celos con falsas argumentaciones moralistas que sostienen que ser ambicioso es un pecado, los mediocres saben que no es verdad. La única verdad es que les molesta que otros aspiren a lograr lo que ellos ni siquiera pueden imaginar.

Los emprendedores con deseos de obtener grandes logros, deben tomar conciencia, más allá de las presiones sociales negativas, que se terminó la época en que debían bajar la cabeza para demostrar que eran sumisos y no tenían ambiciones. Deben asumir plenamente que tienen todo el derecho a tener sueños de progreso y emprender grandes desafíos. Nadie se puede sentir culpable por tener ganas de tener una gran fortuna o lograr un cierto poder. Lo negativo, en todo caso, es carecer de algún tipo de ambición y deseo de superación. Lo negativo es que se valore que es mejor ser mediocre que tener una energía arrolladora para alcanzar un objetivo.

Un emprendedor no debe cancelar sus ambiciones ni avergonzarse por querer obtener dinero u ocupar una posición de poder. No puede censurar su personalidad para agradar a los demás o por temor a que critiquen su osadía y ambición. Tampoco debe asumir conductas invisibles para no sobresalir o no destacarse en su derrotero hacia el éxito. No debe resignarse a los resabios de una cultura que se opone a que sea protagonista y ejerza un liderazgo que lo conduzca a las metas que ambiciona.

La planificación personal

La gestión empresarial es notablemente más efectiva en la medida que su responsable sepa planificar y organizar adecuadamente sus actividades personales.

La *planificación personal* es una guía de actividades y objetivos que un emprendedor debe tener en cuenta para organizar su vida diaria de manera eficaz y productiva. Es una proyección ordenada y sistematizada de todas las acciones que debe encarar tanto en el plano profesional como personal. Por lo tanto, incluye no solo las actividades de gestión que debe afrontar cada día sino también todos sus compromisos extra empresariales que tienen que ver con su vida privada.

En la medida que sea completa y detallada, un emprendedor podrá tener una visión más integradora de sus obligaciones diarias. Esa perspectiva le permitirá organizar su tiempo, recordar sus compromisos y dimensionar todo lo que debe hacer a fin de distribuir correctamente sus energías para no llegar exhausto a la noche. Tener planificadas y ordenadas las actividades lo ayudara a potenciar su esfuerzo mental, disminuir tensiones físicas, evitar hacer dos veces lo mismo, no acumular pendientes y ponerle coto a los excesos que lo dañan.

La *planificación personal* es sumamente útil para un empresario que debe desarrollar múltiples acciones en la empresa y la vida privada. Por ese propósito debe incluir la totalidad de sus actividades desde el momento en que se levanta hasta que se va a dormir. Esa planificación personal debe contener los compromisos sociales, laborales y de entretenimiento, a fin de ordenar eficazmente el tiempo.

No tener una planificación personal suele ser negativo porque pueden pasarse por alto compromisos personales o empresariales que generan cortocircuitos, conflictos y desorganización con el entono. Al no ordenar el trabajo, los horarios ni fijar prioridades se pueden desencadenar efectos negativos como llegar tarde a las reuniones, no cumplir con las responsabilidades asumidas o recibir el reproche de los seres queridos por no dedicarles el tiempo que merecen. Aunque la memoria sea prodigiosa y no suela fallarle, puede ser que en algún momento se confunda u olvide un compromiso, por lo que es prudente tener *una ayuda memoria* siempre a mano. De esta forma, al final del día se puede calificar y cuantificar las acciones de cada jornada, los pendientes que quedaron sin resolver, cuántos errores se cometieron y cuántos aciertos se tuvieron.

Es importante que la *planificación personal* se escriba en una agenda o calendario donde se establezcan tiempos, objetivos y personas involucradas. Es indistinto si la agenda utilizada es de papel o electrónica. Lo relevante es que las acciones planificadas se escriban, dado que la *escritura* es una actividad psico-neuro-muscular que permite que las ideas se *graben* mejor en la memoria y consecuentemente ayuda a que la mente recuerde mejor los planes proyectados. También es importante que la agenda sea *portátil y accesible* para que el empresario pueda tenerla siempre a mano para consultar y orientar las actividades.

Es cierto que a veces la vorágine de las actividades y los problemas que se suscitan constantemente en la gestión suelen atentar contra la concreción de los planes tal como estaban previstos. Las presiones, los imprevistos, los conflictos o una manifestación callejera suelen alterar el cumplimiento de los planes del emprendedor. Sin embargo, esos inconvenientes no pueden ser una justificación para no llevar una planificación personal o una excusa para actuar de manera improvisada sin atenerse a ningún plan. Es justamente en esas situaciones donde la planificación personal resulta de gran utilidad porque permite *reordenar* las actividades del emprendedor y transferir ordenadamente los compromisos incumplidos para otro día, comunicándoles a los involucrados el cambio de planes. Esto ayuda a ser más eficiente y a ser respetuoso con los demás.

Aunque parezca una obviedad, vale decir que una *planificación personal* no sirve para nada si el empresario no está dispuesto a cumplir su agenda o no la tiene en cuenta al emprender sus actividades cada mañana. Para que sea un ordenador útil es esencial que se cumpla tal como se proyectó. Apartarse de la agenda o dejarse llevar por las presiones actuando sin parámetros ordenados, lleva a tomar decisiones erróneas y a generar caos en el entorno.

Para que la *planificación personal* de actividades y compromisos se pueda cumplir de manera eficiente se recomienda que el emprendedor tenga en cuenta las siguientes sugerencias:

- *Planificar la realización de una sola cosa por vez.* Descartar la idea de querer hacer muchas cosas al mismo tiempo. Tomar ese camino conduce a errores, resultados mediocres, superposición de tareas y a incrementar la lista de pendientes.

- *Fraccionar las actividades en diferentes días.* Ayuda mucho cumplir con las metas y los compromisos asignar a cada día de la semana una actividad diferente. Los lunes contabilidad, los martes supervisión de producción, etc.

- *Tener ordenado el ámbito de trabajo.* El desorden en el lugar donde se trabaja es un obstáculo que impide ver los pendientes, consume tiempo útil e impide ejecutar los planes previstos en tiempo y forma. Hay gente que gasta muchas horas al año buscando información entre los archivos desordenados, con lo cual no puede ejecutar sus planes.

- *Decir que no a todas las distracciones o interferencias.* Para poder llevar adelante una planificación hay que evitar interferencias y distracciones constantes. La concentración y la puesta de atención es la mejor herramienta para cumplir con todos los objetivos.

- Delegar tareas. No se puede hacer todo ni hacer todo bien. Es fundamental seleccionar las actividades que se realizan personalmente y delegar las demás actividades entre los colaboradores.

Por las razones expuestas, es evidente que realizar una planificación personal adecuada permite organizar de manera más eficiente la vida de un empresario. No solo permite aprovechar eficazmente el tiempo cada vez más escaso sino que reduce la ineficiencia, permite aprovechar mejor las capacidades personales, ordena las actividades, organiza las relaciones con el entorno, y permite tener un tiempo para dedicar a los afectos y el descanso.

No oponerse a todo

La actitud empresarial de oponerse de manera automática e irreflexiva a toda propuesta que no esté alineada a sus pensamientos es absolutamente negativa para el desarrollo de la empresa.

Algunos emprendedores tienen el "no" en la punta de la lengua, para utilizarlo como respuesta automática ante cualquier sugerencia que no haya surgido de su propia iniciativa o sea contraria a sus directivas. Son personalidades que siempre están prestas a rechazar cualquier opinión que no se encuadre con su forma de pensar o sentir. Como un *acto reflejo*, sin demasiada reflexión, rechazan o desacreditan las sugerencias que no coinciden con sus valoraciones.

Esta clase de empresarios se caracteriza por *oponerse a todo* y descalificar cualquier propuesta que no coincida con su forma de pensar. Normalmente, ante cualquier consulta o petición contraria a sus pensamientos, responden con fastidio y enojo. Su propósito es dejar en claro que no quieren que los contradigan, corrijan o propongan cambios a sus directivas. Son empresarios que se caracterizan por tener una personalidad obstinada, caprichosa y altanera. Consideran que sus valoraciones son las únicas verdaderas por lo que, ante una propuesta de colaboradores o clientes diferente a las suyas, responden negativamente sin ocultar su molestia.

Los responsables de gestión que se oponen a todo no lo hacen por capricho. Esa oposición automática e irreflexiva generalmente tiene que ver con la soberbia, el narcisismo o la envidia.

No quieren aceptar que otros sepan o conozcan más de lo que ellos dicen conocer. Sienten que reconocer ideas o sugerencias de otros los debilita, les quita autoridad y los pone en un plano de inferioridad. No les importa que las propuestas de los demás sean creativas, justas, buenas o valiosas. Sienten en sus entrañas y en su mente que la aceptación de esas sugerencias les quita prestigio y debilita su autoridad.

La actitud de oponerse a toda propuesta que no esté alineada con los pensamientos del empresario, es absolutamente negativa para la empresa, la integración de los equipos de trabajo y el aumento de la productividad. Esa oposición cierra las puertas a la participación, el intercambio de ideas, la diversidad y a una mejor la eficiencia productiva. Es sabido que interactuar con otros, reflexionar, cuestionar creencias, sacarse prejuicios y abrir las puertas a la innovación es mucho mejor que aferrarse a un dogma o una idea sin posibilidad de análisis.

El dogmatismo, la cerrazón mental, la soberbia o la envidia no son buenas consejeras para un emprendedor. Los empresarios que viven con el "no" en la boca no solo se privan de encontrar mejores soluciones a sus problemas sino que apagan la llama del entusiasmo en sus colaboradores por rechazar constantemente sus propuestas. Oponerse a todo cancela la motivación del equipo. El rechazo sistemático a toda sugerencia destruye el compromiso de la gente y sus deseos de aunar esfuerzos detrás de un objetivo común. Los empleados descubren que solo valen las ideas de sus jefes. También descubren que, al insistir con sus demandas, solo recibirán represalias de un jefe enojado porque no aceptan su criterio y decisiones. Por lo tanto, dejan de proponer sugerencias que no coincidan con los pensamientos del responsable de la gestión. Con esa actitud todo se vuelve gris porque el accionar productivo y la gestión empresarial depende exclusivamente de lo que el empresario pueda crear o hacer por sí mismo.

Es cierto que no todos los empresarios que se oponen a *todo* actúan de manera intempestiva ante las propuestas que no coinciden con sus mandatos o pensamientos. Hay quienes suelen ser sutiles y diplomáticos con el fin de no ser criticados como autoritarios ni déspotas. Por eso evitan rechazar o descalificar de manera automática las sugerencias que les realiza su entorno. Ocultan su oposición inmediata fingiendo o simulando su rechazo a las propuestas que les hacen los colaboradores. Incluso, en algunas oportunidades dan a entender que están dispuestos a cambiar sus ideas o directivas, cosa que en verdad nunca tienen previsto hacer.

Esos *actos de simulación,* utilizados para no aparecer como intransigentes, pueden tener distintos formatos según la personalidad de cada empresario y sus circunstancias. En algunas ocasiones el empresario simula estar de "acuerdo con la mayoría de lo expresando por otros", aunque rápidamente aclara que "hay un punto que no comparten". Con esta actitud fraudulenta, se muestra inicialmente abierto a las propuestas, aunque en su interior busca desecharla en su totalidad. Con ese propósito utiliza el *punto en que estaba en desacuerdo* para construir una argumentación que finalmente termine rechazando o descalificando toda la propuesta.

Otro recurso de simulación, utilizado frecuentemente para rechazar una propuesta, es dilatar o demorar la contestación. El empresario, en este caso, le trasmite al que propone que se tomará un tiempo para darle una devolución a fin de poder pensar con calma. Pide un tiempo de reflexión, aunque en ese instante ya tiene la decisión tomada de rechazar la propuesta. Con este recurso dilatorio evita oponerse frontalmente a su interlocutor para no generar un momento de tensión. Busca que con el paso de tiempo se diluya la petición ante nuevos problemas o demandas, quedando todo igual sin necesidad de haber expuesto su rechazo.

Es evidente que oponerse a todo y siempre tener el "no" en la punta de la lengua, no es positivo para la gestión. Es cierto que un empresario debe defender con convicción sus creencias y ejercer su autoridad para que la organización cumpla con sus objetivos. Pero esto no implica que deba taparse los oídos a las críticas o rechazar siempre las opiniones distintas a la suya. Aunque, naturalmente, su lengua tenga el *"no"* siempre listo, es importante que sepa escuchar y cambiar de opinión cuando las propuestas que recibe de su entorno son mejores y más beneficiosas para la empresa.

Pendientes e interferencias

Es imposible gestionar con eficacia si los objetivos proyectados no se realizan de manera apropiada por interferencias continuas que obligan a postergar los planes y a no cumplir con lo prometido.

No siempre es posible resolver problemas o tomar decisiones operativas en tiempo y forma. Distintos factores internos o externos pueden incidir en la gestión para que se posterguen decisiones que debían tomarse en un determinado momento. Este aplazamiento no suele tener grandes consecuencias si se resuelve favorablemente en breve tiempo. Distinta es la situación si los compromisos asumidos o la resolución de los problemas se aplazan indefinidamente. En este caso las acciones o decisiones no realizadas se convierten en *pendientes,* dado que su resolución se posterga con la promesa de que se resolverán en un futuro no preciso ni certero.

No hay duda que posponer indefinidamente la resolución de problemas o no emprender acciones que estaban planificadas incide negativamente en el funcionamiento de la empresa y en muchos casos en la salud del empresario. En la medida en que la *lista de pendientes* se incrementa, un empresario con capacidad crítica se sentirá agobiado, frustrado o avergonzado por no hacer lo que se había comprometido a realizar. En estos casos, los pendientes generan un profundo estrés emocional y físico en el empresario por no hacer las cosas en tiempo y forma. Al recordar los incumplimientos, o aplazamientos un gestor de empresa responsable se sentirá culpable por su impotencia o irresponsabilidad.

La acumulación de pendientes, también, es muy negativa para el prestigio de la empresa, ya que atenta contra su credibilidad y eficiencia operativa. Esta situación genera incertidumbre y desconfianza en el entorno. En especial cuando proveedores o clientes perciben que esas postergaciones no son consecuencia de contingencias o imprevistos sino que son resultado de la desidia, la desorganización o la incapacidad del empresario para ejecutar los planes como fueron proyectados.

Es evidente que un empresario no puede acumular pendientes si quiere realizar una gestión eficiente. Tener pendientes constantemente y no resolverlos impide el crecimiento, credibilidad y previsibilidad de la empresa. Un gestor no puede habituarse a tener pendientes ni tareas sin realizar. Tampoco debe usar ese mecanismo de gestión para evadir responsabilidades o no tomar decisiones. En caso de ser inevitable el aplazamiento de una actividad, el responsable de gestionar debe colocar ese pendiente en el primer lugar de la lista de tareas a resolver el día siguiente.

Para que los incumplimientos no se acumulen ni pasen al olvido por el frenesí de la actividad económica, es conveniente que el empresario tenga un programa en su computadora que registre cada una de sus postergaciones e incumplimientos. Una vez por semana, de manera sistemática, debe revisar esa lista de pendientes para planificar las fechas en que habrá de encarar su ejecución con el propósito de *dejar en cero* sus incumplimientos. De esta forma periódicamente limpiará su lista de pendientes, con lo cual dejará de estar agobiado y habrá logrado reordenar la empresa para que funcione de manera más eficiente.

Es cierto que no siempre los pendientes son resultado de factores exógenos o por contingencias que obligan a la postergación de ciertas decisiones. Muchas veces los pendientes se generan y acumulan por decisión expresa del empresario responsable de gestionar. En este caso, la acumulación de pendientes no es un acto involuntario o por contingencias sino que es resultado de una decisión deliberada del empresario responsable de gestionar.

Existen empresarios que posponen sin fecha cierta sus decisiones o no resuelven los problemas como parte habitual de su gestión. Lo hacen para evadir compromisos o porque no saben cómo resolver los conflictos que se le presentan. Para resistir a las críticas o las quejas, desarrollan una *epidermis emocional,* que les impide avergonzarse o sentir culpas por no cumplir con lo acordado. Para zafar de la crítica o las exigencias de los afectados, se apresuran a buscar culpables entre sus colaboradores o en el contexto exterior para evadir sus responsabilidades.

Al analizar las causas que empujan a algunos empresarios a tener pendientes no se puede pasar por alto a la *conectividad tecnológica* generada a partir de finales del siglo XX. Las consecuencias producidas por internet, las redes sociales y los dispositivos móviles, si bien han sido muy positiva, también es cierto que han erosionado la capacidad de concentración y multiplicado la postergación de otras actividades a las que antes se les dedicaba más tiempo.

Dentro del ámbito empresarial, las interferencias generadas por la conectividad tecnológica suelen ser causante de la acumulación de pendientes y la no resolución de trabajos en tiempo y forma. Es frecuente que el responsable de una gestión y sus colaboradores dediquen una buena parte de su tiempo laboral a estar conectados electrónicamente con su entorno y sus afectos. Lógicamente, como el tiempo es finito y no se puede estirar a voluntad, las horas que se dedica a estar conectado a una red son quitadas a otras actividades.

La conectividad tecnológica, al demandar tiempo y atención, genera interferencias voluntarias e involuntarias en las actividades laborales. Esas interferencias suelen generar distracciones que afectan la eficiencia y los resultados buscados. Se ha comprobado que interrupciones de tan solo 2 o 3 segundos son suficientes para triplicar el número de errores sobre la tarea emprendida o generar accidentes por falta de concentración. Nadie puede dar el ciento por ciento de su capacidad y ser absolutamente eficiente en sus tareas profesionales si interrumpe constantemente sus actividades y su concentración.

Sin desconocer los increíbles beneficios que ha generado la tecnología en todos los ámbitos y especialmente en la comunicación, no se puede negar que esa conectividad tecnológica permanente puede generar inconvenientes en la capacidad de gestionar. Por esta razón, es importante que empresario gestione sin un exceso de *interrupciones e interferencias* que afecten su eficacia y concentración.

Muchas veces, *menos es más*. Esto es aplicable a la conectividad tecnológica. Un empresario, por su responsabilidad de liderazgo y por ser el ejecutor de los planes económicos, debe aprender a *decir que no* a las interferencias negativas que genera la conectividad constante. Un empresario debe tener un tiempo de tranquilidad para pensar, gestionar y tomar decisiones a fin de actuar con eficacia y no generar pendientes. Es fundamental que organice su tiempo y no se distraiga durante el tiempo dedicado a gestionar. No hacerlo implica la posibilidad de que comenta mayor cantidad de errores, no concrete sus objetivos y acumule pendientes que podría haberse invitado si hubiera estado enfrascado en sus actividades

En definitiva, para no tener pendientes y no sumar errores a la gestión es importante que un empresario sea organizado, se aferre a sus planes y evite las interferencias continuas que le impiden concentrarse. No debe dejar para el día siguiente lo que debería hacer hoy ni prometer objetivos que no podrá cumplir. Debe evitar que la conectividad tecnológica, en vez de ser instrumento positivo, se convierta en una fuente incesante de interrupciones y errores. Si logra controlar las interrupciones personales o electrónicas innecesarias, sus colaboradores también aprenderán a no tener *pendientes*, cumplir con su palabra, a ser previsibles y no estar atados a la pantalla del celular. El resultado será una empresa más eficiente, ordenada, organizada y certera. Una empresa, en que los plazos y responsabilidades se cumplen como fueron proyectados.

El dinero no es todo

Un emprendedor que no tiene códigos éticos que guíen sus actividades profesionales tendrá como objetivo, solamente, obtener beneficios materiales sin importarle las consecuencias de sus actos para la sociedad.

En la actualidad, todo hombre o mujer aspira a tener dinero porque es el vehículo principal para satisfacer sus necesidades e incluso lograr una alta dosis de felicidad. Sienten que con él pueden acceder a inmensa cantidad de cosas, sin otro límite que la cantidad de moneda de que dispongan y sus deseos de consumo. Dada la propiedad que tiene el dinero para acceder a todas las cosas es venerado y valorado por la mayoría de las personas. Toda la gente considera que es una llave que abre las puertas que conducen a la felicidad, la prosperidad y la seguridad. Se tiene la convicción de que teniendo dinero se acaban las angustias, las carencias, se accede a todos los sueños, se puede seducir a una persona, lograr un puesto político, mejorar la condición social, curar enfermedades o recorrer el mundo.

El dinero tiene *vida propia* más allá de lo que pueda representar. Se ha convertido en un fin en sí mismo y ha logrado subir al podio de los objetivos más preciados por la sociedad contemporánea. Se levanta erguido en un altar como si fuera un Dios que puede satisfacer todas las necesidades y lograr todo lo deseado. Se lo valora por encima de todas las cosas. Por esa razón, muchos no se espantan ante el axioma de *que todo vale* cuando se trata de obtener dinero. No son pocos los que justifican cualquier acto, aunque deban transgredirse normas sociales o éticas, con tal de amasar una fortuna dineraria.

Esta perspectiva materialista despojada de valores éticos, predominante en la mayoría de las sociedades, hace difícil imponer la idea de que los negocios deben tener ciertos límites morales y éticos para una mejor convivencia social. Considerar que todo es permisible al momento de querer obtener dinero es un obstáculo para la construcción de un modelo social de convivencia superador. Si bien es cierto que el dinero (sea de papel, electrónico o bursátil) es el medio por excelencia para acceder a bienes que satisfacen la mayor parte de las necesidades humanas, también es cierto que tener como único objetivo acumular dinero a cualquier precio destruye valores que hacen a nuestra dignidad e integridad.

Aunque la mayoría de la gente piense lo contrario, lograr la felicidad necesita algo más que tener dinero. Las monedas, de cualquier signo y valor, no tienen la capacidad de generar amor, bondad, amistad, devoción a Dios, solidaridad, fraternidad y muchos otros sentimientos que forman parte de la condición humana. Por el contrario, la avidez por el dinero suele generar actitudes negativas como la codicia, la explotación, la corrupción, la cancelación de derechos o la supresión de la libertad.

No se puede negar que el dinero tiene mucha importancia para el desarrollo de la economía social e individual. Es evidente que desde que comenzó a utilizarse como medio de pago y unidad de medida, fue una herramienta fundamental para apalancar numerosas instituciones económicas que han impulsado el progreso y el bienestar colectivo. Sin embargo, el que sea un bien apetecible y necesario porque permite acceder a muchas cosas y movilizar a la economía, no quiere decir que sea la llave de la felicidad y llenar los vacíos espirituales que las personas necesitan llevar para no ser una especie con solo instintos y necesidades de un animal.

No se puede aceptar que se convierta en un objetivo excluyente de la gente y que, en pos de poseerlo, se dejen de lado valores que son necesarios para que las personas sean más plenas y humanas. Creer que es lo único que importa lleva a tener conductas socialmente negativas y dañinas. Circunscribir la felicidad personal a la posesión de dinero es desconocer que la vida necesita ser complementada y contenida, con otros bienes intangibles, como los valores éticos.

Un emprendedor no está exento de tener la obligación de guiarse por códigos, sentimientos y comportamientos positivos. No puede ir solo detrás del dinero sin importarle las consecuencias negativas que puede generar su afán de enriquecerse. En su accionar no puede dejar de lado valores y principios que son esenciales para la mejor convivencia social y seguramente para su felicidad personal. Debe tener la entereza de sopesar sus ambiciones materiales con las espirituales para no quedar atrapado por el poder del dinero y la ambición desmedida de acumular riquezas. No debe emprender y hacer negocios *pisando la cabeza* de la gente o teniendo conductas dañinas para la sociedad. Es muy importante que abra su mente y alma para incorporar a su gestión valores éticos que lo guíen con sabiduría y humanidad.

Un empresario sin código, creencias, valores o nobles sentimientos que guíen sus actividades profesionales, es negativo para
la convivencia social. No puede ser víctima del *poder del dinero*
ni convertirse en victimario de otros para conseguir una fortuna.
Debe complementar su gestión con otros objetivos espirituales,
sentimentales, solidarios y éticos. Debe tener códigos que lo hagan sensible, solidario y más útil socialmente. No se puede emprender cualquier actividad empresarial bajo el principio de que
los *negocios son negocios.* Justificar este axioma que repiten los
inescrupulosos, es una aberración y un desatino para una mejor
convivencia. Todo negocio en búsqueda de ganancias debe tener límites éticos, políticos, jurídicos y económicos. No se debe
aceptar que en las actividades comerciales *todo vale y todo está
permitido* cuando está de por medio el dinero.

No hay duda de que la búsqueda de beneficios hace a la
existencia misma de las empresas y es el objetivo buscado por
todo empresario al emprender una actividad económica. Hacer
fortuna es la razón que estimula a los emprendedores para que
se esfuercen, trabajen, inviertan y estén dispuestos a arriesgar sus
patrimonios. Sin embargo, que la búsqueda de riqueza y dinero
sea el motor que impulse a emprender una actividad comercial
no puede justificar conductas negativas para la convivencia social.

Detrás del concepto *negocios son negocios* no se puede contaminar o dañar el medioambiente, privando a las futuras generaciones del disfrute de nuestro planeta. No se pueden destruir a
mansalva los recursos no renovables y menos aún se puede explotar a niños o matar animales hasta acabar con las especies. Tampoco se puede aceptar la producción y la distribución de drogas,
justificando que es un excelente negocio que genera importantes ingresos libres de impuestos. Ninguna actividad económica,
aunque pueda arrojar grandes beneficios dinerarios, puede ser
aceptada o justificada cuando atenta contra la vida, la justicia, la
igualdad o la solidaridad social.

Un empresario debe guiar su conducta económica de acuerdo a premisas éticas y principios básicos de convivencia que lo hagan mejor persona. Debe ceñirse a principios éticos por *convicción*

propia y no porque lo obligan las normas jurídicas. Un emprendedor debe asumir que tiene un deber ético ante sí y la sociedad de la que forma parte. No puede justificar un accionar dañino bajo el principio de que no hay ninguna ley que lo prohíba o que todo está permitido a la hora de hacer dinero. Debe saber que tiene obligaciones y responsabilidades que debe cumplir por sí mismo, más allá de las normas jurídicas que puedan obligarlo. Al guiarse por códigos éticos será una mejor persona y un mejor empresario para la comunidad de la que forma parte.

Ninguna actividad puede ser aceptada o justificada cuando atenta contra la vida, la justicia, la igualdad y la fraternidad. Tampoco cuando daña al planeta, a su medioambiente y a las personas. Los empresarios deben tener una profunda responsabilidad *social* para apalancar una sociedad mejor. Deben aprender a distinguir lo correcto de lo incorrecto, no actuando solamente detrás del afán de lograr mayores ingresos. Es esencial que sus conductas ayuden a construir una sociedad más justa y sustentable, evitando tener comportamientos que ayuden a consolidar la creencia social de que no hay nada peor que un empresario.

Responsabilidad social

Detrás de la productividad, la rentabilidad o el crecimiento económico, no se pueden justificar conductas empresariales que son negativas para el colectivo social.

La posición que ocupa un empresario dentro de la organización que gestiona y su incidencia en la economía donde participa con su producción, lo convierten en un importante *referente* para los empleados, competidores, clientes y para toda la sociedad. Por esta razón, su conducta y su gestión son analizadas constantemente para ser valoradas como positivas o negativas. Su gestión y

proceder no solo es juzgada de acuerdo a la relación que establezca con los integrantes de la empresa, a su capacidad para generar
riqueza y a su equidad en distribuirla, sino también en cuanto a las
consecuencias que generan sus actos económicos sobre la comunidad de la que forma parte.

Es sabido que la sociedad no tolera los abusos o la explotación de los empresarios como ocurrió durante mucho tiempo. La
comunidad quiere empresarios que actúen dentro del Estado de
Derecho y gestionen teniendo como Norte el bien común. Si bien
se comprende que la actividad empresarial está motivada por la
obtención de beneficios económicos, no se acepta que sus actividades dañen el medioambiente, las instituciones sociales, la democracia o a los trabajadores. Existe un amplio consenso en que
las empresas, en su afán de obtener un lucro, no deben afectar los
intereses de la comunidad ni de las personas de manera individual.
Esa exigencia se la denomina *responsabilidad social empresaria*.

Existe un amplio consenso de que un empresario no solo
debe prestar atención a las actividades productivas que le permiten hacer crecer la cuenta bancaria, sino también en valorar la
repercusión que tienen sus decisiones en el colectivo social y en el
planeta donde habita. Si bien su supervivencia empresarial depende de su talento y esfuerzo para generar riqueza detrás de ese objetivo, no puede actuar sin ética y sin responsabilidades respecto
de la sociedad de la que forma parte. Con el propósito de obtener
poder o dinero no puede hacer lo que quiera y como quiera. Ningún fin económico puede justificar la utilización de medios que
sean contrarios a la ética, la libertad, la vida, la democracia, la
honra, la equidad, la solidaridad, la dignidad o la justicia. Si se
permite que se obtengan ganancias a cualquier precio o se abuse
de los trabajadores, se está dando la razón a quienes buscan por
razones ideológicas acabar con la actividad empresarial independiente como cimiento de una economía moderna.

Un emprendedor consustanciado con la modernidad, la seguridad social y los derechos de las personas debe evitar conductas
que pueden generar efectos negativos para la sociedad. No puede
tener comportamientos destinados a explotar a los empleados,

manipular el mercado, eliminar la competencia, conspirar contra las instituciones públicas, corromper funcionarios gubernamentales, engañar a clientes, evadir impuestos, ser deshonesto o contaminar el medioambiente. Al gestionar, es necesario atenerse a principios que mejoren la convivencia social, a la solidaridad, la igualdad y el respeto hacia los demás.

Teniendo en cuenta el estadio social que hemos alcanzado, es intolerable que algunas gestiones empresariales se hagan las distraídas ante ciertos hechos aberrantes y contrarios al bien común. Ningún empresario se puede permitir tener una visión estrecha y egoísta mirando solo el negocio que gestiona y los beneficios económicos que puede obtener. Siendo las empresas un factor esencial para la construcción de un orden económico más desarrollado, igualitario y solidario, deben involucrarse con objetivos que permitan cimentar una sociedad mejor. En la medida en que sus condiciones operativas y productivas lo permitan, deben comprometerse con acciones positivas que ayuden a lograr una sociedad más plena. Al mismo tiempo que debe desterrar de manera contundente todo tipo de abuso de género, discriminación, explotación e intolerancia hacia los que menos tienen.

Paso 6

Identificar las fortalezas

Equilibrio emocional

Un emprendedor debe intentar que las presiones, el estrés, la ira, la envidia o el rencor no le generen un desequilibrio emocional, que lo afecte en lo personal y dañe las relaciones con su entorno.

A pesar de lo que suele sostenerse, los empresarios son personas con un elevado nivel de sensibilidad, por lo que suelen ser vulnerables emocionalmente ante situaciones extremas. Las críticas, los desplantes, las traiciones, las envidias, las presiones, los fracasos o las mentiras suelen herir sus sentimientos y desestabilizarlos. Esas cargas negativas afectan su estado de ánimo, generándoles desequilibrios emocionales que alteran su conducta y perturban su objetividad durante la gestión.

En función de la responsabilidad que tiene un empresario, es indudable que el control de sus emociones es absolutamente relevante para liderar un emprendimiento con eficacia y para relacionarse apropiadamente con las personas con las que interactúa. Tanto para su vida personal como para el desarrollo de sus actividades profesionales, necesita tener estabilidad emocional, cordura y·objetividad en la toma de decisiones. Es primordial que aprenda a controlar y superar las presiones, el estrés y las angustias que pueden afectar su estado de ánimo. No se puede permitir desbordes ni desequilibrios emocionales que perturben las relaciones con sus colaboradores, generando resentimientos que repercutirán negativamente en el proceso productivo y la armonía laboral.

Si el responsable de la gestión pierde su estabilidad emocional, posiblemente asuma conductas y exprese palabras cargadas de ira, rencor, venganza, odio o celos. Ese comportamiento no solo afectará la convivencia con quienes lo rodean sino que, con el paso del tiempo, lo destruirán internamente por sentirse avergonzado de sus actos. Un empresario debe tratar de no perder su equilibrio ni reaccionar intempestivamente hacia los demás. No puede dejar que las presiones o el estrés le provoquen enconos, ataques de furia o venganzas. Si lo hace, es factible es que no resuelva ninguna de sus angustias y termine expresando exabruptos que generan daños irreparables en su persona y las relaciones con los demás.

Los desbordes emocionales siempre terminan mal porque lastiman a la gente que los padece. Al expresar palabras hirientes o descalificaciones groseras se pierde el respeto y se daña la convivencia. Al lastimarse los sentimientos de los colaboradores, clientes o proveedores, se instalan rencores que hacen imposible el trabajo mancomunado.

Si el responsable de la gestión no puede superar la presión o el estrés, debe dar un paso al constado antes de que tenga una crisis o un desequilibrio que termine lastimando a quienes lo rodean. No puede permitir que sus emociones lo desestabilicen a punto tal de que pierda la objetividad y la idoneidad profesional.

Cabe apuntar que algunos empresarios no controlan sus desequilibrios por decisión propia. Consideran, erróneamente, que los exabruptos y los gritos fortalecen su autoridad ante los empleados. Creencia que no solo es dañina para la convivencia, sino que tiene un sustento totalmente falso. Las manifestaciones violentas y las descalificaciones solo generan miedo, rencor, encono, deseo de venganza y resentimientos destructivos entre los empleados. Los exabruptos y las amenazas, lejos de consolidar un liderazgo pleno y una autoridad consensuada, la destruyen.

Un empresario no puede desequilibrarse o actuar como si lo estuviera. Es importante que en su gestión mantenga la cordura, el respeto y objetivad. Con ese propósito, es importante que esté alerta a las situaciones internas y externas que lo pueden afectar emocionalmente. En caso de no poder por sí mismo superar esas presiones, debe buscar ayuda. La *contención emocional* se puede obtener a través de profesionales de la salud que tienen herramientas que ayudan a mantener el equilibro ante hechos de crisis. También esa contención puede provenir de los amigos, la pareja, los hijos o los colaboradores más cercanos. En algunos casos es muy valiosa la contención realizada a través de retiros de meditación, yoga, ejercicios o reflexiones espirituales. Cada emprendedor debe encontrar sus propios mecanismos de contención para mantener su estabilidad emocional y *trabajar* con las situaciones que lo alteran. Lo único que no puede hacer es sostener que es inmune a los desequilibrios emocionales, cuando los hechos muestran lo contrario. No puede tener la soberbia de pensar que es inmune a los problemas y que tiene un *corazón de hierro* por lo que nada puede afectarlo. Es mejor aceptar que tiene un *corazón de cristal* que puede ser vulnerable a las presiones. Es mejor admitir que las emociones o el estrés lo pueden desestabilizar, porque eso le permitirá estar prevenido para superar crisis o presiones que pueden alterar su ánimo de manera negativa.

Estimular los pensamientos positivos

Los pensamientos positivos generan energías interiores que potencian el entusiasmo y el coraje para emprender proyectos, mientras que los pensamientos negativos generan miedos, incertidumbre y desconfianza que llevan a la inacción.

Los pensamientos positivos se caracterizan por estimular la búsqueda de oportunidades, generar ideas creativas, fortalecer la autoestima y buscar soluciones que permitan superar problemas. Ayudan a que la mente de un emprendedor no quede atrapada por *telarañas agoreras* que ven todo mal y no ofrecen soluciones, ya que buscan alternativas de superación que muestran una salida ante una encrucijada. Los pensamientos positivos generan optimismo y confianza de que las cosas se pueden mejorar. Perciben que el vaso está *medio lleno* cuando el agua llega a la mitad. Al forjarse y nutrirse de ideas constructivas, visualizan que el futuro será venturoso, sin que esto implique desconocer los riesgos o las contingencias que siempre existen en la realidad.

Los emprendedores que nutren su mente con pensamientos positivos son entusiastas, osados y creativos. Tienen una actitud proactiva que los predispone a emprender detrás de nuevas oportunidades de manera recurrente. Siempre están tomando desafíos, arriesgando y buscando nuevos objetivos que conquistar. En cambio, los que tienen pensamientos negativos actúan de manera totalmente diferente. Ven problemas por doquier y son presos de inseguridades por no saber cómo puede ser el futuro. Los pesimistas siempre ven el vaso *medio vacío* cuando el agua está por la mitad. Son temerosos y excesivamente mesurados, porque visualizan en cada oportunidad un problema y en cada posibilidad de cambio un riesgo.

Es importante resaltar que los pensamientos positivos no son *mágicos*, por lo que no se habrán de materializar con solo desear que ocurran. Es cierto que la capacidad imaginativa y los pensamientos positivos ha permitido que la civilización construyera imperios, desarrollara la ciencia y transformara la realidad para satisfacer cientos de necesidades. Sin embargo, esa maravillosa capacidad creativa y constructiva que tiene el *homo sapiens* no puede sobre dimensionarse considerando que la mente tiene el poder de lograr objetivos con solo desearlos o pensarlos intensamente. Toda idea o pensamiento creativo requiere *ser instrumentado* para que pueda materializarse. No basta desear algo para que mágicamente se convierta en una realidad. A los deseos hay que acompañarlos con acciones, actitudes y resoluciones que permitan hacerlos realidad.

En contraposición a los pensamientos positivos, están las elucubraciones pesimistas que generan temores, desconfianza, paralizan y muestran el futuro siempre negro. Son pensamientos agoreros que ven más grande el problema que la solución. Evalúan que los riesgos no podrán superarse y que el fracaso es el único destino. Por ese motivo son paralizantes, ya que impiden innovar, arriesgar o animarse a emprender desafíos. Tratan de que el emprendedor se aferre a una rutina conservadora bajo el principio de *más vale lo viejo conocido que lo bueno por conocer.*

Los pensamientos negativos tienden a sobredimensionar las dificultades externas y a convencer al empresario de que no tiene el talento personal o profesional de lograr determinados objetivos. Tienden a destruir su autoestima y confianza en sí mismo. Están condicionados por miedos, prejuicios, impotencia, visiones agoreras y entornos tóxicos. Son elucubraciones que auguran siempre el fracaso y tienden a descalificar las capacidades personales del emprendedor para lograr metas superadoras.

Los pensamientos negativos son básicamente *destructivos.* No solo ven el *vaso medio vacío* sino que inducen al emprendedor a considerar que en el futuro ese vaso, inexorablemente, estará completamente vacío. De esta forma, destruyen y desalientan el espíritu emprendedor, llenando la mente de imágenes e ideas sombrías sobre el futuro.

No hay duda de que si un emprendedor piensa que le irá mal. indefectiblemente le va a ir mal. Al tener pensamientos negativos dando vueltas por su cabeza, perderá sus energías hacedoras, su audacia, creatividad y coraje para animarse a concretar sueños.

Es evidente que un emprendedor, sea hombre o mujer, debe erradicar de su mente los pensamientos agoreros si quiere ser un hacedor de negocios. De no hacerlo, su mente se convertirá en su principal enemigo para alcanzar el éxito. Tener la mente invadida por pensamientos pesimistas predispone a elaborar pronósticos agoreros, a desalentar a sus colaboradores y a estar dominado por los miedos que inexorablemente le impedirán avanzar en mundo que exige cambios y osadía para llevarlos adelante.

Un emprendedor por definición debe ser una persona que tenga confianza en sí misma y que sienta que pueda lograr los objetivos que se proponga. No puede tener pensamientos que lo acobarden o paralicen. De ser así, debe hacer todo lo posible para erradicarlos. Una manera de hacerlo es generar constantemente desafíos que lo apasionen y lo inviten a soñar en grande. Para tal fin no solamente debe estimular su pasión, sino que es importante que se rodee de colaboradores que compartan esa visión optimista sobre el futuro. Cosa que no podrá lograr si tiene un entorno tóxico. Para apuntalar las actitudes positivas es fundamental que no esté rodeado de gente que tenga una visión sombría sobre la realidad. Las malas energías se trasmiten entre las personas y afectan la conducta de los hacedores. Por eso hay que evitar la gente con mala vibra como *el diablo escapa del agua bendita*. Si se está rodeado de gente negativa, es necesario abandonarla y comenzar a interactuar con personas que irradien optimismo y sean una ayuda para salir del atolladero mental que impide emprender, innovar y aprovechar las oportunidades.

Apuntalar las fortalezas

Un emprendedor debe proyectar su gestión teniendo en consideración sus fortalezas profesionales. Apoyarse o planificar sus actividades en base a sus carencias o debilidades lo hará menos eficaz.

En toda persona confluyen los talentos dados de manera natural y los talentos adquiridos a través de la experiencia y la educación. Los *talentos naturales* son los que vienen incorporados en nuestro ADN. No dependen de la voluntad o el esfuerzo de quien los tiene sino que son un *bonus* que la naturaleza otorga de manera caprichosa. Están incorporados en nuestra genética y se manifiestan en nuestras capacidades físicas, en el intelecto creativo o en la sensibilidad artística.

Las *capacidades adquiridas,* en cambio, no vienen dadas de manera natural o genéticamente. Para acceder a esas capacidades se requiere voluntad, esfuerzo, sacrificio y dedicación. Es necesario que una persona utilice herramientas como la educación, la capacitación profesional, la experiencia y las relaciones sociales para adquirir esos conocimientos o capacidades que antes no tenía.

En los ámbitos sociales desarrollados y de alta complejidad, las *capacidades adquiridas* suelen ser más relevantes que los talentos naturales, porque permiten ampliar el horizonte de oportunidades, conocer técnicas sofisticadas, ampliar el conocimiento y potenciar la imaginación. En el caso de los emprendedores económicos, les permite gestionar y desarrollar actividades que posiblemente no hubiera podido realizar o imaginar solamente con sus capacidades naturales. Por lo tanto, un emprendedor no debe quejarse ni lamentarse de no tener talentos especiales como pueden tener otros. Esa carencia la puede subsanar a través de la capacitación y la experiencia. Mientras más se esfuerce en educarse, formarse y actualizarse, mayores serán sus oportunidades de aventajar a los que no se capacitan ni aprenden aferrándose solo a los talentos que la naturaleza les brindó.

Los talentos naturales y las capacidades adquiridas son definidos como *fortalezas* cuando forman parte de la personalidad de un emprendedor y se convierten en un aporte sustantivo y positivo para lograr objetivos que otros no pueden lograr de igual manera. En cambio, las carencias, sean naturales o por falta de capacitación, se denominan *debilidades* cuando impiden alcanzar ciertos objetivos.

Toda persona tiene fortalezas que la potencian y *debilidades* que la colocan en una situación de desventaja con respecto a los que no las tienen. Ese conjunto de fortalezas y debilidades, generalmente, son diferentes entre las personas de acuerdo a su educación, su hábitat cultural, el género, sus experiencias o genética. Esa combinación entre las capacidades naturales y adquiridas determina que los emprendedores tengan conductas y personalidades diferentes, por lo cual el resultado de sus acciones también es distinto.

Aceptar que las personas tienen diferentes fortalezas y debilidades de acuerdo a una multiplicidad de factores no es una acción *discriminatoria o descalificadora.* Discriminatorio es impedir que tengan igual acceso a la educación y a la misma formación profesional. Es no permitir que todos tengan iguales oportunidades para desarrollar talentos que les permita superarse personal, social y económicamente. Es impedir que la gente pueda neutralizar sus debilidades para alcanzar mayores niveles de productividad. Es no permitir que algunas personas no puedan acceder a una actividad económica o a consumir determinados bienes por el color de la piel, la nacionalidad o el género.

Reconocer que cada persona tiene fortalezas y debilidades diferentes es aceptar la realidad y no tener pensamientos mágicos que llevan a sostener erróneamente que todas las personas son iguales en sus capacidades, por lo que están en idénticas condiciones de realizar actividades de la misma manera y con semejantes resultados. Toda persona es única y diferente en cuanto a sus talentos o capacidades. Por eso es muy importante conocer cuáles son las fortalezas para aprovechar aquellas que son útiles para ciertos fines y cuáles son las debilidades para superarlas. Conocer los límites y las potencialidades permite canalizar positivamente las energías, el trabajo y la creatividad para obtener mejores resultados. Aprovechar las fortalezas permite ampliar las ventajas que se pueden lograr con respecto a otros que no las tienen. El aprovechamiento de las fortalezas permite llevar a la práctica el principio básico de la economía que es alcanzar *el máximo rendimiento con el mínimo esfuerzo.*

Un emprendedor debe evitar realizar actividades para las cuales no tiene el talento natural o la capacitación necesaria para competir con otros que las tienen. Gestionar en base a las falencias, es transitar un camino sinuoso que normalmente conduce al fracaso económico, a la desesperanza y al desequilibrio emocional. Un emprendedor no debe recostarse sobre sus debilidades para emprender dado que eso lo coloca en una situación de desventaja con respecto a otras personas.

La buena noticia es que las debilidades no son un karma del que no se puede escapar. No siempre son un obstáculo que no pueda sortearse. Las falencias personales o profesionales pueden aminorarse o superarse a través de la capacitación y la formación profesional como lo muestran infinidad de casos. El "sí se puede" forma parte de una realidad que muchas personas transitaron con éxito saliendo de un abismo para alcanzar grandes metas. Sin embargo, ese paso constructivo no podrá darse de manera eficaz si el emprendedor no es sincero consigo mismo y no reconoce sus debilidades. Es sabido que, mientras todos se enorgullecen de sus fortalezas, son pocos los que aceptan sus debilidades. El orgullo, la autoestima, la vanidad, el temor a la crítica o los mecanismos de negación suelen ser una barrera para reconocer las carencias. Estos mecanismos de defensa o auto engaño son muy negativos para un emprendedor si pretende superar sus falencias y enarbolar la bandera del *sí se puede*. Por lo tanto, lo más acertado para sí y para la empresa es reconocer cuáles son las debilidades y ponerse en campaña para superarlas.

No exponer las debilidades

En los ámbitos económicos donde están en juego intereses materiales y se desencadenan luchas de poder, no se suelen perdonar las debilidades de un emprendedor. Una vez que se descubre su punto débil, los envidiosos o competidores buscarán obtener un beneficio o generar un daño.

Todo emprendedor puede tener un *punto débil* que lo hace flaquear ante los problemas o le impide resolver adecuadamente determinadas situaciones. Los miedos, fobias, inseguridades, culpas, ignorancia, falta de capacitación, carencia de creatividad, insensibilidad o mala memoria son algunas *debilidades* que pueden ser un obstáculo para lograr un objetivo. Tener esas debilidades, o carencias, puede convertirse en una barrera emocional, mental o profesional que corroe la confianza, la seguridad y autoestima para gestionar. Por eso es necesario detectarlas y superarlas.

Se ha expresado que tener debilidades no es una maldición o un problema insuperable. Nadie es perfecto ni tiene naturalmente todas las condiciones para enfrentar airosamente los desafíos que depara la vida. Lo importante no pasa por tener muchas o pocas debilidades sino que lo relevante es tener la voluntad de superarlas. Por esa razón, el objetivo de un emprendedor es tener la determinación de reconocer sus carencias y el coraje de superar los puntos débiles que le impiden concretar sus sueños. Es fundamental que aprenda a erradicar y superar las limitaciones que le causan estrés o frenan su desarrollo profesional. Ante todo *punto débil* o carencia no puede hacerse el distraído, sino que debe hacer todo lo posible para corregirlo. Lograr ese objetivo le dará seguridad personal y le permitirá gestionar con mayor eficacia.

Superar los *puntos débiles* también ayuda que a que un emprendedor tenga menos flancos de vulnerabilidad ante sus enemigos o competidores. No se puede negar que en los ámbitos económicos siempre hay quienes están agazapados para aprovechar las debilidades de los otros. Por lo tanto, un empresario no puede exponerse y convertirse en blanco fácil de aquellos que no dudan en aprovechar cualquier rendija o debilidad para dañar y lograr un beneficio. No corregir o aminorar las debilidades no solo amplía las posibilidades de fracaso, sino que abre un escenario en el que muchos intentarán *hacer leña del árbol caído.*

Es evidente que un empresario no pasa desapercibido por la posición que ocupa en la empresa y en la sociedad. Tampoco sus acciones son indiferentes para el entorno, sino que, por el contrario son objeto de constante observación por parte de empleados y grupos con los que interactúa. El entorno no deja un instante de observar y evaluar sus conductas, sea para admirarlas o criticarlas. Esa valoración externa lo condiciona a no cometer errores y a evitar exponer sus debilidades. Si no corrige sus falencias rápidamente o deja que se expongan públicamente de manera prolongada, serán detectadas por quienes lo rodean para denostarlo, criticarlo o destruirlo. Por lo tanto, es esencial que sus *puntos débiles y limitaciones* no trasciendan ni siquiera entre su círculo más íntimo, porque tarde o temprano esas debilidades lo hará vulnerable porque alguien se aprovechará de ellas.

Las debilidades de un empresario se convierten en *blancos vulnerables* porque pueden ser utilizadas por los adversarios, competidores o envidiosos. Cuando los *puntos débiles* salen a luz, eso da lugar a que los inescrupulosos se aprovechen para obtener beneficios o perjudicar. Así, se convierten en el *talón de Aquiles* del empresario al que todos los malintencionados apuntaran sus fechas para dañar, dominar o manipular.

En los ámbitos económicos no se suelen perdonar las debilidades de un empresario. Las luchas de poder, la competencia o la intención de dominar un sector de la economía hacen que muchos de los que participan en el mercado quieran sacar ventaja de las debilidades de los otros para superarlos o destruirlos. Por tal motivo, es muy importante que durante la gestión se evite exteriorizar las debilidades lo máximo posible. Un empresario no solo debe tratar de que no salgan a luz sus carencias, sino que debe ser mesurado al comentar verbalmente sus problemas. Hablar demasiado y dejar *trascender los puntos débiles de la empresa*, suele abrir puertas que lo perjudicarán y lo harán más vulnerable. Es necesario que evite las confesiones de sus carencias pues esa honestidad, lejos de recibir como contrapartida la compresión de los demás, es aprovechada por sus enemigos para dañarlo.

Posiblemente, desde una posición ética aprovecharse de las debilidades de una persona sea absolutamente repudiable o cuestionable. Sin embargo, esa queja no suele tener la misma dimensión en es ámbitos económicos y laborales donde existen luchas de poder y están en juego intereses materiales. En esos ámbitos es habitual que los empleados, clientes, proveedores o sindicatos quieran sacar alguna ventaja a partir de los *puntos débiles* que tienen los responsables de una empresa. Por lo tanto, lo más recomendable para un emprendedor es evitar que trasciendan sus debilidades, para que nadie pueda aprovecharse mientras realiza sus esfuerzos para superarlas y erradicarlas.

No ocultar los problemas

Esconder de forma sistemática los problemas y errores de gestión termina afectando la productividad, las relaciones con los empleados, la ejecución de los planes y la evaluación correcta de los resultados empresariales.

Los empresarios saben que su prestigio y crecimiento empresarial dependen, en buena medida, de los resultados positivos que puedan mostrar de su gestión. Mientras mayores sean los éxitos alcanzados, mayores serán las chances de que su reputación crezca, el emprendimiento prospere y sus ingresos aumenten. A la inversa, una mala gestión y magros resultados generan desprestigio, ahuyentan a inversores, espantan a los clientes y producen desánimo entre los empleados. Por esa razón, es frecuente que los yerros, carencias o *puntos débiles* empresariales no se difundan ni se conozcan. Los errores son ocultados *debajo de la alfombra* para que nadie los vea y se aproveche de ellos.

Muchos consideran que ser demasiados transparentes cuando la gestión presenta resultados negativos, es contraproducente. Creen que mostrar públicamente las carencias o yerros puede generar mayores daños que los errores en sí mismos. Consideran, no sin cierta razón, que la exposición de las debilidades y falencias suele ser un flanco de ataque para aquellos que quieren perjudicarlos.

Desde cierta perspectiva, no difundir datos o equivocaciones suele ser apropiado. Se busca con esa acción que las debilidades no se propaguen, generando un daño adicional que podría haberse evitado si la difusión de los errores hubiera sido controlada hasta encontrar soluciones. Comparto la idea de que a veces suele ser atinado ocultar los *puntos débiles* o yerros para que los competidores, los enemigos o los envidiosos no hagan *leña del árbol caído*. Sin embargo, también es cierto que el ocultamiento y falta de transparencia empresarial puede ser muy negativo si se convierte en una práctica constante. Esto es lo que sucede cuando la estrategia de ocultar los errores o falencias se convierte en un proceso habitual y sistemático. En ese caso, el ocultamiento no busca que las debilidades de la empresa no trasciendan para poder solucionarlas en el futuro. En este caso el ocultamiento tiene como propósito el engaño premeditado para mostrar una realidad empresarial que no existe. Su objetivo no es tomarse un tiempo para enmendar los problemas, sino que se busca engañar al entorno para manipular la información y mostrar una realidad inexistente.

Ocultar los errores de forma permanente y sistemática es absolutamente negativo. Afecta al desarrollo de la empresa, pues da una mala información a los empleados, clientes, inversores y al mercado. Al llevar adelante esa estrategia de ocultamiento, indefectiblemente, se multiplicarán las equivocaciones y los malos resultados, porque los trabajadores seguirán haciendo lo mismo que generó los desaciertos. Falsear la realidad, escondiendo las equivocaciones y debilidades, cancela la posibilidad de conocer la existencia de los problemas y la posibilidad de buscar alternativas de superación. El ocultamiento sistemático se convierte en una acción negativa y dañina que impide la superación de los errores, lleva a repetir las mismas equivocaciones y no previene sobre las contingencias que se pueden dar en el futuro por ocultar los problemas.

Los problemas y yerros no resueltos por estar ocultos, aumentan la debilidad de un emprendimiento. Esconderlos no los hace desaparecer. Por el contrario, con el paso del tiempo se expanden como la humedad en la pared, dañando su estructura y fortaleza.

Se puede aceptar que circunstancialmente, en algunas oportunidades, no se difundan públicamente los errores, para no generar flancos débiles o vulnerabilidad a la empresa. Pero esta estrategia coyuntural no puede convertirse en una conducta sistemática y permanente. Si un empresario no es transparente y honesto en su gestión, los problemas se incrementarán con el tiempo y, finalmente, tanto su reputación como la empresa se desmoronarán.

Los errores son parte de toda actividad económica. Nadie está exento de equivocarse. Por lo tanto, un buen gestor de empresa debe hacerse cargo de los mismos y reconocerlos con el propósito de superarlos. Es muy sano para su gestión tener la grandeza y honestidad de reconocer los errores ante los empleados y colaboradores. No aceptar la existencia de carencias o debilidades, es trabajar a ciegas o, lo que es peor, gestionar colectivamente en base a datos falsos, con lo cual no se puede esperar a corto o largo plazo un porvenir positivo.

Confianza en uno mismo

La falta de confianza para emprender por considerar que los problemas son más grandes que la capacidad para solucionarlos conduce a la inacción o la rutina conservadora.

Todas las personas tienen algún grado de inseguridad sobre sus capacidades o ideas para llevar adelante un proyecto. Es normal que todos tengamos inseguridades ante lo desconocido, lo nuevo o frente a determinadas exigencias. Nadie se siente ciento por ciento seguro para analizar, resolver y superar correctamente todos los retos que se presentan en la vida. Los que niegan que tienen algún tipo de inseguridad son omnipotentes, narcisistas o soberbios que no aceptan que pueden tener algún tipo de debilidad. Sentirse plenamente seguros y confiados los hace cometer errores porque nadie es perfecto y sabe todo lo que hay que saber.

La inseguridad, en ciertas oportunidades ayuda a ser mesurado, cuidadoso y tomar recaudos para evitar peligros. Sin embargo cuando la inseguridad sobrepasa ciertos límites, se convierte en una barrera infranqueable para arriesgar y tomar decisiones. En estos casos, no estar seguro abre la puerta a los pensamientos negativos y miedos que corroen la confianza y autoestima.

Un emprendedor debe controlar sus inseguridades y fortalecer la confianza para no perder *el impulso, la audacia, la pasión, la seguridad y el coraje,* que son imprescindibles para asumir riesgos y concretar sueños. El que no tiene confianza de sus capacidades o conocimientos, se convierte en una víctima de sus miedos e impotencia.

Cuando un emprendedor tiene desconfianza de sí mismo, psicológicamente está inhibido de actuar y asumir riesgos. Siente que no tiene las condiciones para revertir los problemas o aprovechar oportunidades. Al desconfiar de sus condiciones, no puede encarar una gestión proactiva, innovadora, creativa y audaz.

Es común que detrás de una aparente cautela, muchos emprendedores escondan sus inseguridades y desconfianza de que podrán lograr ciertas metas. Íntimamente sienten que no tienen las herramientas personales o profesionales para lograr ciertas metas, por lo que prefieren no accionar. No se tienen confianza. Tienen miedo a equivocarse o a no estar a la altura de las circunstancias.

El emprendedor inseguro y sin confianza para tomar decisiones o definir objetivos no es feliz porque está asustado de llevar adelante un plan que siente que no podrá cumplir. Esos temores, incertidumbres y auto desvalorización lo llevan a no hacer nada o a realizar una gestión conservadora. Justifica su inmovilidad o paso de tortuga aduciendo que prefiere ser cauteloso y repensar las decisiones para no cometer errores que puedan llevarlo al fracaso. Argumentos que suelen ser válidos en muchas ocasiones pero que, en el caso de los inseguros, son argumentos utilizados para ocultar la falta de confianza para ir detrás de un objetivo, porque consideran que los problemas son superiores a la capacidad para resolverlos.

Una de las razones más frecuentes que generan inseguridad en un emprendedor es la dificultad de conocer cómo se puede presentar el futuro. No tener certeza de que sus ideas serán las correctas para alcanzar un objetivo o no conocer cómo podrá ser el escenario económico en el futuro suele generarle dudas sobre si podrá solucionar los problemas que se presenten. Esa falta de certeza sobre el devenir económico y no saber qué camino es el correcto para alcanzar el éxito hace que su mente potencie los riesgos y descalifique sus capacidades para afrontarlos de manera eficaz. Este estado de incertidumbre lo paraliza y lo llena de pensamientos negativos. El no estar seguro de sus ideas, planes y metas hace que un emprendedor quede inhibido para actuar. Al sentir que no tiene las condiciones para revertir los problemas o aprovechar oportunidades, queda preso de su propia desconfianza e inseguridad.

Es evidente que *sin confianza en uno mismo* no se puede encarar una gestión proactiva, innovadora, creativa y audaz. No es posible porque las dudas y vacilaciones generan pensamientos agoreros y dudas en la mente, conduciendo al auto sabotaje e inercia. Al estar convencido de que todo lo que realice tendrá resultados negativos para la empresa y para su carrera profesional, el empresario pierde su vigor, coraje y audacia.

Cuando el empresario es inseguro, sus colaboradores lo perciben con rapidez. No pasa mucho tiempo para que perciban sus vacilaciones, lamentaciones, dudas y exceso de mesura. Al tener esa conducta dubitativa, su liderazgo se debilita dejando de ser un referente para motivar, guiar y contener a sus colaboradores. Al demostrar inseguridad no podrá lograr que sus colaboradores lo acompañen porque dejará de ser creíble en cuanto su capacidad de lograr los objetivos.

Cada emprendedor deberá buscar la fórmula que le ofrezca mejores resultados para recobrar su confianza. Lo único que no se puede hacer es quedarse atrapado en las inseguridades y no hacer nada al respecto. No puede quedar acorralado por sus vacilaciones, temores o incertidumbre. No puede castigarse, victimizarse ni aceptar que no puede hacer nada para revertir su falta de autoestima y valoración. En vez de flagelarse o bajar la guardia, tiene que hacer todo lo que esté a su alcance para superar sus debilidades. Si no puede por sí mismo, debe solicitar ayuda profesional o rodearse de gente que lo apuntale ante las dudas.

Todo emprendedor para animarse a encarar un proyecto necesita confiar en sí mismo. Los que desconfían de sus talentos o no valoran sus capacidades pierde la esencia que debe caracterizar a un emprendedor. Pierden el impulso y el coraje. En cambio, los que tienen confianza de sus capacidades están siempre dispuestos a *mover montañas* porque están convencidos de que pueden hacerlo. Es posible que un fracaso los pueda herir, pero tener seguridad sobre sus capacidades les permite rápidamente embarcarse en nuevos proyectos con igual pasión. Tienen confianza en sus ideas y talentos para enfrentar una o mil batallas. En cambio, el inseguro se desmorona ante el primer obstáculo y está sentenciado a convertirse en un empresario conservador para quedarse siempre en el mismo lugar.

Decir la verdad

Los emprendedores que, en su afán de lograr un objetivo, dicen una cosa y hacen otra distinta, pierden credibilidad y prestigio. Su palabra deja de tener valor y sus promesas no son tenidas en cuenta porque dejan de ser veraces.

Es frecuente que, con el propósito de lograr un objetivo, algunos empresarios mientan, manipulen datos y oculten deliberadamente información a sus empleados, clientes, proveedores o funcionarios de gobierno. Para vender un producto, conseguir un crédito, promover una actividad o dilatar un compromiso no dicen la verdad o hacen promesas que de antemano saben que no cumplirán. Son empresarios que tienen un *doble discurso* porque afirman públicamente que harán una cosa para finalmente hacer todo lo contrario.

El doble discurso es un artilugio que utilizan de manera frecuente los empresarios inescrupulosos para engañar y ocultar otras intenciones que mantienen ocultas. Es una mentira premeditada que busca desorientar, distraer o desviar la atención de los interlocutores anunciando o prometiendo supuestos hechos que nunca se realizarán porque se tiene previsto hacer otra cosa diferente. Es una artimaña que los malintencionados utilizan para seducir, embaucar o tranquilizar al entorno diciéndole lo que quiere oír mientras por detrás de bambalinas realizan acciones contrarias a lo expresado. Con falsedades o mentiras buscan generar adhesión y evitar el rechazo que se generaría si supieran lo que verdaderamente sucederá en el futuro. Con ese doble discurso buscan endulzar los oídos de sus interlocutores para ocultar una felonía, un negocio mal habido o una gestión empresarial contraria a los intereses de los empleados.

Un empresario tiene el derecho de reservarse información sobre su gestión e incluso no hacer públicas futuras acciones si considera que pueden ser negativas para alcanzar determinados objetivos. Lo que no puede hacer es mentir y engañar a sus colaboradores o clientes diciendo que hará determinada cosa para luego hacer algo totalmente diferente. En una gestión, es fundamental que impere la verdad y prevalezca la honestidad. La mentira, la falsedad y la hipocresía premeditada son conductas éticamente reprochables.

El doble discurso o las falsas promesas, generalmente son negativas porque buscan ocultar una verdad que los interlocutores tienen el derecho a conocer. Por lo tanto, el empresario que pretenda ser honesto y transparente no puede engañar a los que lo acompañan en su gestión realizando promesas que sabe que nunca cumplirá. Si oculta la verdad es un deshonesto y mal líder. Al actuar de esa manera, posiblemente pueda obtener un beneficio para él, pero no hay duda de que con mentiras cosechará el repudio de los que fueron engañados. Los que *dicen una cosa y hacen otra distinta*, al ser descubiertos, pierden credibilidad y generan resentimientos. Su palabra deja de tener valor y sus promesas no son tenidas en cuenta porque dejan de ser veraces.

El empresario que engaña, miente o hace promesas falsas construye su propio patíbulo, porque tarde o temprano la verdad sale a luz destruyendo la confianza de aquellos que fueron engañados. Los que lo rodean dejan de creer en su palabra y sus promesas. Es poco relevante que en algún momento se arrepienta y prometa a su entorno que dirá solo verdades en el futuro. Los que fueron engañados ya no volverán a creerle y nunca recobrarán la confianza. Al descubrir que les mintieron se pierde la credibilidad para siempre.

No sabotearse

Es normal que un emprendedor a veces tenga dudas sobre sus capacidades profesionales al momento de tener que iniciar una actividad económica. Lo negativo es cuando esas dudas lo llevan a subestimarse y descalificarse, llenándolo de pensamientos negativos.

Sentir que no se tiene talento para generar una idea creativa o se carece de capacidad para llevar adelante un emprendimiento frena toda acción emprendedora porque esos pensamientos negativos corroen la confianza en uno mismo. El dudar de las condiciones personales y profesionales para alcanzar un objetivo lleva inexorablemente a visualizar solo los errores, carencias o debilidades. Esa actitud pesimista conduce a la pérdida de la autoestima y a la desvalorización. Al descalificar las capacidades personales para solo ver los defectos, el emprendedor se castiga y flagela perdiendo toda su iniciativa emprendedora. Se auto sabotea asumiendo que es un incompetente y *un bueno para nada.*

No es algo inusual que un emprendedor tenga dudas sobre sus talentos y capacidades para alcanzar determinados objetivos. Ante los desafíos que debe enfrentar, es normal que en cierto momento evalúe si podrá lograr sus metas o si cuenta con las capacidades personales para actuar de manera correcta. Algunos superan esa instancia de incertidumbre contrarrestándola con su pasión, autoestima y deseos de alcanzar una meta. Sin embargo, hay emprendedores que no pueden superar sus dudas. Dominados por temores e inseguridades se llenan de pensamientos negativos que ponen en tela de juicio sus capacidades. En vez de recostarse en sus fortalezas, se dedican a analizar de manera punzante todas sus carencias para finalmente convencerse de que no son aptos para llevar adelante un emprendimiento. Esta actitud negativa les quita toda posibilidad de tener una conducta proactiva y hacedora. Al prestar atención solamente a las debilidades, se sabotean y nunca pasan a la acción.

Un emprendedor no debe castigarse arbitrariamente hurgando solo en sus defectos o debilidades sin tener en cuenta sus fortalezas o potencialidades. Ser extremadamente crítico con uno mismo quita impulso, pasión y voluntad para superarse. Sabotearse es optar por ver solamente el lado oscuro de la personalidad y no percibir la luminosidad que todas las personas tienen para forjar proyectos superadores.

Tener pensamientos negativos que desvalorizan las condiciones personales o profesionales destruye lo más importante que tiene que tener un emprendedor para afrontar adversidades: autoestima y confianza.

Es poco relevante que la disconformidad con uno mismo haya tenido su origen en no sentirse a gusto con su oratoria, por la falta de carisma, las malas notas obtenidas en la universidad, el desconocimiento sobre un tema, una errónea negociación o por la forma de sociabilizar con la gente. Lo peligroso es dejar de quererse para sabotearse y agredirse. La subestimación y desvalorización instala una *personalidad perdedora* en la media en que el emprendedor se da por derrotado antes de probarse. Al sabotear sus capacidades, desconocer los méritos y no tener presente las fortalezas, opta por el camino de la mediocridad, la sumisión y la falta de audacia para arriesgar. Al asumir una *personalidad perdedora* solo percibe que su destino es el fracaso, pues se convence de que no tiene talentos ni capacidades para lograr un objetivo.

Para emprender un desafío y superar adversidades es necesario *no enroscarse* en elucubraciones, sensaciones o pensamientos destructivos que solo tienen presente las falencias o debilidades personales. Es fundamental que aquellos que quieran emprender no se descalifiquen y se castiguen declarándose inútiles o incompetentes antes de empezar. Si tienen dudas sobre sus capacidades, en vez de sabotearse, deben tratar de superar sus debilidades apelando a distintas herramientas que seguramente lo ayuden a revertir esa actitud pesimista. Deben capacitarse, formarse y rodearse de gente positiva. La capacitación profesional y tener colaboradores apasionados dan confianza y seguridad.

Todo emprendedor, si se lo propone, tiene la posibilidad de *pensar positivamente, fortalecer su autoestima y entusiasmarse con un sueño.* Para lograrlo es necesario que no quede atrapado por las propias críticas descalificadoras, que no le ganen los malos pensamientos que sabotean su entusiasmo y lo llenan de inseguridades. Si un emprendedor no erradica ese enemigo interior, que sabotea todo intento de emprender y lo descalifica, estará condenado a la oscuridad de la mediocridad. Habrá optado por ser un perdedor en lugar de permitirse ser un ganador porque tuvo confianza en que podía alcanzar sus objetivos.

Victimizarse es negativo

Un emprendedor tiene todo el derecho de quejarse y desahogarse ante una adversidad. Lo que no puede hacer es pasarse el día entero lamentándose de sus problemas o culpando a otros de sus padecimientos a fin de eludir sus responsabilidades.

Un gestor de empresa enfrenta permanentemente contingencias, conflictos laborales o desafíos que lo afectan económica, mental y emocionalmente. Lógicamente, esas adversidades suelen fastidiarlo, estresarlo o provocarle desbordes emocionales cuando se presentan situaciones extremas. La mayoría tiene la capacidad de superar esos momentos de tensión a partir de resolver los problemas que lo aquejan o buscando nuevas opciones que le permitan continuar con su acción emprendedora. Sin embargo, hay muchos empresarios que, ante esas exigencias, presiones y problemas, optan por lamentarse todo el día. Se quejan del trabajo que tienen que afrontar, del entorno que no lo ayuda de manera correcta o de los enemigos que lo acechan para perjudicarlo. Toda excusa es válida para justificar su lamento y sentirse una víctima de las circunstancias. Con esta postura trata de eludir sus responsabilidades y echar la culpa a otros de sus padecimientos. Se *victimiza* porque considera que esta rodeado de *victimarios* que lo perjudican o le ponen palos en la rueda.

Esta postura no corresponde a un buen gestor de empresa. Un auténtico liderazgo se manifiesta cuando el responsable de una organización asume estoicamente todas las obligaciones, errores, adversidades, problemas y frustraciones que resultan de la gestión. Un emprendedor no puede estar quejándose todo el día. Por el contrario, debe dar el ejemplo asumiendo sus compromisos y superando los fracasos. Ante las adversidades, debe saber apretar los dientes y controlar su lengua quejosa para dedicarse exclusivamente a pensar en las soluciones que le permitan salir del atolladero. No puede gastar sus energías en maldecir a todo el mundo, quejarse de todo y buscar culpables para eludir responsabilidades. Su trabajo es liderar la gestión, aprender de los errores y estimular a su equipo a salir adelante.

Los que eligen la postura de la *victimización* generalmente quieren ocultar su falta de idoneidad para gestionar. Son manipuladores que intentan atribuir sus equivocaciones o incapacidad a *circunstancias externas*. Utilizan la queja para atribuir sus problemas o errores a causas ajenas a su voluntad o saber. Son empresarios que no se cansan de repetir que, si dependiera exclusivamente de ellos, los problemas no hubieran ocurrido. Afirman que si fracasaron en concretar los objetivos planificados es porque alguien o algo los perjudicó. Al dar esas excusas intentan instalar la idea de que existen *conspiraciones* en su contra y *enemigos* que buscan dañarlo por alguna razón.

Los que justifican sus equivocaciones y fracasos echando la culpa a otros, suelen confeccionar una larga lista de victimarios que conspiran en su contra. Esa lista puede incluir a los empleados, los accionistas, el gobierno, los proveedores, los sindicatos, los clientes, el mal tiempo y el asistente que está todo el día con el celular en vez de atender sus obligaciones. También la lista incluye los elevados alquileres que debe pagar, los competidores que aparecen por internet, los productos chinos que son más baratos, la gran cantidad de días no laborables y los altos precios de las tarifas de los servicios. Pero no son los únicos culpables de sus padecimientos. Las quejas también van dirigidas al mal gusto de consumo, la falta de créditos bancarios, a que la gente no quiere trabajar o a que todas las licitaciones gubernamentales están arregladas. Finalmente, en su listado hay un lugar para culpar a la mala fortuna, la envida, la falta de apoyo familiar o que el mundo está patas para arriba porque los jóvenes solo quieren divertirse.

Al asumirse como *víctimas* esta clase de empresarios quejosos y manipuladores buscan asegurarse un manto de inocencia ante la posible mirada crítica de sus empleados o clientes. Al señalar como culpables de su desdicha a circunstancias externas, intentan evadir que se los juzgue por incapaces o incompetentes. Apelan a excusas engañosas para ocultar su inoperancia. Falsean la realidad e inventan conspiraciones. Con falsas argumentaciones y deshonestidad profesional levantan inescrupulosamente su dedo acusador para culpar a otros de lo que son responsables ellos. Su lamento busca la compasión de su entorno y de esa forma que no se perciba que los hechos negativos han sido consecuencia de su gestión.

Algunos empresarios no se victimizan solo para ocultar su falta de idoneidad o para no hacerse cargo de sus errores. Tienen objetivos más espurios. Se victimizan con otros fines. Lo hacen con el propósito de engañar a los clientes, proveedores, bancos o empleados mostrándose como víctimas para lograr beneficios. Al atribuir sus desgracias a otros y no a su falta de capacidad, buscan compasión y solidaridad. Agrandan los problemas que padecen para que los crédulos los ayuden a salir del atolladero, invirtiendo o condonando sus deudas ante la promesa de futuros rendimientos.

En otros casos, algunos empresarios buscan la postura de víctimas para evitar reclamos salariales o para conseguir una moratoria impositiva. Lamentándose de una situación de la que no se hacen cargo, suplican a los sindicatos que los apoyen para no cerrar la empresa o se la pasan deambulando por los ministerios gubernamentales pidiendo protección, subsidios o préstamos blandos para poder reponerse de las injusticias que padecen.

Es evidente que un emprendedor que quiera ejercer un liderazgo pleno no puede apelar a la victimización, adoptando la queja y el lamento como una forma de gestionar. Culpar a otros de los errores propios, no es el mejor camino para emprender con honestidad, corregir errores, superar contingencias y alcanzar el éxito. La victimización no se condice con una personalidad sincera, comprometida y transparente. No hacerse cargo de los errores, quejarse de todo y buscar culpables donde no los hay es un camino que no enaltece a la profesión de empresario.

Evitar el estrés

La gestión empresarial es una actividad muy estresante que puede llevar al colapso físico y mental si no se pueden manejar las presiones, las contingencias, los conflictos y los fracasos.

El estrés es una afección que suele generarse, entre otras razones, por exigir al cuerpo y la mente un rendimiento superior al que una persona normalmente puede tolerar. Fue definido por la Organización Mundial de la Salud como una *epidemia silenciosa* que afecta la salud de millones de personas. Sus efectos negativos son padecidos por mucha gente aunque la mayoría no lo perciba o considere que las afecciones que dañan su salud tienen otras causas.

La presión por alcanzar determinados objetivos y las adversidades que deben sortearse para llegar a una meta tienen múltiples efectos dañinos sobre el cuerpo y la mente. Esa exigencia se manifiesta físicamente con cansancio, agotamiento e insomnio mientras que mentalmente se exterioriza con una falta de concentración, pérdida de interés, desorientación y desequilibrios. El estrés, de manera especial, altera el sistema nervioso y el estado de ánimo, haciendo irritable a una persona. En las actividades laborales esa alteración puede manifestarse a través de conductas antisociales, ausentismo, desbordes emocionales, ataques de pánico, reiteración de errores, falta de atención o generando adicciones al alcohol o drogas, entre otros efectos negativos.

Gestionar una empresa es muy *estresante,* en la medida en que requiere mucho esfuerzo para estar pendiente de la puja competitiva, las fluctuaciones del mercado, la producción de bienes, la presión de los sindicatos, los impuestos, los costos operativos o las regulaciones públicas. Si a esas presiones externas el emprendedor le adiciona una elevada auto exigencia y ansiedad para lograr sus objetivos lo más factible es que en algún momento colapse física o mentalmente. Un pequeño error lo puede quebrar anímicamente y un fracaso le puede generar un ataque depresivo del cual le será muy difícil salir.

Muchos empresarios sostienen que sus actitudes avasalladoras y vigorosas no les causan estrés, cansancio ni agotamiento. Por el contrario aducen que esa actitud hacedora y pasional les genera una *adrenalina* que los impulsa a lograr lo que otros no pueden. Afirman que sus energías, esfuerzo, creatividad y dedicación *extrema*, en vez de generarles efectos negativos a su salud, son su fortaleza para protegerse de las presiones y rechazar los problemas.

Los emprendedores son seres humanos como todos. Posiblemente en algunos casos demuestren que pueden exigir a su cuerpo, creatividad y trabajo mucho más que otras personas que se dedican a actividades rutinarias. Pero no hay duda de que si se esfuerzan o exigen más de la cuenta no podrán evitar el agotamiento, la alteración del ánimo o la desconcentración porque no son dioses ni súper hombres. No poner freno a su personalidad pasional y al exceso de exigencias terminará corroyendo su salud al punto tal de que pueden tener un colapso.

Los emprendedores no están exentos del exceso de estrés, siendo en muchos casos los principales afectados por la actividad que realizan y los problemas que enfrentan. El grado de exigencia laboral, la competitividad, la crítica social, el deseo de éxito, las necesidades operativas, los conflictos, las adversidades, las traiciones o las presiones hacen que la mayoría padezca estrés elevado y malo. Esta afección se convierte en absolutamente dañina cuando supera los límites tolerables para el cuerpo y comienza a moldear negativamente la mente y el físico de quien la padece.

En los ámbitos médicos, son conscientes de que el estrés crónico o los *picos de estrés* por alteraciones tienen consecuencias negativas sobre la salud mental y física. Se ha comprobado que estrés es malo porque daña severamente al organismo y termina disminuyendo las capacidades profesionales haciendo que los errores se multipliquen, la desconcentración aumente y el nivel creativo decaiga. De manera especial, ese tipo de estrés afecta las relaciones con el entorno familiar y el equipo de trabajo. Al generar desbordes emocionales, ataques de ira o descontrol, hace que los que lo padecen tiendan a gritar, ningunear o denostar a quienes los rodean asumiendo en muchos casos conductas autoritarias e irrespetuosas.

Un emprendedor debe aprender a poner límites a su actividad cotidiana y tratar de que el exceso de esfuerzo o problemas no lo haga perder *sus estribos* y su salud. Debe entender que no puede tirar de la soga más de lo que la soga puede dar. No se puede proponer metas, responsabilidades o decisiones que superen su capacidad emocional o física. Tiene que comprender que nadie es inmune a los problemas y fracasos. Por lo tanto, debe entender que su salud está primero y que una forma de cuidarla es no exigirse más de lo que su cuerpo y mente pueden dar.

Es importante que un hacedor activo evite o disminuya el exceso de trabajo, las presiones externas o busque constantemente ir detrás de metas que demandan un gran esfuerzo. Se sabe que a un emprendedor siempre le falta tiempo para hacer todo lo que quiere hacer y siempre busca objetivos que la gran mayoría desecha por las dificultades de lograrlos. Para concretar sus desafíos, suele poner a trabajar su mente y cuerpo las 24 horas del día, haciéndole pagar un precio muy alto a su salud. Es necesario que un emprendedor sepa poner freno a su ambición y sus deseos. Es fundamental que entienda que debe tomarse un tiempo para descansar y no poner el cuerpo a todos los problemas. Tiene que disfrutar de su familia, distraerse, entretenerse y relajarse para tener una mejor calidad de vida y ser más eficiente en las actividades que debe emprender.

La *incertidumbre* suele ser una causa importante de estrés para un empresario. No saber si se conseguirá un crédito, si los bienes producidos tendrán la aceptación del mercado, si los equipos técnicos llegaran a fecha, si el proveedor cumplirá con sus promesas o la oficina gubernamental concederá la habilitación, suelen ser causas importantes de estrés. Es cierto que esos inconvenientes no pueden evitarse, ya que forman parte de la dinámica de una empresa y generalmente dependen de terceras personas. Sin embargo, es posible controlarlo disminuyendo los niveles de angustia y ansiedad. A tal fin, es bueno buscar herramientas para evitar esa tensión, sea con ejercicios de respiración o trabajando internamente para bajar los niveles de ansiedad.

Otro disparador habitual del estrés resulta de las *interrupciones externas no programadas* que cortan o alteran una actividad. Esas interrupciones generan escozor, mal humor y tensión porque obligan a cortar intempestivamente una conversación, un momento de reflexión o cuando se está concentrado en un tema relevante. Por tal motivo es importante que un emprendedor sepa controlar esas interrupciones para que no lo alteren, lo desequilibren o le generen mal humor. Debe aprender a desconectarse de la tecnología y poner freno a las visitas no programadas para poder abocarse plenamente a lo que quiere hacer sin interrupciones estresantes.

Cada responsable de gestión tiene una lista de factores personales que lo agotan, alteran y afectan la salud emocional, que no necesariamente tienen igual efecto en otras personas. Por lo tanto, es esencial que cada uno aprenda a conocer y distinguir cuáles son las causas que pueden generarle estrés a fin de evitarlas, controlarlas o corregirlas. Lo único que no puede hacer un emprendedor es sentirse indestructible y que puede hacer todo lo que quiera exigiendo a su cuerpo más allá de ciertos límites. La mente, el físico y el estado anímico se saturan con determinadas exigencias y presiones que son necesarios conocer y evitar. Esto permitirá tener una mejor calidad de vida en beneficio personal, de su familia y de la empresa.

Maternidad

Para muchas mujeres optar por la maternidad implica cancelar sus sueños profesionales, pues consideran que existe una opción de hierro que hace incompatible trabajar o ser madre al mismo tiempo.

Existe un amplio porcentaje de mujeres que aspiran a tener una vida hogareña, educar a sus hijos, realizar actividades domésticas o emprender manualidades artísticas desde su casa. También son muchas las que se sienten felices modelando su figura en un gimnasio, participando en actividades sociales o en realizando acciones solidarias con gente carenciada. Sin embargo, la mayoría de las mujeres aspiran a trabajar, emprender un negocio por cuenta propia y lograr metas profesionales. Alrededor del 65% de las mujeres de los países desarrollados estudian y se capacitan para acceder a un trabajo o realizar un emprendimiento.

Cada vez es mayor el número de mujeres que quieren ingresar a la universidad o emprender una actividad comercial para ser independientes. Consideran que capacitarse o realizar una actividad por cuenta propia es esencial para encontrarse con ellas mismas, tener autonomía y ser más plenas. Priorizan el desarrollo de sus vocaciones, la concreción de los objetivos personales, construir una historia profesional y mostrar al mundo sus capacidades. Por esas razones, muchas mujeres valoran que el progreso profesional o laboral es el paso previo antes de tener hijos. No quieren repetir la historia de sus madres, que dependían del marido proveedor y cancelaban sus inquietudes personales, para construir su vida alrededor de la familia. No quieren que sea un obstáculo para estudiar, emprender un negocio o escalar posiciones dentro de una corporación. Quieren ser libres de poder hacer lo que desean y no estar condicionadas por la maternidad. La gran mayoría considera que los hijos deben ser buscados cuando se ha alcanzado una buena posición laboral o profesional. Esto no implica que el corazón y la mente se desentiendan de la maternidad. Solo extienden los plazos para constituir una familia.

Postergar el plazo para encarar la maternidad no implica que una mujer no quiera tener hijos. Encuestas recientes reflejan que la mayoría de las mujeres quiere ser madre en algún momento de su vida. Algunas lo harán cuando logren sus objetivos profesionales mientras que otras están dispuestas a hacerlo cuando el amor golpee su corazón. También es cierto que hay mujeres que deciden voluntariamente no ser madres mientras que otras lo logran, gracias al avance de la medicina, superando barreras que a veces impone la naturaleza.

Dejando de lado a las mujeres que por decisión propia no quieren tener hijos, la realidad muestra que la gran mayoría opta por constituir una familia en algún momento de vida, siendo muy pocas las barreras naturales o culturales que se lo impiden. Sin embargo, como se ha expresado, también es una realidad que la gran mayoría de las chicas deciden postergar la maternidad por considerar que puede afectar su carrera profesional, laboral o deseos de divertirse. Son muchas mujeres que valoran que si tienen hijos a temprana edad deben cancelar parte de su desarrollo personal o la concreción de ciertos objetivos que consideran valiosos para su felicidad. Al pensar de esa forma, consideran que la maternidad es sinónimo de tener que interrumpir por un tiempo sus actividades profesionales o, quizá, abandonarlas para siempre. Valoran que la maternidad es una *opción de hierro,* dado que no tienen la posibilidad de trabajar y ser madres al mismo tiempo.

Para las mujeres que consideran que es imposible sortear esa opción de hierro hay una buena noticia. Ese compromiso excluyente hacia los hijos, que marcó la vida de la mayoría de las mujeres durante centurias, está diluyéndose rápidamente. El desarrollo tecnológico, las leyes de seguridad social, la independencia de las mujeres, el compañerismo en la pareja y los cambios culturales, han logrado que las mujeres puedan ser madres sin tener necesidad de suspender o abandonar sus actividades profesionales. Las sociedades más evolucionadas están demostrando que las mujeres pueden trabajar y tener hijos al mismo tiempo sin afectar seriamente ninguno de esos vínculos.

La disyuntiva planteada entre el desarrollo profesional o la maternidad ha dejado de ser una *opción de hierro* en gran parte de los países. Esto no quiere decir que ser madre no signifique un cambio radical en la vida de una mujer y que tendrá que modificar muchas de sus conductas, hábitos y proyectos. Tener un hijo, amamantarlo, cuidarlo, prever sus necesidades, atenderlo, educarlo y contenerlo son sólo algunas de las decenas de nuevas demandas que se presentarán cuando una mujer decide tener un hijo. Sin embargo, esos cambios y alteraciones de rutinas no implican que el trabajo o las actividades profesionales deban ser cancelados como hasta no hace mucho tiempo.

Es cierto que todavía son muchas las jóvenes que deben abandonar sus estudios o trabajos cuando son madres, cosa que no les sucede a los hombres cuando son padres. Sin embargo, esta la realidad no implica que la opción de hierro sea imposible de sortear, como lo están mostrando las estadísticas de muchos países. Si miramos el pasado y lo comparamos con el presente, es evidente que la llamada opción de hierro está desapareciendo. Las nuevas generaciones de mujeres están modificando radicalmente una historia que les cancelaba su desarrollo personal a partir de optar por la maternidad. En las dos últimas décadas, en Estados Unidos, el porcentaje de mujeres que abandonaron definitivamente su trabajo por la maternidad se redujo del 65% al 36% y la tendencia avanza velozmente.

Hoy la gran mayoría de mujeres que trabajan en relación de dependencia o emprenden sus propios negocios, está demostrando que ser madre no es un obstáculo para su desarrollo laboral, su independencia y sus ambiciones profesionales. Las nuevas generaciones tampoco consideran que volver al trabajo después de la licencia de embarazo implica el abandono del hijo, ser una mala madre o ser la responsable de que el hijo no tenga contención, cariño o las motivaciones que tendría si estuvieran tiempo completo a su lado.

Las mujeres del nuevo milenio están convencida de que es posible combinar una excelente maternidad con el trabajo que anhelan. Demuestran a diario que el trabajo y la maternidad pueden coexistir. Sólo es cuestión de adaptarse y reorganizar la vida personal de acuerdo a la nueva realidad que implica la llegada de un hijo. En esta tarea de integración afortunadamente la mujer no está sola. La sociedad, la familia, la pareja, los gobiernos, las empresas, la legislación y la tecnología están aportando innumerables instrumentos de apoyo para facilitar la coexistencia de la maternidad y el desarrollo profesional. A través de guarderías en la empresas, coaching de maternidad, mentores que apuntalan a las madres, permisos extendidos de lactancia, comunicación tecnológica, compartir responsabilidades con la pareja y una infinidad de disposiciones institucionales, se ha logrado que la mujer pueda desarrollar sus deseos profesionales y sus deseos de ser madre.

No cabe duda de que la maternidad implica cambios. Pero esos cambios no necesariamente se traducen en la obligación de cancelar definitivamente la vida profesional o laboral de la mujer. La maternidad de ninguna manera puede ser tomada como una *debilidad* del género femenino que afecta su desarrollo profesional. Es cierto que ser madre requiere reorganizar buena parte de la vida para poder compatibilizar el trabajo con el cuidado de los hijos. Pensar que se puede seguir con la rutina laboral y la crianza de los hijos sin realizar ninguna alteración es considerar erróneamente que se es una *súper mujer* con mil brazos y tiempo ilimitado. Tanto los hijos como el trabajo demandan atención y responsabilidades que deben ser programadas para poder cumplirlas con la mayor eficiencia y amor.

Lo relevante y que merece ser destacado que aquella *opción de hierro* que tuvieron que asumir muchas mujeres en el pasado, va desapareciendo rápidamente. Los cambios culturales han llegado para quedarse y en todas las sociedades se están tomando medidas para que las mujeres puedan disfrutar del amor de sus hijos sin necesidad de abandonar sus sueños profesionales o dejar de lado actividades laborales que le generan satisfacciones e ingresos. Hoy, no solo se puede ser una madre plena sino que se puede emprender los mismos desafíos profesionales que antes solo estaban reservados para los hombres. Lejos de ser una debilidad, la maternidad fortalece a las mujeres. Les da energía y una razón para buscar metas de superación para su satisfacción personal y el orgullo de sus hijos.

Paso 7

La mirada de los otros

El prestigio

Si bien el prestigio de un emprendedor depende en buena medida de su conducta personal y profesional, será el entorno social el que finalmente lo ayudará a consolidar su reputación o lo descalificará con sus juicios valorativos.

La reputación de un emprendedor es resultado de la mirada que tienen los demás sobre sus conductas o creencias. Si bien cada persona es el principal artífice de su biografía, es el entorno social el que finalmente forja su *reputación* a partir de una valoración positiva o negativa sobre sus comportamientos. De allí la importancia que implica no sólo tener una conducta proba sino que es esencial que los demás la perciban y la valoren de igual forma. Si el entorno tiene una impresión negativa hacia la conducta profesional o personal, no podrá construir una reputación positiva que genere admiración y respeto. Esta dependencia de la mirada de los otros queda reflejada en la expresión popular que sostiene que "no sólo es necesario ser sino también parecer".

Cabe apuntar que si bien la mirada social es la que finalmente forja positivamente o destruye negativamente la reputación, esa valoración generalmente se sustenta en las conductas personales y profesionales de cada persona. En el caso de un emprendedor su valoración social positiva se construirá a partir de su educación, ética, creatividad, responsabilidad social y éxitos obtenidos. Por el contrario, la valoración del entorno será negativa cuando su trayectoria se caracteriza por conductas explotadoras, evasión de impuestos, daños al medioambiente o realización de productos de baja calidad.

Es cierto que a través de los diferentes medios de comunicación se puede intentar construir *unilateralmente* un prestigio en base a la manipulación de la información. Sin embargo, aun en esos casos, el entorno es el que finalmente avalará o rechazará la imagen que se quiere *vender o manipular* a través de los medios. Por lo tanto, si la gente descubre que hay mentiras, engaños o se ocultan conductas negativas no habrá manera de lograr una reputación positiva. A la inversa, si la imagen promovida es verdadera y se ajusta a una valoración positiva por parte de la sociedad, logrará la aprobación y reconocimiento.

Para un emprendedor, tener antecedentes profesionales que despiertan admiración y sean valorados favorablemente por la sociedad, es una *carta de presentación* para realizar negocios, ser invitado a formar parte de grupos de poder, obtener créditos o ser premiado por la comunidad. El prestigio hace que su imagen tenga brillo, produciendo un aura a su alrededor que genera admiración colectiva y facilita concretar metas que no logran los empresarios desprestigiados o que no han trascendido socialmente.

Mientras el prestigio abre puertas, el desprestigio las cierra. La *mala reputación* lleva inexorablemente a una descalificación ética, económica, política o social que impide alcanzar objetivos que logran los que tienen una reputación positiva. El desprestigio desacredita haciendo que la gente no quiera realizar negocios o vincularse con esa clase de emprendedores. La mala reputación es como un virus infeccioso que hace que todos se alejen de quien está infectado.

La buena reputación es una herramienta muy valiosa para lograr muchos objetivos y defenderse de los ataques. Una vez que un emprendedor ha logrado reconocimiento social, el prestigio actúa como un *escudo protector* ante la crítica o las denostaciones mal intencionadas que pudieran realizar algunos sectores o personas. Tener una buena reputación permite protegerse de los inescrupulosos, envidiosos, rencorosos o de aquellos intereses que quieren dañar a un empresario para lograr beneficios o sacarlo del mercado. El prestigio positivo es un escudo para preservarse de las injurias o falsedades que circulan por las redes con diferentes propósitos. También influye para que los mal intencionados no se atrevan a cuestionar públicamente al empresario prestigioso por temor a ser rechazados por la sociedad. Son muy pocos los críticos o envidiosos que están dispuestos a enfrentarse públicamente a un reconocido emprendedor sosteniendo falsas acusaciones. La descalificación infundada hacia quienes han cosechado una positiva valoración social suele ser mayoritariamente rechazada, generando un repudio hacia quien la realiza.

Es importante recordar que la reputación positiva es difícil de lograr en un mundo altamente competitivo y lleno de intereses. Sin embargo, es muy fácil de perder. La reputación lograda con esfuerzo y dedicación no es vitalicia, sino que por diversas razones se puede cancelar, ensuciar o mancillar. En una época de alta exposición social como la que se vive en la actualidad ningún empresario puede sentir que su prestigio está libre de ser ensuciado. Son muchos los intereses que suelen estar en pugna y muy amplio el anonimato existente en las redes sociales para estar tranquilo de que nadie tendrá éxito en corroer el prestigio logrado en el pasado. Por lo tanto, un empresario necesita estar muy atento para protegerse de los ataques de los envidiosos, los escraches, los las *fake news*, las críticas infundadas o las injurias que explotan en los medios de comunicación y redes sociales. Su reputación es muy valiosa como para dejarla pisotear o destruir por grupos mal intencionados y envidiosos.

En el caso de las mujeres emprendedoras, la construcción y mantenimiento de una reputación positiva es mucho más difícil de alcanzar. Por un lado, la fuerte presencia masculina en el ámbito de los negocios determina que habitualmente por prejuicios machistas se invaliden las capacidades de las mujeres para gestionar, se minimicen sus logros o se les exijan mayores méritos que los solicitados a los hombres. La vara que los hombres utilizan para medir el prestigio profesional de una emprendedora siempre tiene un *plus mayor* de exigencias que la utilizada para juzgar a los empresarios. A las mujeres no solo se les exige mayores niveles de profesionalismo o rendimiento económico sino que, también, se les pide conductas personales que no se tienen en cuenta al analizar las conductas masculinas. Mientras que a los hombres generalmente se los valora positivamente por sus éxitos empresariales, a las mujeres se las suele juzgar a partir de otras variables como su imagen estética, vida privada o modo social de comportarse.

Esta realidad, mientras no cambie en todas sus dimensiones, determina que las mujeres que quieran construir una reputación social positiva están mucho más condicionadas que los hombres. Están expuestas a la mirada cultural arcaica que las hace vulnerables y las expone a críticas subjetivas que nada tienen que ver con sus antecedentes profesionales. Mientras esto prevalezca, no se habrá logrado una verdadera igualdad de género. Juzgar a las mujeres profesionales de acuerdo a su imagen, vida privada e intimidad es una actitud sexista y machista que debe ser erradicada, no solo porque denota una actitud vetusta, sino porque es absolutamente inaceptable para un mundo que debe basarse en la libertad y la igualdad. Al juzgarlas de acuerdo a la pareja que tienen, por su relación con los hijos, por la vestimenta o por beber una copa en una reunión social, se está dando un mensaje negativo e improcedente, contrario a la construcción de una mejor convivencia. La sociedad en su conjunto no puede permitir que envidiosos, machistas y discriminadores ensucien la reputación de una emprendedora emitiendo valoraciones subjetivas, que solo intentan desacreditarla por el hecho de ser mujer.

Preservar la reputación

Aunque se intente demostrar que las opiniones negativas realizadas contra la reputación de un emprendedor son falsas y se aporten pruebas para desmentirlas, una vez que se expanden en la sociedad, el daño suele ser irreversible.

Un emprendedor debe hacer todo lo posible para no generar enemigos, motivar envidias, propiciar enconos personales o dar razones para que sus detractores intenten menoscabar su prestigio con dardos injuriosos. La reputación es algo muy importante como para dejar que la destruyan con falsedades o descalificaciones infundadas. Por esa razón, es fundamental que se cuide del ataque mal intencionado de grupos de interés, competidores o personas de su entorno que quieran perjudicarlo. Cualquier descalificación o *chisme* puede influir negativamente en la opinión pública, destruyendo una trayectoria de esfuerzo, dedicación y rectitud.

Tener una *mala reputación* es absolutamente perjudicial, por lo que la misma debe ser cuidada. El desprestigio pone límite a los sueños, no solo porque cancela las opciones de generar un negocio sino que produce serios daños emocionales que afectan el espíritu hacedor. Una vez que se esparce, difunde e instala en la opinión pública, es muy difícil revertir sus dañinas consecuencias sobre la empresa y el responsable de gestión. Es poco relevante que las descalificaciones sean falsas o infundadas. En un mundo donde prevalece la inmediatez y nadie profundiza sobre la veracidad de una información, toda crítica es tomada como cierta. Pocas personas corroboran la información que circula por los medios, en internet o en la calle. La mayoría de la gente cree lo que escucha o lee, sumándose automáticamente a la ola de rumores descalificatorios sin verificar su veracidad o reparar en el daño que generan. Esta realidad se ha acentuado en los últimos años en donde las *fake news* cada vez son más abundantes y sirve para destruir el prestigio de presidentes, artistas o empresarios.

Dada la fragilidad que tiene la reputación, como consecuencia de la agresividad, masividad y anonimato de las redes sociales, un emprendedor debe estar prevenido para que no lo dañen. No puede ignorar que su prestigio puede ser mancillado rápidamente si una crítica, falsedad o injuria se difunde masivamente por los medios de comunicación. Una vez que la sospecha se instala en la opinión pública, lo más probable es que la gente termine creyendo las descalificaciones. Es sabido que cada vez es más frecuente la predisposición de la gente a sumarse al *escrache* o las críticas descalificadoras, cuando se trata de ensuciar la reputación de personas con cierta notoriedad. Diariamente crece el número de usuarios de las redes que se hacen eco de las difamaciones para tener temas de conversación, descargar sus frustraciones, dar rienda suelta a su envidia o por el placer de destruir la imagen de los que logran objetivos exitosos. Son muchos a los que les gusta hacer *leña del árbol caído*, pisoteando la reputación de los que tienen alguna adversidad.

Conscientes de todo esto, muchos grupos de poder y corporaciones tienen como estrategia destruir el prestigio de los competidores para acabar con su futuro o sacarlos del mercado. Lo hacen por medio de trascendidos, rumores y falsas denuncias difundidas sistemáticamente por medio los *trolls*. Sin demasiados tapujos, difunden información y datos negativos a través de falsos usuarios pagos, porque saben que ese tipo de trascendidos negativos tienden a esparcirse con gran velocidad en las redes sociales. Una vez que los rumores se expanden y son aceptados como verdaderos, la reputación del empresario queda destruida sin muchas posibilidades de revertir el daño. Producido el desprestigio, el futuro se cancela porque se le cerrarán todas las puertas impidiéndole generar negocios, conseguir créditos, asociarse, expandir la empresa o ganar nuevos espacios en el mercado.

Aunque intente demostrar que las acusaciones son falsas y aporte pruebas para revertir las calumnias, es muy difícil modificar una creencia negativa cuando ha sido aceptada por la gente. Cada defensa que realice el empresario para recuperar la reputación perdida, será considerada como una mentira o artimaña para ocultar las verdaderas razones que lo desprestigiaron. Son muy pocos los que están dispuestos a aceptar que se equivocaron al juzgarlo o que están dispuestos a cambiar de su opinión ante las pruebas que demuestran la falsedad de las criticas.

Existen sobradas razones materiales y emocionales para que un emprendedor cuide su reputación, por eso no puede dejarla librada al azar. Debe estar atento a la valoración social y a los ataques que pudiera recibir. Debe estar alerta sobre cuál es la mirada de sus competidores, clientes, proveedores y consumidores que lo están juzgando en todo momento. Sin embargo, con quienes más debe estar más precavido es con aquellas personas que buscan descalificarlo por razones personales y que generalmente forman parte de su entorno más cercano. Estas son las más peligrosas porque quieren ensuciar su reputación por celos, envidia, encono personal o enemistad.

La principal herramienta que tiene para defender su prestigio y protegerse de los ataques descalificadores es su propia biografía. En la medida en que sus antecedentes sean probos, creativos, talentosos y honestos, mayor será su fortaleza para protegerse ante las injurias. Por lo tanto, aunque no le guste la figuración o se sienta más cómodo con un bajo perfil, es esencial que su trayectoria profesional trascienda para tener un escudo protector que lo proteja por si en el futuro lo cuestionan, maliciosamente, algunos competidores, empleados resentidos o enemigos anónimos de las redes sociales.

El anonimato cierra puertas

Si un emprendedor quiere lograr una reputación positiva que le abra las puertas para lograr objetivos relevantes, debe salir del anonimato, conectarse con el entorno y trascender.

Los emprendedores inician una actividad económica detrás de diferentes objetivos en función de sus sueños, ambiciones, necesidades o intereses materiales. Hay quienes buscan emprender motivados por la obtención de un ingreso, mientras que otros lo hacen por el deseo de lograr fama y prestigio. Algunos también emprenden porque no les gusta trabajar en relación de dependencia, mientras que hay otros que buscan implementar una idea que les parece revolucionaria. Muchas y variadas suelen ser las razones por las que una persona decide a emprender por cuenta propia. Sin embargo, más allá de los objetivos que la movilicen, no hay duda de que sus proyectos podrán ser alcanzados más rápidamente en la medida en que trascienda su gestión y no pase desapercibido para la sociedad de la que forma parte.

Un emprendedor no puede aislarse sino que debe vincularse con su entorno para ampliar sus relaciones y trascender. Esos contactos le permitirán potenciar sus proyectos y ayudarán a lograr metas más ambiciosas. Toda vinculación es una puerta que puede conducirlo a destinos beneficiosos. Toda nueva relación es como plantar una semilla que seguramente dará frutos en el futuro. Por lo tanto, debe invertir parte de su tiempo en conocer la mayor cantidad de gente y lograr que sus acciones se conozcan para aumentar su prestigio.

Tener una gran cantidad de contactos y relaciones comerciales es esencial porque abre puertas que el aislacionismo cierra. Nadie admira o realiza negocios con emprendedores desconocidos o que se encuentran sumergidos en un cono de sombra. Para obtener créditos bancarios, conseguir financiamiento, asociarse con grandes empresas, vender los productos, tener capacidad de negociación o lograr que sus opiniones sean escuchadas, es muy importante que la gestión empresarial sea conocida y trascienda positivamente entre la mayor cantidad de gente. Por lo tanto, es fundamental que un empresario salga del anonimato, se vincule con su entorno y exponga públicamente sus acciones para que la gente las valore. Desde el ostracismo son pocas las cosas que pueden lograrse.

No trascender profesionalmente ni vincularse con el entorno, si bien puede tener ventajas en lo personal para preservar la privacidad, es muy negativo desde la perspectiva empresarial y de los negocios. El anonimato impide *salir a la superficie* para que la gestión sea valorizada, reconocida y tenida en cuenta.

Un emprendedor tiene que proponerse que el mayor número de consumidores, proveedores, instituciones o bancos conozcan su trayectoria y actividades comerciales. Si bien tiene todo el derecho de poner límites a esa trascendencia cuando invade su vida personal, no es apropiado sumergirse en el anonimato porque al hacerlo está cercenando el crecimiento y existencia del emprendimiento. Solo los empresarios que tienen relaciones apropiadas, generan redes de comunicación y trascienden socialmente pueden ser objeto de valoración y lograr la atención del mercado de consumo o de inversiones.

Sin embargo, aunque en general son pocos los dudan sobre las ventajas que significa tener una amplia red de relaciones para mejorar un negocio, este objetivo no es fácil de conseguir. El tiempo de un empresario es limitado y no abundan las oportunidades para conocer gente que pueda ser útil para los objetivos de la empresa. Por esa razón, es necesario que un emprendedor aproveche el tiempo y las oportunidades que se le presentan para seleccionar las relaciones que mejor ayuden a apalancar su gestión. Está claro que el mundo de los negocios no es lo mismo vincularse con gente poderosa que con insolventes o embaucadores. No es lo mismo relacionarse con personas de elevadas condiciones morales que con gente tóxica o envidiosa. Por lo tanto, si bien el objetivo ideal sería tener un *millón de amigos* y disponer de todo el tiempo del mundo es importante aplicar ciertos parámetros para seleccionar los vínculos, a fin de priorizar aquellos que son beneficiosos para los objetivos perseguidos.

Finalmente, es importante señalar que la mayoría de las veces no basta el deseo o la voluntad de salir del anonimato para ser reconocido socialmente. Normalmente esa trascendencia requiere que el emprendedor genere hechos que *llamen la atención.* Si no existen políticas de promoción destinadas a llamar la atención de determinado sector del mercado, es muy difícil trascender y que grupos afines quieran vincularse para realizar negocios. Es cierto que existen empresarios o productos que por factores fortuitos, o el azar han trascendido sin acciones de promoción. Sin embargo, en la actualidad, dado el elevado nivel de competitividad y la abundancia de ofertas que se presentan en el mercado, trascender requiere mucho más que un *golpe de suerte*.

Ampliar la red de relaciones, trascender y salir del anonimato requiere que un emprendedor implemente planes promocionales, se vincule con grupos afines, organice *acciones de marketing*, tenga buenos equipos de venta, genere productos de calidad, difunda públicamente sus actividades, realice acciones sociales y tenga una buena presencia en las redes sociales.

La efectividad de una *acción promocional* para trascender depende de decenas de factores concurrentes. Pero hay algo que no puede estar ausente: creatividad y honestidad. Ser innovador, creativo, original e ir contra la corriente es una forma contundente para de *llamar la atención* del mercado. Es cierto que a veces la osadía de ser revolucionario puede generar riesgos, críticas y rechazo. Pero, si la osadía genera una respuesta positiva de la gente, el éxito suele ser descomunal y la trascendencia de la empresa se expande por toda la sociedad.

Un empresario no puede emprender cualquier campaña promocional con el propósito de salir del anonimato. No puede actuar en base a mentiras o falsedades con tal de trascender, vender un producto o para aumentar sus relaciones. Si se miente y falsea la realidad, no pasará mucho tiempo para que surja la verdad que destruirá su imagen. La búsqueda de trascendencia, en este caso, solo habrá servido para lograr un desprestigio que acabará con sus relaciones y sus negocios.

No distanciarse emocionalmente

Algunos empresarios se aíslan de su entorno porque no están preparados para resistir los ataques emocionales, las traiciones y las presiones de los distintos actores que bregan para defender sus intereses.

Por la posición que ocupa en la estructura de la empresa, un emprendedor tiene la responsabilidad de organizar, liderar, competir, lidiar y acordar con decenas de factores que lo presionan para imponer sus intereses o para lograr que acepten sus peticiones. Como responsable de gestión debe pugnar constantemente con grupos tan dispares como sindicatos, inversionistas, empleados, bancos, proveedores, clientes, ONG, competidores, funcionarios judiciales, inspectores impositivos, monopolios, contadores, abogados, organismos gubernamentales y con los integrantes del mercado informal.

Ante ese amplio y heterogéneo entramado de intereses, no todos los emprendedores están preparados profesional y anímicamente para sobrellevar ese estresante escenario. Algunos colapsan superados por el estrés y otros abandonan sus deseos de emprender, optando por la tranquilidad que les ofrece un empleo en relación de dependencia. Es evidente que gestionar en un mundo plagado de intereses sectoriales, luchas de poder y ambiciones económicas genera mucho estrés, incertidumbre, inestabilidad, enconos, afecciones físicas y denostaciones sociales que no siempre se pueden aguantar. También es cierto que la mayoría de las veces esas tensiones dejan secuelas físicas y mentales que no se pueden superar. Por más resistente y equilibrado que sea un empresario, tener que enfrentar presiones o tomar decisiones que afectan a personas con las que con han construido vínculos le generan daños emocionales. Nadie es absolutamente invulnerable ni puede ser indiferente ante las traiciones, las envidias, las zancadillas, las presiones, la intolerancia o los *daños al corazón* que resultan de enfrentarse con personas con las cuales existían vínculos de confianza, afecto, amistad o proyectos en común.

Algunos empresarios, con el propósito de salir indemnes de esos conflictos y presiones tratan de distanciarse del entorno para evitar todo tipo de relación personal o afectiva. Consideran que ese distanciamiento afectivo les permitirá no quedar herido.

Posiblemente, seguir el camino del distanciamiento afectivo evite algunos daños emocionales, baje un poco el estrés y permita que los problemas se resuelvan sin desgarros. Sin embargo, esa construcción de una *barrera emocional* con los colaboradores tiene algunas contraindicaciones o daños colaterales. Ese método distante de gestión atenta contra la integración, la participación, el liderazgo pleno, la eficiencia, el rendimiento, el respeto y el esfuerzo mancomunado de los integrantes de la empresa.

El distanciamiento emocional con los empleados impide que se desarrollen aspectos valiosos de la comunicación y de las relaciones de convivencia que se generan cuando los sentimientos y afectos pueden expresarse. Todo el vínculo laboral queda enmarcado dentro de una relación distante, desconfiada y excesivamente formal. El resultado de esa fría y tensa relación laboral impide una participación plena y el compromiso franco de los integrantes de la empresa.

El distanciamiento emocional del empresario con su entorno también es negativo en las relaciones que se pueden dar con los clientes, proveedores o funcionarios públicos. La falta de comunicación y trato cordial habrá de generar desconfianza y encono, con lo cual impulsará la mala predisposición para negociar, incrementará los conflictos, promoverá relaciones violentas y producirá un quite de colaboración en momentos de crisis.

Un emprendedor no puede distanciarse ni dejar de involucrarse afectivamente con su entorno.. No puede desentenderse emocionalmente de sus colaboradores, clientes o proveedores para evitar que sus sentimientos puedan ser dañados o afectados. Su obligación es relacionarse con su entorno a partir de los afectos porque sus empleados son personas con sentimientos, afectos y problemas que necesitan una contención emocional del responsable de la gestión. Por lo tanto, debe aprender a convivir con las presiones y desencantos que existen en toda actividad comercial. Los comportamientos negativos, los desengaños y conflictos forman parte de la toda gestión por lo que hay que saber manejarlos y superarlos, sin que esto, implique asumir una actitud fría, indiferente, distante o excluyente de sentimientos y afectos que forman parte necesaria de una convivencia humana.

Cabe aclarar que tener una actitud afectiva hacia los integrantes de la empresa no implica que el empresario genere una relación con los empleados como si fueran parte de la familia o de un grupo de amigos íntimos. El responsable de gestión debe preservar su autoridad y los empleados deben entender que forman parte de una organización en la cual tienen obligaciones que cumplir. No se pueden poner los afectos y sentimientos por encima de las obligaciones y las formalidades que hacen al mejor funcionamiento de la empresa. Tener una relación cordial, consensuada y respetuosa, dentro de un marco de afecto, no significa que no se puedan establecer objetivos y exigir su cumplimiento. Al respecto, cabe apuntar que es responsabilidad de un empresario encontrar el punto de equilibrio más apropiado para lograr una gestión eficiente, en donde los empleados se sientan escuchados, comprendidos, queridos y respetados, sin que esto implique faltar a sus obligaciones y responsabilidades.

Las apariencias condicionan y marginan

La cultura *fashion* **influye para que la sociedad tenga una mirada crítica y descalificadora con aquellas personas que no siguen las pautas de la moda, especialmente si son mujeres.**

A pesar de los cambios ideológicos y sociales no se puede desconocer que la cultura *fashion* sigue existiendo e influyendo para juzgar a las personas de acuerdo a su imagen. La gran mayoría de la gente suele calificar a los hombres y las mujeres por su presencia estética, vestimenta y accesorios materiales. Existe una poderosa industria global y muchos medios de comunicación que constantemente presionan para que las personas sigan ciertas pautas estéticas y de moda a fin de ser aceptadas por los grupos de pertenencia. Esta *cultura fashion* ha calado hondo en toda la sociedad haciendo que parte del prestigio de un emprendedor se sustente en la percepción que el entorno tiene sobre su apariencia estética o vestimenta.

La conductora televisiva Mirtha Legrand acuñó la consigna: *como te ven te tratan y si te ven mal te maltratan.* Esta expresión hace referencia a que si una persona, sea hombre o mujer, no tiene una buena imagen no le irá bien en vida o por lo menos le será más difícil ser aceptada socialmente. Posiblemente la expresión de Legrand responda a gente de otra generación y genere estupor para quienes consideran que la imagen de una persona no debe hacer mella a su capacidad o personalidad. Sin embargo, desde el punto de vista de la *cultura fashion* imperante, mucha gente a la hora de emitir un juicio valorativo se guía por enunciado popularizado por la conductora Mirtha Legrand.

Aunque despierte reacciones, protestas o indignación entre los afectados, no se puede desconocer que la apariencia estética *continúa gravitando* en gran parte de los círculos económicos. La mirada que tiene el entorno, en especial entre los adultos, sobre la imagen constituye un ingrediente importante para la construcción de su reputación e integración a ciertos ámbitos comerciales. Una apariencia desagradable o conductas no sujetas a ciertas pautas culturales suelen generar comentarios negativos, burlas, denostaciones y críticas que tienden a desprestigiar a un empresario mas allá de sus logros profesionales. A la inversa, una imagen aceptada socialmente es una carta de presentación que abre puertas, genera sonrisas complacientes, facilita la realización de negocios y tapa sus falencias profesionales.

En su derrotero profesional, las mujeres emprendedoras han aprendido (aunque les cause fastidio) que parte de la construcción de su prestigio o su participación en negocios muchas veces depende de sus apariencias y de estar a la moda. Por experiencia propia, saben que si tienen una imagen agradable y socialmente aprobada por el círculo que frecuentan tendrán mayores posibilidades de concretar un emprendimiento o negocio comercial. En cambio, si tienen una imagen desagradable o desalineada no solo les cerrarán puertas sino que es factible que las desacrediten a sus espaldas una vez que se retiren de la reunión.

La sobrevaloración de lo estético, sobre otros aspectos mucho más relevantes, estimula a que la gente dedique su atención a temas superficiales que no hacen a la calidad humana y profesional de un emprendedor. Cada vez es más frecuente que las relaciones sociales, los negocios o las asociaciones comerciales estén fuertemente condicionados por las apariencias. Las percepciones sensoriales sobre la estética, el físico, el cuidado de los dientes, el corte de pelo, la moda, el auto o los protocolos sociales están desplazando cada vez más a las valoraciones objetivas sobre la idoneidad o conocimientos. La *percepción visual* se ha convertido, aunque cause malestar, en un filtro o catalizador para aceptar o rechazar a un emprendedor que quiera hacer negocios.

No cabe duda de que en la *cultura fashion,* que domina en gran parte de la sociedad, la apariencia estética es relevante a la hora de intentar una actividad comercial. Las mujeres, incluidas las más renuentes a prestarle atención a la moda, han aprendido por experiencia propia que una imagen positiva o una sonrisa en el momento apropiado vale más que mil palabras. Podrán quejarse de esos modelos superficiales por considerarlos retrógrados, machistas, sexistas y llenos de prejuicios, pero también saben que ese modelo cultural sigue gravitando en todos los círculos económicos. Saben que una apariencia estética positiva abre puertas y mejora el prestigio personal, mientras que una imagen negativa genera rechazo.

Se podrá pensar y sostener con vehemencia que juzgar a una mujer de negocios por su imagen o apariencia es una aberración que no se condice con las pautas sociales que quieren establecer las nuevas generaciones. Sin embargo, actualmente sigue siendo una realidad que no se puede negar y que toda mujer emprendedora no puede pasar por alto. Aunque le resulte indignante, la imagen estética sigue siendo un factor de valoración en la mayoría de los ámbitos económicos, sea para solicitar un crédito, cerrar un acuerdo comercial o presentar un nuevo producto.

Es cierto que los emprendedores, sean hombres o mujeres, tienen la posibilidad de ignorar la percepción que los demás pueden tener sobre ellos a partir de su apariencia estética o su adaptación a los patrones de moda. Están en su pleno derecho de hacer caso omiso a los mandatos de la *cultura fashion* y hacer lo que quieran. Cada emprendedor o emprendedora es libre para mostrarse ante los demás como se sienta a gusto. Tienen la facultad de *plantarse* y rechazar la superficialidad de ser valorado por su estética ignorando las miradas críticas en cuanto a su apariencia. Todo hombre o mujer tiene la libertad de despojarse de los mandatos que impone la tiranía de la moda. Sin embargo, ignorar o rechazar las presiones de la *cultura fashion* no quiere decir que esas presiones no existan y que, en muchos casos, no sean la razón de la marginación o rechazo. Cambiar esta mirada superficial es una tarea pendiente de la sociedad. Llevar adelante los cambios culturales que conduzcan a que a las personas se las juzgue por sus capacidades, talentos y condición humana no será fácil, como tampoco lo será abandonar la superficialidad de calificar positiva o negativamente a un hombre o mujer por su sonrisa, su físico, vestimenta o su auto.

Los empresarios tienen mala imagen

Los emprendedores son estimulados para que concreten sus sueños y proyectos pero, cuando lo logran, son denostados por la sociedad. Al convertirse en empresarios son criticados, por considerar que sus conductas son contrarias al bien común.

La historia muestra que desde la cuna de la civilización hasta nuestros días, los empresarios o encargados de los procesos de producción siempre fueron descalificados y criticados. Su imagen y consideración social siempre ha sido negativa porque se los asocia a los ricos, poderosos, corruptos y explotadores.

A partir de la Revolución Industrial, en donde las empresas se desarrollaron y expandieron por todos los sectores de la economía, el cuestionamiento a los empresarios fue generalizado. Fue justamente en esa etapa cuando los movimientos políticos emergentes canalizaron sus críticas hacia los dueños de las empresas, porque los consideraban responsables de la miseria existente y de enriquecerse a costa de la explotación de los trabajadores. Esa visión ideológica, al ser coincidente con la opinión popular, se expandió rápidamente. No pasó mucho tiempo para las mayorías sociales se convencieran de que los empresarios eran sus enemigos porque, en su afán de hacer dinero, no respetaban los derechos de los asalariados, explotaban a los niños, pagaban sueldos miserables, abusaban del poder, eran autoritarios, volteaban gobiernos y actuaban sin escrúpulos para disfrutar de una *vida de príncipes.*

A comienzos del siglo XX la percepción negativa hacia los empresarios era ampliamente cuestionada por la mayoría de los movimientos sociales y sindicales que se esparcían por el mundo. En esa instancia de nuestra historia no solo se los descalificaba por sus atropellos hacia los trabajadores, sino que directamente se proponía que fueran erradicados por considerar que atentaban contra el bienestar social. A partir de esta mirada negativa surgieron ideologías políticas más radicalizadas que proponían acabar con las empresas privadas para que los trabajadores se hicieran cargo de la producción y el Estado se encargara de organizar la economía desplazando a los empresarios capitalistas.

Después del largo tiempo transcurrido desde la Revolución Industrial, no se puede sostener que la condena social hacia los empresarios no tenga fundamentos y que solo es consecuencia de una construcción ideológica. Los hechos aberrantes, desigualdades, abusos y explotación cometidos en nuestra historia por buena parte de los dueños de empresas son una realidad que no se puede negar ni ocultar. No cabe duda de que un elevado porcentaje de empresarios en nuestra historia se aprovecharon del poder que tenían dentro de la sociedad para engrosar sus bolsillos y aprovecharse de los trabajador. Es cierto que esos comportamientos crueles y atroces ya no existen y que los aberrantes métodos de producción fueron progresivamente cambiando en la última centuria en la mayoría de los países más desarrollados. Sin embargo, no obstante esos cambios impulsados por luchas sindicales y demandas sociales, la opinión de la gente hacia los empresarios no se ha modificado. A pesar de que la mayoría de las empresas respetan los derechos de los trabajadores, acuerdan los salarios en paridad de condiciones, son más equitativas en la distribución de la riqueza, asumen su responsabilidad social empresaria y se someten a las leyes del Estado, la sociedad sigue sosteniendo que los empresarios atentan contra el bien común y se enriquecen a costa de los que trabajan.

En gran parte de los países del mundo existe un alto porcentaje de gente que considera que los empresarios son *sanguijuelas* que se hacen ricos y poderosos a partir de que succionan los ingresos que corresponden a los asalariados. Los empresarios son descriptos como personajes inescrupulosos que viven en la abundancia a partir de que explotan a la gente, dominan la economía social, se apropian de los recursos naturales, mantienen bolsones de pobreza, propician los mercados informales, evaden impuestos y corrompen a los gobiernos para lograr beneficios.

Si bien en algunos países desarrollados esta visión ha cambiado en la medida que se limitaron sus privilegios, se dictaron leyes regulatorias, se cambiaron las relaciones de poder, se conquistaron derechos laborales, se encarcelaron a corruptos y se logró una mayor equidad en la distribución de riqueza, la opinión negativa no ha desaparecido plenamente.

Es cierto que todavía existen responsables de empresa que hacen cualquier tropelía con tal de obtener un beneficio, sin importar los daños que ocasionen. Tampoco se puede negar que son muchos los que se enriquecen a costa de la explotación de los asalariados, el control monopólico de medios de producción y la manipulación del mercado. En definitiva, no se puede negar que los *malos empresarios* existen y todo lo que se dice sobre ellos, en muchos casos, es absolutamente cierto.

Sin embargo, la realidad en el último siglo revela que han sido erradicada muchas injusticias y abusos existentes en las empresas. Actualmente ser empresario no es sinónimo de explotador, abusador o rico. Existe una numerosa la cantidad de emprendedores que logran formar empresas y no se hacen millonarios, ni explotadores ni destruyen el medioambiente. La mayoría de los jóvenes que emprenden todos los días trabajan codo a codo con sus empleados y gran parte, al cabo de un tiempo, en sus balances contables tienen más fracasos que éxitos. En Argentina el 83% de los emprendedores que inician una actividad empresarial cierran las puertas de su emprendimiento antes del segundo año y terminan quebrados, con los bolsillos llenos de deudas.

Los datos de la economía en gran parte de los países industrializados son más que elocuentes. La reducción de abusos a los derechos de los trabajadores se ha reducido de manera exponencial. Por otra parte, la mayor parte de los empresarios no son ricos ni exitosos. Tampoco explotadores ni corruptos. La gran mayoría de los empresarios son responsables de *Pymes* y sus ingresos no tienen la dimensión de lo que la gente puede creer. Si bien de manera frecuente se conocen historias de corruptos o explotadores, la realidad muestra que en los tiempos actuales por cada uno de esos malos empresarios existen miles que actúan con honestidad, trabajan duro, invierten sus ahorros, producen con eficiencia, dan empleo, son innovadores, distribuyen equitativamente los ingresos, respetan los derechos laborales y se ajustan a las normativas legales sin llegar a ser ricos ni poderosos.

Las sociedades avanzadas, después de muchos pesares, han podido comprobar que es posible compatibilizar los elevados niveles de productividad que generan las estructuras empresariales con el respeto a los derechos a los trabajadores y la justa distribución de los ingresos. Esta evolución y reconversión de las empresas ha determinado que en esos países las organizaciones empresariales se conviertan en una herramienta esencial para el desarrollo, la mayor generación de riqueza y mejor distribución de los ingresos. A partir de estrictos marcos jurídicos regulatorios, las empresas y sus responsables se han convertido en los principales promotores y generadores de empleos.

El reconocimiento de la *actividad empresarial* como factor de crecimiento y bienestar económico es un hecho que se expande por todo el mundo desarrollado. Valoración que no implica que las empresas no tengan límites o pueda hacer lo que quieran como sucedió en el pasado. Por el contrario, junto a ese reconocimiento a su aporte al progreso económico existe una supervisión pública destinada a eliminar a los empresarios que atentan contra el bien común o se enriquecen a costa del trabajo ajeno. En las sociedades más desarrolladas, la expansión de las empresas va acompañada de un estricto control público para que no abusen del poder, no contaminen el ambiente, no evaden impuestos y respeten los derechos de los trabajadores.

Es evidente que dentro de ese proceso evolutivo del ordenamiento jurídico y de la reconversión de las empresas, los emprendedores económicos se han convertido en instrumentos esenciales para construir una sociedad moderna, dinámica, creativa y con mayor cantidad de riqueza. Por lo tanto, seguir descalificando a los empresarios y las empresas en función lo sucedido en el pasado o por estar atado a dogmas arcaicos es una actitud errónea que frena el progreso. Mantener esa postura descalificadora a *priori* se convierte en una barrera para los jóvenes que quieran emprender una actividad económica por cuenta propia. Repudiar emocional e ideológicamente a los empresarios determina que muchos jóvenes no quieran emprender una actividad económica, porque no están dispuestos a ser estigmatizados como malas personas que se enriquecen a costa de los demás.

Es una profunda contradicción estimular a los jóvenes a que sigan sus sueños emprendedores y sean creativos al mismo tiempo que se los descalifica y agrede cuando lo consiguen. La sociedad no debe cancelar su futuro de crecimiento económico y bienestar descalificando a los jóvenes que se atreven a emprender por prejuicios o creencias alimentadas en hechos del pasado. No se puede cancelar el valor que tienen los emprendedores como impulsores de creatividad y de procesos altamente productivos por estar aferrados a prejuicios culturales o ideologías obsoletas.

Es necesario cambiar el dogma y prejuicios dominantes que estigmatizan a los empresarios, impidiendo que las nuevas generaciones emprendan actividades y generen las ideas que ayudan a progresar. Es esencial que la sociedad reconozca la importancia relevante que tiene una *organización empresarial y los emprendedores creativos* para lograr un mayor desarrollo y mejorar la vida de la gente. Esto no implica que los empresarios puedan hacer lo que quieren sin ningún tipo de limitaciones. Un orden económico sustentable, justo y competitivo requiere que éstos cumplan con la ley, respeten los derechos laborales, distribuyan la riqueza de manera equitativa, no abusen del poder, no sean monopólicos y colaboren para lograr una mejor calidad de vida de toda la sociedad.

Paso 8

Construir un equipo

Generar confianza

La confianza construye afectos, genera entusiasmo, estimula el compromiso y repercute favorablemente en la productividad de la empresa, permitiendo que el empresario y su entorno trabajen mancomunadamente.

Un emprendedor que no genera confianza tendrá dificultades para lograr que sus colaboradores, clientes o proveedores se comprometan con su gestión o le brinden toda su colaboración. Si no logra que el entorno crea en su honestidad, su eficacia para gestionar o en la validez de su palabra, tendrá pocas posibilidades de que adhieran a sus proyectos, se entusiasmen con sus propuestas y se comprometan más allá de sus obligaciones contractuales.

La desconfianza hacia el responsable de la gestión afecta las relaciones humanas, genera distanciamiento con sus empleados e impide que se desarrollen vínculos sinceros porque sobrevuela la incertidumbre, la inseguridad y la suspicacia con respecto a su conducta.

Un emprendedor debe ganarse la confianza de su entorno con gestos que no despierten dudas sobre su transparencia, sinceridad, veracidad y honestidad. Debe saber que la confianza no se da espontáneamente sino que es necesario construirla con actitudes y comportamientos positivos. Para ganarse el afecto y confianza de sus colaboradores debe evitar los engaños, manipulaciones y dobles discursos. Debe comprender que los empleados que lo acompañan en la gestión no son *cosas ni partes* de un engranaje de producción a los que todo les da igual mientras cobren un salario. Al contrario, son personas con sentimientos, emociones y sueños que necesitan que se los considere, escuche y aliente. Por tal motivo, un empresario tiene la obligación de acercarse a su equipo, interesarse por ellos y demostrar que los considera como personas. Al tener ese acercamiento, debe hacerlo de manera honesta con lo cual posibilitará que los vínculos sean sólidos y la desconfianza desaparezca.

La confianza es un *capital intangible* de gran valor para construir relaciones firmes y comprometidas con las personas con las que se interactúa en un emprendimiento. La confianza multiplica los resultados positivos de una gestión porque logra que los equipos de trabajo no sean reticentes a participar, colaborar y cohesionarse con el empresario para alcanzar objetivos en común. Es un *capital* que debe ser cuidado porque es muy difícil de conseguir. Es un *capital* que, por otra parte, es fácil de perder porque un empresario siempre está en el *ojo de la tormenta,* por lo que sus conductas están permanentemente siendo observadas y evaluadas críticamente por su entorno.

Hay que tener presente que ninguna persona o grupo donde estén en juego intereses materiales regala su apoyo, brinda afectos o adhiere incondicionalmente al gestor de la empresa como lo haría con un amigo. La confianza, en el ámbito económico o laboral, suele ser muy endeble y frágil.

Construir una imagen y gestión que genere confianza no es sencillo, porque existen muchos prejuicios negativos sobre los comportamientos empresariales. La gente, por lo general, tiene una mirada negativa hacia los empresarios por asociarlos con la mentira, la explotación o el abuso. Por lo tanto, la única manera de revertir esa carga negativa es con gestos claros, constantes y transparentes que demuestren que actúan con honestidad.

Para que una gestión sea confiable es fundamental que los colaboradores perciban que existe una correlación directa entre lo que el responsable de la gestión *promete y cumple*. El doble discurso, la mentira, la hipocresía, la falsedad, la manipulación o el engaño no permiten construir relaciones sinceras y construir confianza. Si la palabra es mentirosa o se utiliza para prometer beneficios que nunca se otorgarán, la confianza jamás podrá existir. Solo se consolida cuando las palabras se traducen en hechos palpables.

Es cierto que en la vida en general, y en las actividades económicas en particular, las promesas no siempre se pueden cumplir, a pesar de las buenas intenciones. Es posible que las promesas del empresario hayan sido sinceras al momento de formularse pero por diferentes razones no puedan ser sostenidas en el futuro. Nadie está exento de enfrentar imprevistos, contingencias o cometer errores que impidan cumplir con la palabra empeñada. Ante estas circunstancias, el empresario debe demostrar que no fue su intención engañar u ocultar información. Debe actuar de forma honesta si quiere conservar la confianza de su entorno. Si no pudo cumplir con lo prometido, debe *poner la cara* para reconocer el error o anunciar la contingencia antes de que los colaboradores se sientan defraudados porque no se dieron los hechos como fueron prometidos. Reconocido el error o imposibilidad de cumplir con lo anunciado, es necesario *pedir disculpas* y explicar claramente por qué no se pudo cumplir. Finalmente, en caso de que los incumplimientos hayan sido consecuencia de erróneas decisiones de su gestión, es necesario que el empresario se responsabilice por los daños causados a la gente. Solo haciéndose cargo de los daños ocasionados y pidiendo disculpas se podrá mantener la confianza de aquellos que la rodean.

Un emprendedor no tiene otro camino que actuar y demostrar que es un líder justo, eficiente, honesto y sincero si quiere ser confiable. Debe demostrar que le interesa lo que les sucede a sus colaboradores y está dispuesto a ser transparente en toda ocasión. Si actúa de esa manera, podrá generar una relación confiable con ellos, logrando respeto, admiración, afecto y credibilidad.

La confianza no solo exige honestidad, transparencia y cumplir con la palabra. También se construye, consolida y fortalece cuando se demuestra tener talento, *creatividad e idoneidad* para llevar adelante los proyectos. Las habilidades, conocimientos, inventiva, pasión y capacidad de gestión son muy importantes para generar confianza en el responsable de una gestión. Saber que el empresario tiene habilidades para sortear obstáculos o poner a la empresa en la vanguardia, genera mucha tranquilidad entre sus empleados porque sienten que pueden estar seguros de que mantendrán sus empleos, sus ingresos y capacidad de progresar.

Trabajar en equipo

Nadie que pretenda construir una empresa o lograr un objetivo económico, por más pequeño que fuere, lo puede hacer en soledad. Un emprendedor necesita trabajar con colaboradores y contar con una tecnología apropiada para multiplicar la creatividad, la eficiencia operativa y los beneficios económicos.

Los emprendedores que quieren llevar adelante una actividad económica sin ayuda, tendrán un rendimiento absolutamente limitado porque no han comprendido que *no se puede estar en todo y querer hacer todo* si pretenden alcanzar elevados niveles de productividad. El trabajo colectivo y el esfuerzo mancomunado, apoyado son las tecnologías de punta, generan notables beneficios con respecto a todo intento de emprender en soledad.

Trabajar sin un equipo de colaboradores es tan negativo como, en el caso de tener empleados, impedir que opinen y participen en las decisiones empresariales. Gestionar de manera centralizada sin dejar participar a los empleados para consensuar decisiones o escuchar opiniones diferentes impide la especialización, la diversificación y el aumento de la productividad.

Ningún empresario puede hacer muchas cosas por sí solo. Más bien, su capacidad es absolutamente limitada. Ningún empresario puede levantar por sí solo un rascacielos, construir un avión o combatir una epidemia.

Es evidente que si no se delegan responsabilidades, no se dispondrá de tiempo suficiente para pensar, crear, supervisar o liderar nuevos proyectos. La misma limitación ocurrirá con la posibilidad de innovar, dado que las ocurrencias creativas dependerán de su exclusivo talento. No hay duda de que gestionar en soledad o de manera centralizada, descartando el aporte que puedan brindar los empleados, conduce a la ineficiencia productiva y al agotamiento físico-mental del empresario.

Un emprendimiento tendrá un futuro más venturoso, si en vez de tener una sola cabeza pensante y solo dos brazos ejecutores, cuenta con muchas mentes creativas y brazos de colaboradores trabajando mancomunadamente.

Un emprendedor debe comprender que tener un equipo de colaboradores, empleados y asesores idóneos le permitirá lograr grandes metas. No debe pecar de soberbia ni ser engreído considerando que sus empleados no son capaces de hacer las cosas por sí solos. Tener ese pensamiento arcaico no es sólo falso sino que impide alcanzar grandes objetivos. Como lo señalara un experimentado empresario; "no hay que olvidar que un emprendimiento alcanza las metas que sus empleados estén dispuestos a alcanzar". Por esta razón, un emprendedor desde el momento mismo en que tuvo una idea y decidió emprender una actividad, debe abocarse a forjar un equipo de trabajo idóneo y responsable que lo ayude a concretar sus sueños, aumentar las ideas y potenciar la productividad.

Un emprendedor debe entender que el punto de apoyo para apalancar el crecimiento de su emprendimiento está conformado por tres factores esenciales: trabajar en equipo, organizar las actividades y aplicar tecnología que permita potenciar el trabajo humano.

Trabajar en equipo implica delegar responsabilidades entre los integrantes de la empresa, promover la especialización, consensuar planes, estimular la participación, distribuir la carga laboral, promover la creatividad, distribuir equitativamente los ingresos y comprender que los empleados son un importante activo para el crecimiento.

El trabajo en equipo permite emprender actividades de alta complejidad con mayores niveles de eficiencia. La coparticipación y la especialización favorecen la innovación y el aporte de ideas creativas que difícilmente pueda generar un empresario por sí solo. Investigaciones recientes han demostrado que un empleado se potencia cuando forma parte de un equipo que lo apoya, contiene y estimula. Ese vínculo le genera confianza, seguridad y afectos sumamente valiosos que lo motivan a tener un mayor compromiso con su trabajo y lo estimulan a superarse profesionalmente. Esos estudios también pusieron en evidencia que cuando un empleado trabaja de manera aislada, su rendimiento es inferior. Según los investigadores, esta situación se puede visualizar con gran claridad en los deportes en donde los jugadores más habilidosos rinden de manera totalmente diferente según los compañeros lo acompañen o lo dejen aislado.

Trabajar en equipo también favorece al fortalecimiento de los vínculos afectivos entre el empresario y sus colaboradores, disminuyendo los conflictos y logrando que todos se entusiasmen detrás de un mismo objetivo. Es evidente que formar parte de un grupo interconectado, que se respeta y es respetado por los directivos de la empresa, potencia tanto el rendimiento individual como el colectivo. Esto es así, porque trabajar en equipo permite intercambiar información, prever errores, tomar experiencias ajenas y ayudarse cuando se presentan adversidades.

El segundo factor relevante para apalancar el crecimiento de un emprendimiento es la existencia de una *organización* que permita interrelacionar ordenada y eficazmente todos los factores que intervienen en la producción. Sin ella y una clara distribución de funciones entre los empleados, para que cada uno sepa cuáles son sus responsabilidades y objetivos, es muy difícil lograr resultados positivos. No es posible que un emprendimiento funcione adecuadamente, logre sus objetivos y produzca de manera eficiente sin una estructura y organización que contenga, ordene y estimule a sus empleados.

El último factor importante a tener en cuenta para apalancar el crecimiento de una empresa es la *tecnología* puesta al servicio de la producción y la mejor calidad laboral de los empleados. En la actualidad, todo proyecto económico requiere de una tecnología apropiada y eficiente que le permite robotizar su proceso productivo, disminuir la carga laboral de los trabajadores, reducir los márgenes de error, potenciar las alternativas operativas e, incluso, aumentar las opciones creativas gracias a las posibilidades que ofrece la Inteligencia Artificial (IA). No es concebible, en el actual universo digital, la expansión y crecimiento de una empresa sin soporte tecnológico en todas las áreas de trabajo.

Finalmente, se debe señalar que un equipo logrará consustanciarse con los objetivos de la empresa y apalancar mejor sus resultados en la medida en que se den dos factores: *confianza y trabajo responsable.* Es muy relevante que un emprendedor busque que sus colaboradores tengan confianza en ellos mismos, ya que eso permitirá fortalecer su autoestima y mejorar su rendimiento profesional.

Para generar confianza entre los integrantes de la empresa, su responsable debe dar el primer paso otorgando un *crédito de confiabilidad* a sus empleados. Tiene que permitirles que se equivoquen, aprendan y puedan aumentar sus conocimientos. Debe dejarlos crecer y desarrollar sus capacidades sin temor a reprimendas. Para tal fin, debe darles progresivamente autonomía para que puedan sentirse seguros y confiado de que pueden alcanzar los objetivos que se les proponen. En el caso de dudas o incertidumbres, debe ayudarlos, supervisarlos y estimularlos a superar sus problemas.

Estimular a los empleados para que actúen con cierto margen de libertad e independencia no significa que no tengan responsabilidades y obligaciones que cumplir. Un empresario, así como debe estimular la confianza, también debe inculcar el *sentido de la responsabilidad* entre sus colaboradores. Para tal fin, tiene que ser exigente en el cumplimiento de los objetivos de la empresa. No puede eludir conflictos o problemas que afectan a la organización del emprendimiento para evitar las críticas de los empleados por sus exigencias. Un emprendedor debe generar una relación honesta, sincera y transparente con sus empleados, a fin de no solo escuchar sus opiniones y consensuar las decisiones, sino para guiarlos, supervisarlos y exigirles que cumplan con sus responsabilidades.

Elegir colaboradores idóneos

Las personas no son iguales ni tienen las mismas personalidades, capacidades y aspiraciones, por lo que es importante seleccionar a los colaboradores que se integren mejor a las necesidades del emprendimiento.

Para generar un ambiente de convivencia, que plasme positivamente los objetivos la empresa y de sus integrantes, es fundamental que los responsables de gestión lleven adelante un adecuado *proceso de selección e integración* de las personas que empleen en su organización. Se sabe que cada hombre y mujer tiene una personalidad con talentos y capacidades diferentes. Cada persona no solo es distinta a las demás por sus condiciones naturales, sus sentimientos y emociones sino que tiene diferencias como consecuencia de sus aspiraciones, creatividad, educación, capacitación y voluntad de superación. Esta diversidad intelectual, cultural y emocional debe ser valorada y analizada al momento de *seleccionar a un postulante,* a fin de cotejar si es apropiada para los objetivos de la empresa y las necesidades del empresario.

Las personas que se postulan a un trabajo no son *cosas ni clones* que pueden ser considerados o evaluados como si fueran todos iguales con semejantes emociones y capacidades. Aunque todas deben ser tratadas como iguales y con los mismos derechos (sin distinción por clase social, raza, género o religión), esto no quiere decir que sean semejantes en muchos otros aspectos. Cada persona es diferente en cuanto a su personalidad, conocimientos y expectativas, por lo que debe ser considerada como una individualidad al momento de evaluar su incorporación a la empresa. Detectar, reconocer y comprender adecuadamente esas diferencias educativas, emocionales o culturales, permitirá conformar un equipo de trabajo idóneo y eficiente para alcanzar determinadas metas.

Al seleccionar a los futuros colaboradores, un empresario debe tener presente la diversidad de personalidades y capacidades de las personas que se postulan, para elegir a aquellas que satisfagan mejor sus necesidades. Para ese fin, debe ser objetivo e imparcial. No puede guiarse por criterios subjetivos eligiendo a un empleado por amistad, atracción, aspecto físico, afecto, lazos sanguíneos, recomendaciones o por el grado de sumisión que demuestra. Tampoco puede rechazar o discriminar a un postulante por su color de piel, nacionalidad, creencia, género, condición sexual o porque le desagradan sus gestos. Seleccionar en base a criterios subjetivos o discriminatorios que no inciden en la productividad y la convivencia laboral, es absolutamente negativo.

También es importante que los directivos encargados de seleccionar a los futuros colaboradores, tengan una comunicación franca y transparente con los postulantes. Por un lado, a través de un diálogo honesto y pruebas de selección, deben conocer cuáles son las aspiraciones, prioridades, intereses y necesidades del postulante, a fin de saber si la empresa las podrá satisfacer. Por el otro, deben ser exhaustivos al describir qué pretende la empresa de sus empleados, cuáles serán sus obligaciones y derechos. Este *feedback* con los postulantes es esencial, porque cada hombre o mujer tiene distintas aspiraciones personales y profesionales que es necesario conocer para apoyarlos o para trasmitirles lo que la empresa no podrá satisfacer.

Una vez seleccionado el postulante por sus antecedentes y condiciones profesionales, un empresario debe regularizar formalmente la relación laboral a fin de atenerse a las disposiciones legales. Sin embargo, más allá de las regulaciones y formalidades establecidas por la Ley, es relevante que el encargado de recursos humanos establezca por escrito cuáles serán la obligaciones y derechos del empleado. No hacerlo es un error. No detallar claramente lo que la empresa requiere, sus obligaciones, derechos, asignaciones, ingresos y demás condiciones de la relación laboral, seguramente será motivo de futuros conflictos porque, pasado el tiempo, cada parte interpretará de manera diferente lo que se acordó de palabra al inicio de la relación.

Una vez que el postulante seleccionado ingresa a la empresa, comienza una nueva etapa en la relación. Se inicia un periodo de adaptación e integración. Para tal fin, los directivos deben colaborar para que el nuevo empleado conozca plenamente cuáles serán sus responsabilidades laborales y las formas organizativas de la empresa. Deben ayudar a que se integren, se sientan a gusto, conozcan las rutinas de la empresa y se adapten a la forma de producir. Lo deben hacer dentro de un clima de motivación, contención, corrección y supervisión, para que puedan dar lo mejor de sí. El objetivo de los responsables de gestión no es demostrar que saben más que los empleados, ni tratar de amedrentarlos con sus directivas. Por el contrario, su objetivo es que aprendan, capaciten y se superen para que, con el paso del tiempo, sean mejores profesionales y puedan sentirse a gusto. Con ese propósito, es necesario que los empresarios sepan valorar el mérito, las capacidades, el esfuerzo y el compromiso de sus empleados. No pueden mirar para otro lado cuando se esmeran y se esfuerzan. Si lo hace, dañará la productividad de la empresa y hará que los empleados no se sientan reconocidos, afectando su autoestima y promoviendo la conflictividad.

La falta de reconocimiento al esfuerzo, creatividad o dedicación produce desazón, desaliento o rencor. A nadie le gusta ni lo estimula saber que su trabajo no es reconocido y que no se tiene presente el mérito o la voluntad de superación. El *reconocimiento empresarial* al esfuerzo, el talento u otras cualidades superlativas es un importante motivador para que los empleados traten de superarse y colaboren con los objetivos de la empresa.

Es entendible que un empleado que decide realizar un esfuerzo adicional o que aporta una idea creativa para mejorar los beneficios de la empresa, pretenda una devolución positiva por el aporte realizado. Poco importa si ese esfuerzo adicional lo hizo espontáneamente o siguiendo un plan premeditado para mejorar su posición jerárquica o económica. Lo relevante para su estado de ánimo, sentimientos, autoestima y para su bolsillo es que exista un *reconocimiento* empresarial que lo estimule a tener las mismas actitudes superadoras en el futuro.

Al desconocer el mérito o esfuerzo de los empleados, se instala un *modelo de relación laboral* que no estimula a los que desean superarse. Se instala un modelo de trabajo que no sólo frustra a quien se esfuerza sino que desalienta a sus compañeros a seguir esos pasos. Cuando los compañeros del que se esfuerza perciben que esmerarse, sobresalir o aportar ideas no es valorado ni compensado económicamente, se cumple con la ley del menor esfuerzo: nadie aportará más de lo que se le exige, porque la recompensa se mantiene igual.

Un empresario debe buscar constantemente altos niveles de productividad. Para tal fin, debe estimular y recompensar el esfuerzo, pero también debe tener una postura diferente con aquellos empleados que no se esfuerzan o comprometen. Si, a pesar de sus reclamos y exigencias, algunos colaboradores no aportan que lo que comprometieron, no hay otra alternativa desvincularlos. No existe ninguna razón para mantener un empleado que nivela para abajo, no quiere capacitarse o no intenta corregir sus comportamientos cuando son negativos. A veces es necesario ordenar y reconvertir una situación laboral que perjudica a todos.

Es importante aclarar que el esfuerzo y el mérito de un empleado no se mide necesariamente por su *presentismo*, es decir la cantidad de horas que está presente en el lugar de trabajo. Durante largo tiempo, y en muchos casos justificadamente por los formatos de producción prevalecientes, se consideró que el esfuerzo de un trabajador estaba dado en relación a la cantidad de tiempo que dedicaba a una actividad. En la actualidad esa opinión está cambiando. La animosidad de la gente a estar mucho tiempo en su lugar de trabajo y los nuevos formatos de producción sustentados en la tecnología mostraron que la presencia de muchas horas en un puesto de trabajo no garantiza una mayor productividad. Estudios realizados en Europa y US durante 2010 demuestran que la efectividad laboral de los empleados es mucho menor a partir de determinado tiempo de trabajo. Transcurrida cierta cantidad de horas, los jóvenes en la actualidad pierden la concentración, la voluntad y el ánimo afectando la productividad y calidad operativa.

Resulta claro que cada empresario, de acuerdo a las exigencias de su empresa y capacidad operativa, deberá encontrar el formato laboral que mejor satisfaga a sus necesidades. Sin embargo, no podrá desconocer los cambios culturales y las aspiraciones de las nuevas generaciones, que no tienen la misma mirada que sus antepasados sobre la llamada *cultura del trabajo*. Por lo tanto, es su obligación encontrar el mejor formato laboral que complemente la productividad de la empresa y satisfaga las aspiraciones de sus empleados. Debe hacer todo lo posible para que se sientan a gusto y satisfechos, porque en caso contrario emigrarán a otras empresas o no se comprometerán plenamente. Para tal fin, debe saber seleccionar adecuadamente a sus colaboradores, integrarlos y apoyar su crecimiento, reconociendo sus méritos y esfuerzos.

Integrar las generaciones

Uno de los desafíos más complejos que tiene que superar un empresario es la integración de los jóvenes con los empleados de otras generaciones, que tienen diferentes paradigmas, valores y formas de comportamiento.

Siempre ha habido jóvenes y adultos compartiendo actividades dentro de una misma empresa como parte de un proceso natural de renovación generacional. El hecho novedoso es que actualmente existe una gran diferencia en la manera de pensar y comportarse entre las generaciones. Existe un abismo cultural entre un joven del nuevo milenio y un adulto mayor de 40 años. Esto genera conflictos, tensiones y problemas cuando comparten actividades en una misma empresa.

Dada esta situación, uno de los desafíos más complejos que tiene que superar un empresario en la época actual es la integración de los jóvenes con empleados de otras generaciones, que tienen diferentes paradigmas, valores, objetivos, pautas culturales y formas de comportamiento. Si puede lograr esa integración, potenciará la capacidad operativa de la empresa porque combinará la fuerza arrolladora de los jóvenes con la experiencia de los adultos evitando que se repitan los errores del pasado.

Sin embargo, ese proceso ideal de integración no es fácil de alcanzar. Suele ser muy difícil porque las diferencias generacionales son muy marcadas y muchas veces antagónicas. Mientras que los empleados mayores ordenan sus actividades de acuerdo a horarios fijos, se sienten cómodos en estructuras organizativas que establecen jerarquías para cada posición laboral y se rigen por las normas resultantes de los convenios laborales de los sindicatos, los jóvenes del nuevo milenio son contestatarios, no les agradan los sindicatos, no se sienten a gusto cumpliendo horarios fijos, no quieren repetir rutinas ni que le establezcan metas laborales sin consenso previo.

A diferencia de las generaciones adultas, los jóvenes exigen participar en los planes empresariales y en la fijación de los objetivos de sus trabajos. Consideran que tienen los conocimientos, las condiciones y la creatividad suficiente como para ser escuchados y tenidos en cuenta en la organización de la empresa. Por ese motivo, suelen resistirse a que sus jefes les den directivas o le exijan llevar adelante planes en los que no han participado. Esta desafiante y avasalladora conducta refleja que las nuevas generaciones tienen una gran valoración sobre sí mismos. Por eso prefieren empresas con organizaciones horizontales en donde haya paridad en las responsabilidades, no existan jerarquías, se los reconozca, se los escuche y tengan un gran margen de libertad e independencia.

A los jóvenes del milenio también les encanta moverse sin formalismos, trabajar desde su casa a través de medios electrónicos, tener flexibilidad en la forma de encarar las tareas y tener espacios de recreación para distenderse dentro de los ámbitos laborales. Si bien valoran tener un trabajo estable, consideran que la vida fuera de la empresa es más importante que estar supeditado a ese trabajo. Por eso demandan trabajar pocas horas por semana y tener más tiempo libre para hacer lo que les gusta. No quieren tener la carga laboral de 8 horas diarias ni consideran que sea necesario sacrificarse en el presente para tener un mejor futuro, como pensaban sus padres. Su lema es *pasarla bien* y disfrutar de la vida. Pensamiento que los induce a abandonar con prontitud un trabajo cuando sus jefes los presionan o les quieren imponer obligaciones que no comparten. Su deseo principal es sentirse cómodos y sin presiones por lo que no dudan en dejar un trabajo si no se sienten a gusto. A diferencia de las generaciones adultas, que buscaban estabilidad en el trabajo, *los jóvenes son nómades laborales* que cambian constantemente de empleos para sentirse reconocidos, a gusto y con mayores recompensas salariales.

También se caracterizan por rechazar las formas protocolares para relacionarse con los demás. Se vinculan con sus jefes o compañeros con un lenguaje coloquial sin seguir ningún tipo de formalidad o filtro, comportándose como si fueran amigos de toda la vida. Los adultos en cambio, casi siempre no tutean a sus superiores y consideran que hay que vestirse de manera formal para trabajar porque sostienen que como *te ven te tratan.* Los jóvenes rechazan la vestimenta formal y los uniformes corporativos porque les encantan las zapatillas, los pantalones bermudas y las remeras del algodón porque con esa ropa se sienten adolescentes y no acartonados como los mayores.

Con respecto a los puestos de trabajo, los empleados adultos prefieren las oficinas cerradas y escritorios para uso personal para tener privacidad. En cambio, los jóvenes tienen la cultura *coworking,* por lo que les gusta trabajar en espacios abiertos, vidriados, con mucha luz y con sectores de esparcimiento para sacarse de encima el estrés. Priorizan la sociabilización con empleados de su misma generación y con jefes relajados que no pongan distancia entre ellos. Solo están dispuestos a trabajar en lo que les gusta, por lo que prefieren quedarse en casa antes que realizar una actividad que no les gusta. Los adultos, en cambio, tienen incorporada la *cultura del trabajo de antaño,* por lo que no se imaginan una vida sin uno, aunque no sea enteramente de su agrado. Para los mayores, trabajar es parte esencial de su vida, para progresar y satisfacer sus necesidades.

Esta visión distinta entre los jóvenes del milenio y los empleados adultos, genera cortocircuitos al momento de compartir el mismo ámbito laboral, por lo cual los responsables de gestión deben establecer mecanismos de integración a fin de lograr una buena convivencia y potenciar lo que cada generación puede ofrecer.

Los empresarios que enfrentan el *distanciamiento generacional* en sus organizaciones, tienen que implementar mecanismos de integración para lograr un equilibrio positivo que permita potenciar la fuerza renovadora de la juventud y la experiencia de los adultos. Sin embargo, como se ha señalado, no es una tarea fácil. Por esta razón muchos jóvenes empresarios seleccionan empleados de su generación, que hablan "su mismo" lenguaje y comparten semejantes interés". Lo hacen, aunque esa opción los prive de la experiencia y conocimientos que pueden aportar los adultos. Lo mismo, pero a la inversa, ocurre con los empresarios adultos que evitan contratar gente joven porque no logran entender sus modelos mentales ni toleran sus conductas.

Es evidente que el camino de buscar colaboradores afines a la generación del empresario es más sencillo para evitar *grietas* o conflictos generacionales dentro de la organización, aunque no suele ser el camino más indicado para potenciar los resultados de una empresa. Un emprendedor, sea adulto o joven, debe comprender que cada generación tiene algo que aportar, por lo que no se pueden tirar por la borda los conocimientos y valores que rigieron a los mayores como tampoco resistirse a todas las propuestas creativas realizadas por los jóvenes.

Lógicamente un emprendimiento cuyos productos están dirigidos a un público adulto será gravitante la participación y la experiencia de los empleados mayores. Diferente será el caso de una empresa en que los productos están dirigidos a los adolescentes o niños. En este caso, la mirada de sus empleados más jóvenes y los valores que guían a los *millennials* serán esenciales para la empresa. Esta realidad no implica que no se incorpore a empleados de otras generaciones que puedan ser útiles para determinados fines. En este caso, los empleados mayores deberán aceptar el *mentoreo inverso*, es decir que deberán aceptar que los mentores o maestros sean los jóvenes que les enseñarán todo lo que necesitan saber del mercado adolescente.

Una vez que el emprendedor establezca cómo será la conformación del plantel de recursos humanos de su empresa, debe ser muy preciso con sus empleados para que todos comprendan cuáles son sus objetivos y el formato de organización del *emprendimientos*. Los que estén de acuerdo, sean jóvenes o adultos, ingresarán a la empresa para atenerse a sus políticas. Los adultos que sientan que es una gestión muy relajada por guiarse por patrones muy flexibles o por el contrario los jóvenes que piensen que es muy conservadora, tendrán la opción de buscar otras alternativas laborales que satisfagan sus intereses. Los trabajadores, sean adultos o jóvenes, que decidan quedarse en la empresa es porque comparten los lineamientos que claramente les expusieron sus directivos.

Desánimo laboral

Un emprendedor debe combatir el desánimo entre sus colaboradores, detectando las causas que empujan a su decaimiento anímico, la falta de compromiso y ausencia de interés por superarse.

Un emprendedor debe contemplar en su gestión la aplicación de políticas de motivación y estímulo, para que su equipo de trabajo se comprometa colectivamente con los objetivos de la empresa y mantenga vivo sus deseos personales de progresar. Tener a los colaboradores desmotivados y sin estímulos genera abulia, desinterés, desgano, fastidio, conflictos y falta de deseos de superación. De mantenerse un tiempo prolongado, ese *clima laboral negativo* indefectiblemente termina afectando la productividad, las relaciones laborales, al ánimo colectivo, el compromiso hacia la empresa y los deseos de progresar de los empleados.

El responsable del emprendimiento debe combatir el desánimo, detectando las causas que empujan al decaimiento colectivo y a la cancelación de metas superadoras. Ese conocimiento se logra a través del diálogo y aprendiendo a escuchar lo que el entorno quiere comunicar.

Si bien no existe un listado preciso que incluya y describa todos los factores que afectan la voluntad y el ánimo de las personas que trabajan en relación de dependencia, pueden citarse algunas causas que normalmente generan apatía y frustración:

- No establecer metas importantes ni relevantes que despierten el interés personal o colectivo.

La irrelevancia, falta de trascendencia o mediocridad de los objetivos establecidos por la gestión suelen causar desánimo y falta de compromiso por parte de los empleados. Las metas pequeñas y mediocres generan estímulos pequeños. Por naturaleza, las personas se animan y entusiasman cuando son parte de grandes epopeyas o importantes desafíos.

Nadie disfruta al lograr metas irrelevantes ni se siente estimulado a aportar un mayor esfuerzo cuando percibe la mediocridad de los objetivos.

- *No renovar los objetivos, limitándose a una actividad rutinaria sin cambios ni transformaciones.*

Es habitual que, con el paso del tiempo, el funcionamiento de una empresa se convierta en rutinario y no se introduzcan cambios. La repetición constante es negativa, pues realizar siempre las mismas actividades afecta el ánimo y atenta contra la voluntad de superación. Para cambiar esa inercia negativa, es esencial que periódicamente el empresario introduzca innovaciones al proceso productivo o renueve las metas.

La *rutina mata* el deseo de superación, la creatividad y la voluntad de crecer. La repetición constante desgasta y erosiona el entusiasmo para buscar nuevos desafíos.

- *Cambiar constantemente los objetivos de la empresa.*

El cambio constante de objetivos genera entre los integrantes de la empresa la sensación de que sus directivos son unos improvisados, o no tienen claro cuál es el rumbo que deben seguir. El permanente cambio de metas genera incertidumbre, inseguridad, miedo y desazón entre los empleados. Consideran que con ese proceder el empresario no actúa como el capitán de un barco. Piensan, por el contrario, que es un improvisado que no controla la embarcación ni sabe cuál es el rumbo a seguir, por lo que los lleva a un naufragio seguro. Ante semejante zozobra, están más preocupados por el futuro de sus empleos que por trabajar duro y comprometerse con sus tareas.

- *No alcanzar las metas a pesar de haber realizado un gran esfuerzo.*

Los fracasos y la falta de concreción de las metas proyectadas generan un fuerte desánimo entre los empleados. Hay que tener presente que, cuando se trabaja con esfuerzo y dedicación para alcanzar un objetivo, se hace con la convicción de que el final estará coronado por el éxito. Cuando esto no ocurre, la frustración es intensa, generando una pérdida de entusiasmo para emprender nuevos desafíos.

Un empresario debe ser consciente de que no alcanzar las metas no solo repercute sobre su estado de ánimo sino que también lo hace sobre el ánimo de sus colaboradores. Por lo tanto, ante los fracasos debe tener una postura motivadora para que el entusiasmo colectivo no decaiga. No puede desconocer el efecto que causa el fracaso en su equipo. Pero, en lugar de caer abatido ante los problemas, debe tener políticas de estímulo para su equipo. Debe mostrarse optimista para infundir esperanzas de que las cosas serán mucho mejor en el futuro si todos están dispuestos a no bajar la guardia y retomar la batalla.

Ante los fracasos, un empresario, como líder y referente, debe demostrar que su pasión sigue intacta a pesar de los traspiés. Debe ponerse al frente de sus colaboradores para guiar, corregir y mejorar los procedimientos que, entiende, fueron las causas de que las metas no se cumplieran. Los empleados siempre acompañan a sus directivos cuando valoran su esfuerzo y voluntad de dar una nueva batalla

- *La falta de movilidad laboral.*

Un empleado fortalece su estima y aumenta la confianza en sí mismo cuando es promovido dentro de la organización y obtiene reconocimiento por parte de sus jefes. A la inversa, el ánimo se resquebraja cuando no existen ascensos y no hay reconocimiento al trabajo realizado.

Permanecer durante un tiempo prolongado en el mismo puesto laboral es un factor que atenta contra la motivación y la superación de las personas. Los empleados pierden el estímulo para capacitarse, aprender y trabajar porque sienten que no reconocen su esfuerzo ni aumentan sus ingresos. Esa falta de reconocimiento genera desánimo y respuestas negativas. Los empleados terminan manifestando bronca, quitando colaboración y generando conflictos por no ser promovidos ni recompensados de manera justa.

Para evitar esos conflictos y rencores, un empresario debe fijar pautas objetivas para que los ascensos sucedan de manera permanente dentro de la organización. La existencia de pautas claras de movilidad laboral estimula a los empleados a superarse y esforzarse, dado que desaparece la arbitrariedad e imparcialidad para ascender o cobrar mejor salario.

Las pautas de promoción laboral, para que sean motivadoras, no deben limitar el ascenso de un empleado solo teniendo en cuenta su antigüedad en el trabajo. Mejorar los ingresos o ascender jerárquicamente a un empleado contabilizando exclusivamente su antigüedad en la empresa suele tener consecuencias negativas sobre el ánimo y expectativas de superación. Tomar solo como referencia a la antigüedad es pasar por alto el mérito, las capacidades personales o el esfuerzo adicional realizado por los empleados. Esta actitud desalienta la búsqueda de superación porque se instala la idea de que con el paso del tiempo y sin importar lo que hagan, finalmente todos serán promovidos más allá de sus méritos.

- La desvinculación forzada o despidos.

El despido de un empleado afecta los sentimientos de quienes fueron sus compañeros y, al mismo tiempo, genera incertidumbre, inseguridad, temor y desazón sobre lo que puede ocurrir en el futuro con los que se quedaron en la empresa. Esa angustia y miedo se puede transformar en resentimiento, conflictos y enfrentamientos si el empresario no comunica claramente las razones objetivas de la desvinculación y garantiza que no habrá despidos injustificados en el futuro.

Dentro de una organización empresarial, constituida por personas con emociones e intereses, es imprescindible que toda desvinculación no solo sea justificada, sino que es importante que el responsable de gestión explique y justifique las razones que impulsaron la medida.

Ante un despido, no puede hacerse el distraído como si nada hubiera ocurrido. Hay que comprender que al desvincular a una persona se afectan sentimientos y se despiertan temores porque todos sienten que pueden ser los próximos. Esta angustia afecta la productividad, el trabajo colectivo, el ánimo y el consenso para encarar nuevos desafíos.

- Los salarios bajos y la falta de incentivos materiales.

Los ingresos son la principal razón que moviliza a las personas a buscar trabajo. Por lo tanto, el nivel de salario influye de manera directa en su ánimo y sus expectativas. Un bajo salario es desmotivador para continuar en un empleo, mientras que a la inversa un buen ingreso estimula a los empleados a comprometerse activamente y a acompañar la gestión de los directivos.

Un empresario no puede desconocer que el dinero es el *signo de nuestro tiempo*. La gente tiene cada vez más necesidades, por lo que desea que sus salarios crezcan a un ritmo acorde a éstas. De ninguna manera los empleados sienten que esos reclamos sean injustos o caprichosos, sino que cuando demandan mayores ingresos lo hacen porque consideran que han aportado más de lo que obtienen por su dedicación y esfuerzo. En este punto, no entienden la vinculación que tienen los salarios con la productividad y rentabilidad. Solo ven su esfuerzo y dedicación.

Al no sentirse correspondidos económicamente, harán todo lo posible para doblegar a los empresarios y obtener lo que reclaman. Este camino lleva, inexorablemente, a luchas, conflictos, violencia y desbordes, que nadie puede pronosticar con exactitud cómo terminarán.

Motivación y estímulo

No todos los empleados tienen un motor interior con auto encendido que los impulsa a superarse o ir detrás de desafíos. La mayoría, para delinear objetivos, sortear adversidades o superarse, necesita ser estimulado por factores externos.

El ser humano se distingue de otras especies que habitan nuestro planeta porque se moviliza y acciona a partir de fijarse metas que considera que lo harán feliz o más pleno. La gran mayoría de los seres humanos aspira y siente la necesidad de lograr objetivos que le reporten beneficios. Es justamente el deseo de alcanzar esas metas lo que impulsa a la gente a elucubrar ideas creativas, diseñar planes y animarse emprender acciones que le permitan cambiar el presente para tener un mejor futuro.

Sin embargo, esos deseos de alcanzar determinados objetivos o satisfacer ciertas necesidades no siempre se pueden materializar. Muchos transitan por la vida tratando de concretar sueños y metas que le brinden felicidad sin poder lograrlo. Las razones de esa frustración pueden ser diversas. En algunos casos es porque no tienen el *conocimiento* suficiente o formación profesional para sortear los obstáculos que se presentan en la realidad. Otras veces no tienen *perseverancia* para esforzarse, abandonando a mitad de camino. También, es frecuente que algunas personas no logren concretar un objetivo como consecuencia de la falta de *coraje* para arriesgar, dado que son inseguros o son temerosos. Finalmente, cabe señalar que hay quienes no van detrás de ninguna meta, simplemente, porque son *perezosos o vagos*.

Es evidente que existen muchas causas que impiden que un hombre o mujer concrete sus objetivos. Sin embargo, desde cierta perspectiva existe una razón que suele ser determinante para que algunos se lancen detrás de una meta y otros ni siquiera lo puedan intentar. Al observar las conductas de las personas, se puede distinguir a grandes rasgos que existen algunas que no emprenden ninguna actividad o se pasan la vida queriendo satisfacer una necesidad sin que jamás se animen a hacerlo. Son personas que no intentan alcanzar una meta porque carecen de energía, tesón, coraje, valentía o voluntad. Son personas que necesitan que las ayuden, estimulen o apoyen para concretar un objetivo. No lo hacen por sí mismas porque son inseguras y carecen del impulso, o los conocimientos para emprender un desafío. No tienen un motor interior que las movilice. Necesitan que las apuntalen, ayuden, guíen o empujen para ponerse en movimiento.

La realidad cotidiana o dentro de las organizaciones empresariales nos muestra con claridad que la mayoría de las personas necesitan que les den *un empujón* para definir sus metas, salir de un atolladero existencial o emprender una actividad. Son muchos los hombres y mujeres que no pueden fijarse ni lograr un objetivo por sí solos. Necesitan de otras personas que los estimulen, apuntalen su voluntad o los guíen para poder animarse a concretar un objetivo. Necesitan que otros les den seguridad, motiven su creatividad, despierten sus emociones, propongan metas y los ayuden a focalizar sus intereses. Sin ese *empujón externo* no logran moverse del lugar de donde se encuentran y quedan atrapados por su impotencia y frustración.

Según estudios realizados en los países más avanzados, *las tres cuartas partes* de las personas no tienen el impulso interior para fijarse metas y concretarlas por sí mismas. En otras palabras, tres de cada cuatro personas no tienen un motor *interior con autoencendido* para construir por sí mismo un futuro diferente a su presente. Su voluntad, creatividad, pasión, ideario e impulso hacedor necesitan ser estimulados por factores externos.

Esa realidad, no puede ser pasada por alto por un emprendedor al organizar el funcionamiento de su empresa. Debe tener presente que no todos sus colaboradores tendrán un *motor interior* que los impulse a crear, arriesgar o superarse. La mayoría de las veces su equipo de trabajo habrá de requerir de su guía, liderazgo y motivación para que pueda demostrar todas sus capacidades y *sacar a flote* lo mejor de cada uno. Esto lo condiciona a diseñar una gestión que motive a sus colaboradores para que no se conformen con lo que tienen cuando pueden aspirar a más.

Al diseñar una política motivacional, un emprendedor debe saber que existen tres razones esenciales para que un empleado se sienta estimulado para hacer mejor su trabajo, crear, arriesgar o buscar la superación personal. Estas razones valen tanto para los que tienen *auto encendido* o para los que necesitan un *empujón* para arrancar. La primera gran motivación para estimular a los empleados es *alcanzar objetivos planificados*. La satisfacción de llegar a una meta es un importante motivador para volver a intentarlo y para fortalecer la autoestima.

Otra causa de motivación es alcanzar un determinado *status* dentro de la compañía. El posicionamiento en una escala superior dentro de la estructura de la empresa es muy alentador y motivador. El empleado que asciende no solo se siente reconocido por sus directivos, sino que puede acceder a ciertos beneficios (tarjeta de presentación, oficina, viáticos, etcétera) que lo distinguen, haciéndolo sentir importante. El saberse reconocido y, en cierta forma, generar admiración en su entorno lo estimula y levanta su autoestima.

Finalmente, otra causa de motivación tiene que ver con *las recompensas materiales.* Recibir dinero u recompensas materiales (auto, vivienda, becas de capacitación, etcétera) suele ser un gran factor motivacional. Sin embargo, este tipo de recompensas tiene un efecto de corto plazo, como lo tiene una palmada en la espalda después de hacer algo bien. Son motivaciones poco duraderas porque los empleados, al poco tiempo, las dejan de valorar porque las consideran un derecho adquirido. Desde esta perspectiva, la *motivación por los logros* es la más relevante porque es permanente, estimulante y renueva constantemente las metas de superación y crecimiento profesional.

Al implementar esas y otras políticas motivacionales, el responsable de la gestión debe actuar bajo un criterio de *igualdad de oportunidades y sin ninguna clase de discriminación.* No puede privilegiar ni parcializar sus acciones motivacionales hacia los colaboradores con los que tenga empatía o algún tipo de afinidad. Todos los integrantes de la empresa deben tener las mismas oportunidades de superarse y posibilidades de crecimiento. Las políticas motivacionales no deben privilegiar a algunos colaboradores en desmedro de otros. La exclusión no solo afecta negativamente a quienes lo padecen sino también al colectivo, porque se priva que la empresa se beneficie con lo mejor que cada empleado puede aportar.

También es un error motivar y apoyar solamente a los empleados que manifiestan una voluntad de superación. Es cierto que los que tienen voluntad de mejorar sus capacidades facilitan las tareas de los directivos. Pero esa ventaja no llega a compensar la desventaja de no estimular a los empleados que aparentan no tener metas o deseos de superación. Todos los integrantes de la empresa tienen que tener la oportunidad de tener sueños y luchar por ellos. Al respecto, un empresario debe ser consciente de que la falta de entusiasmo y motivación de los empleados no siempre es por su falta de interés, sino que muchas veces suele ser resultado de erróneas políticas de gestión.

Entre las causas que erosionan el deseo de superación de los empleados se pueden mencionar la ausencia de objetividad en la gestión, el amiguismo, la falta de respeto, ausencia de diálogo, soberbia empresarial, la carencia de innovaciones, la improvisación, el cambio permanente de objetivos o el autoritarismo por parte de los jefes. Todos esos factores se convierten en un *anti estímulo* y un freno para buscar alternativas de crecimiento personal o profesional por parte de los integrantes de la empresa. Esos comportamientos acaban con el entusiasmo los empleados, ya que se sienten agobiados, ninguneados, discriminados o ignorados. Al percibir el favoritismo, la injusticia, los privilegios o la ausencia de un futuro promisorio, dejan de sentir estímulos y pierden la motivación para fijarse metas superadoras.

Estar abierto a las críticas

Un emprendedor no puede aferrarse a sus ideas y rechazar las críticas que cuestionan sus estrategias, porque esa actitud lo conducirá a cometer errores y a que sus colaboradores le quiten colaboración.

Un emprendedor es más sabio cuando es receptivo a las opiniones y sugerencias de los colaboradores, clientes o proveedores. Esa sabiduría se incrementa cuando le presta igual atención a las opiniones que son contrarias a sus pensamientos o cuestionan críticamente sus comportamientos. Escuchar y tener en cuenta las críticas es una actitud inteligente que permite aprender de los demás y no aferrarse a dogmatismos inconducentes. No cabe duda de que las críticas son absolutamente positivas cuando permiten superar errores, mejorar estratégicas, optimizar la gestión y aumentar la potencialidad creativa.

Un empresario no puede aferrarse caprichosamente a sus ideas y defender tozudamente su gestión haciendo oídos sordos a las críticas que le señalan errores en sus proyectos. Las críticas constructivas y honestas ayudan a rectificar estrategias erróneas, aprender de experiencias ajenas o aprovechar oportunidades. Por lo tanto, un emprendedor no puede encerrarse en sí mismo y rechazar las opiniones que no coinciden con las suyas.

Alguien que quiere crecer y potenciar su esfuerzo personal debe estar abierto a escuchar las opiniones distintas a las suyas y las críticas constructivas de los demás. No puede gestionar oponiéndose sistemáticamente a cualquier propuesta que no sea de su autoría o cuestione sus estrategias. Rechazar la crítica no solo bloquea la participación e impide trabajar en equipo sino que refleja una conducta engreída que no acepta el disenso.

Este rechazo es propio de empresarios que están más preocupados por su ego y las apariencias que por lograr objetivos exitosos de manera mancomunada con el entorno. No son pocos los que consideran que aceptar cuestionamientos de los colaboradores y tener que corregir algunas estrategias les hace perder el prestigio porque fisura su imagen de perfección o superioridad. A esta clase soberbios no les importa si las críticas son certeras, justas o apropiadas. No les interesa si las opiniones que le hacen llegar sus colaboradores son aportes valiosos para la empresa. Para estos empresarios, es más relevante demostrar que son infalibles. Consideran que aceptar una crítica es un signo de debilidad. Nada más alejado de la realidad. Por el contrario, los grandes empresarios son los que supieron interactuar con sus equipos, cambiando lo que debían cambiar ante las críticas acertadas y aceptando las buenas sugerencias para progresar.

Pero no solo la soberbia hace que un empresario rechace toda mínima observación que cuestione su conducta. La *envidia* es otra de las razones que determinan que un gestor de empresa tienda a rechazar las críticas que le hacen sus colaboradores o alguien de su entorno. El empresario envidioso no puede soportar que sus empleados, clientes, asesores o colegas tengan opiniones diferentes o mejores que las que sostiene. Los carcome la impotencia y la bronca de no haber sido artífices de esas ideas o no haber percibido los errores, por lo que prefieren rechazar o ignorar los aportes críticos de otros aunque en su fuero íntimo sepa que son certeros.

El responsable de una empresa no puede aspirar a lograr la excelencia y a potenciar la productividad si no integra a sus colaboradores permitiendo que opinen o cuestionen aspectos de su gestión. Es su obligación abrir su mente y su gestión para que sus colaboradores participen y se expresen en libertad. Es necesario que aprenda que la crítica constructiva es un aporte invalorable que debe tener en cuenta si quiere crecer, superar errores y aprender. Por lo tanto, debe estar predispuesto a escucharla aunque emocionalmente cause un cierto escozor.

Un emprendedor asume plenamente su responsabilidad cuando se hace cargo tanto de los aciertos como de los errores. Los auténticos líderes escuchan las críticas y no se *victimizan* echando la culpa de sus desaciertos a otros. Ante un error, aceptan las críticas y no buscan *culpables* para eludir sus responsabilidades. Un empresario tiene todo el derecho de defender sus ideas y gestión pero también debe tener la capacidad de aceptar las críticas cuando se equivoca. Si ha cometido errores, no puede rechazarlos o atribuir los desaciertos a otros. Debe demostrar que está abierto a las sugerencias y propuestas superadoras. No tiene que defender más su ego que a la empresa. Tampoco puede alegar que todos sus errores son responsabilidad de otros o que es infalible. Su principal fortaleza es poner los intereses de la empresa por encima de los propios, por lo que todo aporte para beneficio del colectivo productivo debe ser tomado e incorporado, aunque esto implique abandonar creencias erróneas. Su reputación y liderazgo se engrandece cuando acepta sus fracasos y abre su gestión a las críticas para enmendar los errores.

La crítica constructiva

Al realizar observaciones y críticas a los empleados por errores o mal desempeño, es necesario hacerlo de manera equilibrada, justa y respetuosa, para no generar reacciones negativas.

Un empresario tiene la responsabilidad de supervisar, guiar y estimular a sus empleados. Para tal fin, en muchas ocasiones, debe señalar sus errores o equivocaciones a fin de lograr el máximo de eficiencia y evitar que se sigan cometiendo los mismos yerros en el futuro. Al señalar los errores, siempre debe focalizarse en el problema y no en el responsable de haberlo cometido. La observación crítica, para que sea efectiva, debe buscar soluciones de superación y corrección de los errores en lugar de buscar el castigo de quien los comentó.

La crítica del empresario hacia sus colaboradores es *constructiva y positiva* cuando no busca humillar o sancionar al empleado, sino que señala y define las características de un problema para enmendarlo.

No es apropiado que un empresario se ensañe o descargue su ira con los colaboradores que cometieron una equivocación. Aun en el caso de que el error fuera resultado de un acto de negligencia, debe evitar los descalificativos personales y los agravios. No sirve de mucho para la empresa y su desarrollo eficaz ensañarse con los responsables de un desacierto. Lo relevante es solucionar el inconveniente y descubrir cuáles fueron las causas que llevaron al error, para que todos los empleados aprendan de las equivocaciones para no volver a cometerlas.

La crítica es constructiva cuando es un recurso que permite superar errores sin afectar el ánimo de la gente. En cambio, es d*estructiva y negativa* cuando su propósito principal es descalificar al empleado para humillarlo y sembrar terror entre sus compañeros. Cuando la crítica busca humillar y descalificar al emplead, solo se siembra la discordia y los errores se multiplican.

Las críticas destinadas a destruir y humillar a los empleados generalmente responden a empresarios autoritarios que quieren gestionar en base al terror porque consideran que es la única forma de que la gente no cometa errores y sean sumisos antes sus mandatos. El miedo, lejos de generar concentración y eficiencia, es la madre de todos los errores y el generador de todos los rencores. Entorpece, enceguece, genera resentimientos y anula a los empleados llevándolos a cometer más errores.

Ahora bien, evitar las descalificaciones personales y los agravios no quiere decir que un empresario debe privarse de realizar *críticas constructivas* y correcciones positivas ante las conductas desacertadas o hechos que afectan el proceso productivo. Si hay un error o se comete una equivocación, es fundamental que la persona responsable de la gestión lo saque a luz y lo ponga en evidencia para que todos lo conozcan, para no volver a repetirlo. La transparencia es esencial para mejorar y superar los desaciertos, sin que esto implique ofender ni descalificar al que fue responsable del error.

El responsable de gestionar no es un observador pasivo del proceso productivo. Todo lo contrario, es un agente activo y sustantivo para que el emprendimiento que dirige alcance sus objetivos. Por lo tanto, lejos de mirar desde afuera lo que ocurre en la empresa, debe meter las *manos en la masa* para supervisar y detectar errores. Es cierto que a veces al hacerlo puede herir sentimientos y generar susceptibilidades entre los empleados que cometieron un error. Si eso ocurre, debe tratar de enmendar los malos entendidos para no generar conflictos ni rencores dado que ese no es su propósito. Lo que no debe hacer es evitar las *críticas constructivas* destinadas a corregir esas equivocaciones por temor a la reacción de sus empleados. No puede atarse las manos y taparse la boca por la presunción de que alguien se pueda sentir afectado por las críticas constructivas que tiene la obligación de hacer. Mientras su responsabilidad es corregir errores y enseñar para que no se repitan, la obligación de los empleados es aprender a ser más eficientes descubriendo las razones de sus equivocaciones. Es cierto que al formular críticas es prudente que un emprendedor se ponga en el lugar de su empleado y tenga presente sus circunstancias para tener una visión más completa sobre las causas que lo llevaron a cometer un error. Como dice un antiguo proverbio, *no se debe criticar la conducta de los otros hasta que no se haya caminado todo el día en sus zapatos.*

Bajo ese principio de comprensión y sabiduría es necesario señalar que la *crítica constructiva*, aunque es necesaria para el mejor funcionamiento de la empresa, debe tener un cierto límite porque a veces su abuso puede generar efectos contrarios a los que se busca. El señalamiento constante de los errores termina siendo negativo aunque las observaciones estén justificadas y se realicen con el debido respeto. Estar marcando errores por todos lados y en todo momento, aunque no se señalen culpables ni se busque humillar, termina instalando la idea de que todos los miembros de la empresa son unos inútiles. Cuando se llega a ese estadio de crítica permanente, se produce un efecto de saturación. Para no llegar a ese estado de agobio es necesario que el empresario sepa intercalar sus correcciones con elogios a las buenas acciones de los empleados. Los comentarios positivos compensan el sabor amargo que suelen dejar las críticas, aunque sean constructivas.

Para que un reconocimiento elogioso sea efectivo, es fundamental que sea creíble y objetivo. Un empresario no puede actuar motivado por sentimientos subjetivos o amiguismo al elogiar a un colaborador. Su posición en la empresa le exige tener un criterio imparcial. No puede supeditar sus halagos a factores personales o de amistad. El reconocimiento siempre debe tener un fundamento que lo sustente y justifique.

Es importante señalar que las felicitaciones no deben ser exageradas ni utilizarse de manera indiscriminada, porque el exceso de dulce empalaga. Los elogios, cuando son permanentes y realizados a granel, pierden su valor y efectividad. Tienen las mismas consecuencias negativas que tiene la emisión de dinero sin respaldo en un sistema económico. La inflación de elogios, generada por el exceso de felicitaciones, pierde efectividad.

Un empresario debe saber combinar acertadamente las críticas constructivas y los elogios. Con ese propósito debe tener una clara política que busque equilibrar las acciones correctivas con los reconocimientos. Tiene que equilibrar las críticas y los elogios, sabiendo que las primeras son más corrosivas que los estímulos que producen las felicitaciones.

La soberbia empresarial cancela la participación

La soberbia empresarial impide reconocer la importancia de los colaboradores y desconoce el aporte que realizan para potenciar los resultados del emprendimiento.

Es frecuente que los éxitos profesionales influyan en el ego de un emprendedor. Superar adversidades y alcanzar metas que otros no logran, hace crecer la vanidad y la arrogancia. Alcanzar logros es un aliciente para hacer pensar que se tienen virtudes que los hacen mejores o superiores a los demás. La combinación del éxito, halagos y poder, en muchos, casos se convierte en una mezcla explosiva que lleva a un emprendedor a tener conductas soberbias, altaneras y pedantes. Al sobredimensionarse las capacidades personales o profesionales por lo logros obtenidos, el narcisismo se suele apoderar de un emprendedor convenciéndolo de que no hay nadie que lo iguale y tenga sus condiciones.

La soberbia, habitualmente impulsada por el éxito suele ser parte de la naturaleza humana. Hay quienes son altaneros y pedantes en todo momento porque tienen personalidades que los impulsan a sentir que están por encima de su entorno. Se consideran más listos, más agraciados, más carismáticos o más ilustrados, por lo que miran a la gente por encima de los hombros con aire de superioridad.

Al respecto, cabe aclarar que sentirse superior a los demás no tiene nada que ver con la autoestima y la valoración positiva que un emprendedor puede realizar sobre sí mismo por haber alcanzado exitosamente determinados objetivos. La soberbia es una malformación del sano orgullo. Un emprendedor soberbio se diferencia del que tiene un equilibrado y sano orgullo, por el tamaño de su ego. Mientras que el orgullo es una satisfacción personal que ayuda a apuntalar la confianza, sin herir a nadie, la soberbia se manifiesta con conductas destinadas a descalificar y humillar a los demás con el propósito de mostrar que se es superior.

Creerse mejor a todos los demás no suele ser un pensamiento que quede encerrado entre las *paredes del cerebro*. Al contrario, habitualmente viene acompañado con exteriorizaciones que buscan negar o subestimar las capacidades de los otros. Al sentirse superior, el soberbio no puede evitar tratar a los colaboradores como si fueran gente de *menor cuantía* que mira desde la cima de su ego. Considera que su talento lo ha colocado en un pedestal desde donde debe dar lecciones y corregir sin piedad a los que tiene a su alrededor. Por esta razón, el soberbio jamás reconoce públicamente los aciertos de sus colaboradores y, en caso de que no puedan ocultar sus logros, se las ingenia para asumirlos como si fueran propios.

Así, tratan de demostrar que son portadores de todas las verdades y de todas las buenas ideas. Disfrutan *pavonearse* como si fueran infalibles y con elevados méritos personales que justifican su superioridad. Por lo tanto, hacen todo lo posible para descalificar a quienes pueden hacer sombra en su imagen o cuestionar su gestión. Los soberbios no soportan ni aceptan que sus opiniones personales no sean tomadas como verdades absolutas.

En el caso de las mujeres engreídas y soberbias, cabe señalar que no se llevan bien con su propio género. Son duras e impiadosas con las que sobresalen en su equipo o compiten con ellas. Les molesta que las comparen con otras mujeres que se destacan, reaccionando intempestivamente si de esa comparación salen en desventaja. Por esa causa, las empresarias soberbias prefieren rodearse de hombres. Sienten que las mujeres, al ser de su misma condición, las exponen a comparaciones que pueden perjudicar su imagen de superioridad. No quieren saber nada de tener a su lado a una que opaque su aparente brillantez intelectual, su estética y su gusto. Por eso no dudan en descalificar a las empleadas o competidoras cuando perciben que sobresalen, son más bellas o tienen comportamientos sociales que despiertan admiración.

Es evidente que la soberbia, más allá del género, no ayuda a forjar una personalidad empresarial positiva. Por lo tanto, todo responsable de gestión debe controlar su vanidad, el exceso de empoderamiento, los halagos y sentirse superior. Debe controlar su ego y narcisismo, que siempre están al acecho para hacerlo sentir mejor que los demás. Si siente que es el único que puede hacer las cosas bien y que su presencia es imprescindible, tiene un serio problema de vanidad. Sentir que puede gestionar sin ayuda de nadie es una irracionalidad que le traerá negativas consecuencias para la empresa y los equipos de colaboradores. No se puede ser tan necio de creer que lo *sabe todo* y que no necesita ayuda de nadie.

Un emprendedor no debe sentirse más importante que su trabajo, sus colaboradores y el emprendimiento que tiene la responsabilidad de gestionar. Debe considerar equilibradamente sus capacidades y no inflar su ego sintiéndose el *centro del universo*. Para aumentar la productividad y la eficiencia de una gestión es esencial que un empresario sea humilde, equilibrado y no peque de soberbia. Es fundamental que reconozca sus limitaciones y esté abierto a reconocer los méritos de quienes lo rodean.

Lamentablemente, muchos emprendedores al leer las características de una personalidad soberbia no se sienten identificados, aunque sean absolutamente altaneros y arrogantes. Como dice el dicho popular *"el hediondo no se huele"*. Por esta razón, es importante aprender a mirarse objetivamente al espejo y responder sinceramente a estas preguntas para saber si se es soberbio y se tienen conductas altaneras:

- Consideras que generalmente todas tus ideas y proyectos son buenos.

- Estás convencido de que trabajas más que ninguno en tu empresa.

- Crees que sin tu presencia e ideas, la empresa dejaría de funcionar porque eres el motor que la impulsa.

- Consideras que todos los que te rodean son bastante limitados y que sus aportes dependen de tu empuje y supervisión.

Si has respondido positivamente, vuelve a mirarte al espejo y descubre que detrás de tus halagos a ti mismo existe una personalidad soberbia que no es positiva para construir un equipo, potenciar el rendimiento colectivo y generar un clima de respeto.

Sin respeto no hay convivencia

La falta de respeto a los integrantes del equipo de trabajo no solo es improcedente, sino que se convierte en un obstáculo para construir una convivencia positiva y armoniosa que potencie el colectivo.

Hay que tratar a los demás con el mismo respeto y consideración que se pretende que tengan con nosotros. Ese respeto no solo debe manifestarse hacia los superiores jerárquicos o poderosos, sino que debe tenerse especialmente con *los subalternos y los distintos.* Mientras que es habitual relacionarse respetuosamente con los iguales o los superiores, no suele ocurrir lo mismo con el trato que se proporciona a las personas que ocupan posiciones jerárquicas inferiores dentro de una organización, o no tienen la misma condición social, identidad cultural, género o nacionalidad.

La falta de respeto hacia los demás se puede manifestar de maneras diferentes, según el contexto social y la forma de convivencia establecidas dentro de una organización o una comunidad. Sin embargo, se puede señalar que los comportamientos irrespetuosos más frecuentes se manifiestan a través de groserías, malas palabras, acoso, *bullying,* sarcasmos, gestos ordinarios, conductas autoritarias, mal trato, falta de agradecimiento y discriminación por la razón que fuere.

Sin lugar a dudas, la falta de respeto es inaceptable y no se puede justificar o apañar detrás de la defensa de las relaciones informales, la confianza o la igualdad. La convivencia social exige rechazar todo comportamiento que baje los niveles de una sociabilización civilizada. No respetar a los demás no solo genera un fuerte daño emocional para quien ha sido denostado, sino que corroe las relaciones entre las personas, llevándolas a un plano inferior del *homo sapiens.* Una sociedad se construye positivamente en base al respeto hacia los otros y no a partir de la descalificación, el ninguneo o la denigración.

Este respeto exigido para todo el conjunto social es semejante al que debe prevalecer en una empresa. Es esencial que exista entre todos los integrantes de un emprendimiento, sin distinción de jerarquías, posición laboral, género, nacionalidad o clase social. Con tal propósito, el responsable de la organización debe actuar y ser el principal promotor de establecer una convivencia respetuosa. Hacer del respeto la base de la convivencia permite que *los más débiles y los distintos* puedan expresarse con libertad y sean escuchados sin ser denostados o ninguneados.

Una forma de apuntalar el respeto y la convivencia civilizada dentro de un emprendimiento es no permitiendo conductas que afecten los sentimientos e integridad de las personas. El empresario debe estar atento a que esos comportamientos no sucedan y, cuando ocurren, debe ponerlos en evidencia para que sean corregidos. Al enmendar esas conductas irrespetuosas no debe castigar ni exponer públicamente a quien se haya equivocado para denigrarlo ante los demás. No se trata de menoscabar al que tuvo un gesto inapropiado hacia algún compañero o hacia la empresa sino que se trata de enseñar la importancia que tiene tratar cortésmente a los demás para lograr una mejor calidad de vida y una mejor convivencia.

Se ha señalado que la falta de respeto se puede manifestar de maneras diversas. Algunas como el *bullying,* la burla o el maltrato son evidentes. Sin embargo, hay otras que no son tan manifiestas, pero son igualmente dañinas para la convivencia en una empresa. Entre esas formas negativas existe una muy común que consiste en *hablar a las espaldas* con el propósito de menoscabar la reputación de alguien. Si bien toda persona tiene la libertad de referirse a otro en su ausencia, al hacerlo es importante que lo haga con respeto. No puede aprovechar que no está presente para desprestigiarlo o afectar su reputación. No puede denostarlo con mentiras, ordinarieces o calumnias. Esta actitud es un acto de cobardía que no puede ser aceptado ni tolerado en una empresa ni por sus integrantes.

Este reclamo hacia los empleados también vale para los directivos. Hablar mal o descalificar con exabruptos a los empleados cuando no están presentes es absolutamente irrespetuoso y negativo para la convivencia. Esa actitud desacredita al empresario como persona y le hace perder la autoridad moral para juzgar objetivamente los empleados cuando ocurren hechos que ameritan su intervención. Por otra parte, al hablar irrespetuosamente a la espalda de los empleados da lugar para que todos se sientan autorizados para emplear las mismas *habladurías* para descalificar al responsable de la gestión, generando un ambiente que daña la convivencia.

Un empresario no puede difamar ni descalificar a sus colaboradores y muchos menos hacerlo a sus espaldas. Su obligación es ser prudente, equilibrado, educado y reservado en sus manifestaciones, en función del lugar que ocupa en la empresa y el *peso* que tienen sus palabras. No puede sumarse al chisme fácil, a los comentarios humillantes o las descalificaciones hirientes hablando irrespetuosamente de su entorno. Si debe corregir algún error o está en desacuerdo con algo que hizo equivocadamente un empleado, lo debe hacer en su presencia y respetuosamente. Las habladurías y chismes descalificadores realizados en ausencia generan heridas que jamás cicatrizan. Heridas que atentan contra el entusiasmo, la productividad y la convivencia. Heridas que harán que se rompa el vínculo que debe existir entre el empresario y su equipo.

También es una falta de respeto, por parte del empresario, no *agradecer ni reconocer* las acciones meritorias de los colaboradores. Con esa actitud no estimula las buenas acciones ni considera los gestos positivos de su entorno, demostrando una absoluta falta de consideración hacia los demás.

Desafortunadamente, cada vez es más frecuente que los responsables de gestión no agradezcan a los empleados sus aportes, actitudes positivas o templanza ante situaciones de crisis. Muchos suelen tener esta conducta inapropiada, porque sostienen que agradecer es una actitud protocolar que nada tiene que ver con la modernidad y la informalidad de estos tiempos. Otros sostienen que no se puede estar agradeciendo a los empleados por aquellas cosas que les corresponde realizar. Resulta claro, más allá de esas inconsistentes excusas, que la conducta de *no agradecer* es absolutamente negativa y demuestra una grave falta de respeto hacia el otro. Agradecer, sin esperar nada a cambio, enaltece a la persona que lo hace y recompensa moralmente a quien realizó un acto que merece ser reconocido.

Finalmente, cabe decir que las mujeres suelen ser más respetuosas que los hombres ante sus empleados, clientes o proveedores. Su sensibilidad, su voluntad de ajustarse a las normas de convivencia, la predisposición a integrar a los distintos, su tolerancia y proclividad a ponerse en el lugar de los demás hace que se comporten respetuosamente con su entorno. Sin embargo, esas conductas en algunas ocasiones no se hacen presentes. Algunas empresarias han copiado costumbres masculinas irrespetuosas: descalifican groseramente a los empleados, ningunean a los distintos, discriminan a los diferentes o insultan a los subordinados cuando se equivocan. Descargan su ira, prejuicios, enojo, envidia o rencor hacia aquellos que no se ajustan a lo que desean o son diferentes.

Esas actitudes que asumen no son correctas ni un modelo a seguir. Es entendible que la cultura autoritaria impuesta a través de las décadas por algunos empresarios machistas e irrespetuosos, las lleve a tener esas actitudes negativas creyendo que así construyen su autoridad. Nada más equivocado. La autoridad no se logra faltando el respeto, descalificando o siendo autoritario. Una emprendedora no debe copiar esos malos hábitos. Por el contrario, su aporte de género más relevante es cambiar aquellas conductas negativas impuestas en el pasado y apuntalar las positivas para un mejor desarrollo social y personal.

Socios y amigos

Muchos emprendedores, al elegir un socio, priorizan los afectos o las relaciones de amistad por sobre la idoneidad profesional, por lo que al cabo de un tiempo suelen generarse conflictos emocionales y un bajo rendimiento productivo.

Emprender una actividad económica es un desafío que genera dudas y temores por los riesgos que pueden presentarse. Esas inseguridades, si no se controlan, invaden la mente generando pensamientos negativos que frenan el ímpetu hacedor. Por esta razón, no son pocos los emprendedores que, ante un proyecto de negocio, lo primero que hacen es buscar un *soporte emocional* que los apuntale. Buscan un *socio confiable* entre sus amigos o familiares que los ayude a emprender, les brinde seguridad, los contenga cuando dudan y los acompañe para enfrentar las vicisitudes que tienen por delante.

No se puede negar que, en muchas circunstancias, asociarse con alguien que brinde un soporte emocional es una decisión atinada y recomendable. Mucho más si esa asociación emocional potencia la concreción de los objetivos proyectados. No cabe duda que es sumamente relevante asociarse con personas que permitan aumentar el conocimiento sobre el negocio, trabajar en equipo, obtener un aporte financiero, incrementar la creatividad o mancomunar esfuerzos para sortear contingencias.

Esa combinación de lo emocional, lo material y el conocimiento suele ser muy beneficiosa para potenciar un emprendimiento. Sin embargo, no se puede decir lo mismo cuando se busca un socio solamente en base a la empatía, la amistad, el afecto o las relaciones familiares. Las asociaciones sustentadas exclusivamente en la buena onda, los sentimientos, la amistad y el voluntarismo emocional no suelen ser apropiadas para concretar un proyecto. Normalmente, al cabo de un tiempo, se producen algunos de estos dos desenlaces: se *rompe la relación afectiva, o se perjudica económicamente a la empresa.*

Sin embargo, a pesar de las advertencias, no puede evitarse que una gran cantidad de emprendedores busquen un amigo como socio para emprender un negocio. Se sienten más seguros y confiados asociándose con amigos o familiares porque tienen en cuenta a los afectos por encima de toda otra consideración. Piensan que un amigo es el *partner* ideal para encarar un emprendimiento porque los unen sentimientos profundos y una historia compartida. Sostienen que los amigos o familiares dan confianza y una gran tranquilidad, que jamás puede ofrecer un desconocido aunque sea un genio creativo o un eficiente empresario. Con los extraños no existe una historia en común ni códigos afectivos que generen lazos indestructibles como los que resultan de la amistad o de un familiar. Al contrario, gran parte de los emprendedores sostienen que los desconocidos suelen ser traicioneros, porque solo buscan beneficios económicos y sacar ventaja de las relaciones societarias.

En busca de un soporte emocional o confiabilidad, los emprendedores no suelen prestar debida atención a la capacidad profesional o idoneidad que tienen los amigos para encarar un emprendimiento. Seleccionan a sus socios en base a los sentimientos y relaciones afectivas, ya que consideran que solamente en los amigos se puede confiar ciegamente, compartir sueños y retroalimentar el entusiasmo. Con los amigos se evitan las envidias, traiciones o desencuentros porque la amistad está por encima de los intereses materiales. Sostienen que, ante situaciones de crisis o conflictos, con ellos se puede hablar claramente porque se comprenden y apoyan incondicionalmente.

Lamentablemente esta creencia generalizada no está avalada por la experiencia. En el ámbito de los negocios se ha comprobado en innumerables oportunidades que los amigos y familiares no siempre garantizan honestidad, confiabilidad, lealtad, ni son *una coraza* contra las conspiraciones o críticas.

Asociarse con un amigo o familiar por considerar que será un soporte confiable y seguro para enfrentar adversidades y obtener éxito no suele ser exacto. Por el contrario, puede convertirse en un verdadero aquelarre para la gestión y la concreción de los sueños. No es lo mismo *compartir la vida afectiva* con un amigo que trabajar o hacer negocios con él. La amistad suele ir por una senda y los negocios por otra. En los vínculos afectivos, lo que prevalece es el amor, la igualdad, la confraternidad, el sacrificio, la entrega y la solidaridad. En cambio, en los emprendimientos comerciales prevalece la ambición, la lucha de intereses, la puja de poder, la codicia y la definición de objetivos que generalmente poco tienen que ver con los sentimientos.

Entre los amigos se trata de evitar los roces y las agresiones para no ofender a la persona que se quiere. Se aceptan sus defectos y errores por lo que es poco frecuente que se intente imponer u obligar a que tengan un determinado comportamiento. La amistad es un vínculo que se construye en base a sentimientos, por lo que nadie trata de ejercer poder sobre un amigo u obligarlo a que cambie de forma de ser.

En un emprendimiento comercial las relaciones humanas se guían por otras pautas e intereses. La vigencia de los *códigos* que se dan entre los amigos, no suelen ser compatibles con *los intereses económicos y relaciones de poder* que se dan en una empresa. En un negocio comercial, prevalecen objetivos materiales, retribuciones dinerarias, relaciones de poder, rentabilidad, productividad, distribución de ingresos, eficacia y cierta discrecionalidad en las decisiones por parte de los que mandan. Todos esos intereses y comportamientos normalmente hacen eclosión con los códigos que rigen la amistad.

Es sabido que el éxito de un emprendimiento no se logra solamente con voluntarismo, sentimientos o "amor y paz".

Depende esencialmente de la idoneidad para organizar el proceso productivo, gestionar adecuadamente, tener ideas creativas, comercializar y ser competitivo. Esto exige tomar decisiones que no siempre son compartidas por los socios. Estos puntos de vista antagónicos generan conflictos que no suelen terminar bien. Esto sucede especialmente cuando se mezclan con las emociones y sentimientos, ya que suelen desbordarse y terminar en enemistades irreconciliables que afectan no solo los vínculos sino el desarrollo de la empresa.

Conociendo los descarnados enfrentamientos que se pueden producir entre amigos o familiares, cuando en esas relaciones se filtran intereses económicos o dinero, es importante que un emprendedor elija muy bien a sus socios. En primer lugar, debe priorizar sus capacidades e idoneidad para acompañarlo en el emprendimiento. Debe valorar *objetivamente* cuáles son sus condiciones profesionales para potenciar la gestión de la empresa. Luego debe poner en la balanza la amistad, la familiaridad o la empatía para determinar cuánto le suma o le resta. Si el amigo no tiene capacidades para actuar profesionalmente o no comparte las metas del emprendimiento, seguramente la relación será muy conflictiva afectando a la empresa y la amistad, con lo cual es conveniente no asociarse.

Un consejo adicional, si el amigo o familiar es idóneo y significa un gran soporte emocional para llevar adelante un proyecto, es conveniente asociarse, pero al hacerlo es recomendable establecer por escrito las obligaciones, derechos, responsabilidades, distribución de ingresos y, especialmente, cual decisión habrá de prevalecer en caso de no estar de acuerdo sus opiniones. Esta formalidad permitirá que la amistad perdure y el emprendimiento funcione de manera eficaz.

Un emprendedor no debe sumar mayores riesgos a un emprendimiento a los que normalmente tiene. Por lo tanto, debe evitar asociarse con personas que no tienen los conocimientos adecuados para gestionar y llevar adelante el proyecto. No se trata de ignorar el valor que tienen los sentimientos, la amistad y el soporte emocional que significa tener un amigo al lado en los momentos difíciles. Existe gran cantidad de experiencias donde los amigos han participado en empresas y han logrado grandes éxitos sin afectar sus vínculos afectivos. Sin embargo, esas experiencias no invalidan las advertencias realizadas sobre los *socios amigos*, ni hace desaparecer los problemas que pueden presentarse cuando no se logra compatibilizar objetivamente la amistad con los negocios.

Paso 9

Gestionar

El liderazgo emprendedor

A través de un liderazgo pleno se guía, orienta, contiene, apalanca y estimula a los colaboradores para que se comprometan con objetivos de la empresa y con su desarrollo personal.

La gestión sustentada en la coerción no genera adhesión de los empleados ni permite constituir un liderazgo efectivo. Las conductas autoritarias, a partir del ejercicio negativo del poder, solo generan rechazo y resistencia por parte de los empleados que sienten mancillados o tratados como parte de un engranaje en donde no tienen ninguna participación ni consideración. La ausencia de un liderazgo consensuado y el abuso de poder generan desgano, falta de colaboración, críticas y conflictos que terminan cancelando la posibilidad de desarrollo de la empresa y de sus empleados.

Un emprendedor necesita desarrollar un liderazgo que estimule a los empleados y sea un referente positivo para la concreción de los objetivos colectivos e individuales. Sin un liderazgo pleno, justo, honesto y transparente la gestión empresarial suele tener muchas dificultades para apalancar y potenciar las actividades productivas. Es fundamental construir un liderazgo que genere la adhesión y reconocimiento de los integrantes de la empresa para motivar y potenciar sus actividades, en especial cuando se inicia un nuevo proyecto o se enfrentan grandes desafíos. Si se logra liderar con el consenso de la gente, se podrán aunar los esfuerzos individuales, armonizar intereses contrapuestos y juntar talentos dispares detrás de un objetivo en común. Así, el liderazgo consensuado se convertirá en una herramienta fundamental para motivar a los equipos de trabajo, establecer objetivos, ejecutar planes, lograr adhesión y superar adversidades.

La experiencia pone en evidencia la importancia que tiene un liderazgo pleno para apalancar el esfuerzo colectivo, generar entusiasmo y generar un clima de optimismo. Tener un *referente* creativo, honesto, eficaz, osado y respetuoso que habilite la participación de todos los miembros de la empresa genera adhesión. Permite alcanzar grandes metas que las organizaciones autoritarias, centralizadas y sin participación no pueden lograr con los mismos resultados.

Un liderazgo eficaz implica priorizar objetivos, supervisar la gestión, establecer estrategias, movilizar las voluntades, entusiasmar, consensuar y organizar las actividades para establecer metas superadoras dentro de un ambiente de respeto y eficacia. Un liderazgo no se construye con órdenes autoritarias, mandatos y directivas centralizadas sin la participación de los empleados. Todo lo contrario, fomenta la participación de quienes constituyen el *principal activo* de una empresa a fin de que *todas las voces* sean escuchadas y sientan que son parte de un proyecto compartido.

No se puede construir un liderazgo pleno cuando un empresario se erige como dueño de la verdad, no escucha ni deja participar a sus colaboradores. No existe cuando se actúa sin participación del entorno en la toma de decisiones. En este caso, solo existe una relación de *mando y obediencia* donde el responsable de la gestión ordena y establece pautas de cumplimiento obligatorio a partir del ejercicio de un poder autoritario.

El liderazgo positivo es algo muy distinto al ejercicio arbitrario y unilateral del poder. Su construcción necesariamente requiere el reconocimiento de los empleados y su adhesión voluntaria como consecuencia de haber estimulado emociones positivas.

Muchas son las características que deben confluir para lograr un liderazgo pleno y efectivo que sea constructivo para mejorar la gestión de una empresa. Las más importantes son las siguientes:

- El responsable del emprendimiento debe estar a la vanguardia de la actividad que realiza y emprender constantemente nuevos desafíos. Debe tener iniciativa e intentar cruzar las fronteras del *statu quo* en busca de oportunidades. Está corroborado que los empleados valoran que el emprendedor a cargo de la gestión renueve constantemente los objetivos y no se encuentre rezagado con respecto a la competencia. Esta actitud genera una fuerte admiración y entusiasmo porque los colaboradores consideran que el *capitán* a cargo de la nave empresarial tiene coraje para emprender desafíos innovadores que reporten mayores beneficios.

- El liderazgo se potencia cuando un emprendedor fija metas claras y precisas que orientan hacia donde se dirige la empresa. La falta de rumbo, no saber cuáles son las prioridades o no tener precisión sobre las metas propuestas denota una incapacidad que erosiona el liderazgo. Es fundamental que al fijar objetivos y establecer planes, el emprendedor demuestre certeza y seguridad sobre hacia dónde quiere ir para lograr una adhesión por parte de sus colaboradores y estimular la participación.

- Un liderazgo no se construye con favoritismos hacia a algunos empleados o cancelando la participación de algunos. Se construye y fortalece con decisiones objetivas, equilibradas y justas. Cuando un emprendedor deja traslucir subjetividad en sus decisiones favoreciendo a los amigos o a los sumisos que lo alaban, genera rechazo por parte del resto de los empleados.

- El liderazgo se edifica a partir del respeto igualitario hacia todo el entorno. Un emprendedor debe ser absolutamente respetuoso con sus colaboradores, evitando descalificaciones o discriminaciones por nacionalidad, género o condición social. Debe demostrar en las palabras y los hechos que todos merecen igual respeto, en especial los que son distintos o no tienen poder.

- El liderazgo se refuerza cuando existen equitativas políticas de distribución de ingresos y se compensa económicamente a los empleados de acuerdo a su dedicación y mérito. Los emprendedores no solo deben ser justos y respetuosos en el trato con sus colaboradores sino que debe recompensarlos de manera justa.

- Un liderazgo requiere *aggionarse* a los cambios culturales para mantener su vigencia y eficacia. La sociedad se encuentra en permanente transformación, poniendo en valor nuevos objetivos y dejando de lado otros, por considerarlos negativos o intrascendentes. Un emprendedor debe tener en cuenta esos cambios de valoración y las nuevas necesidades de la gente para no quedar rezagado en sus proyectos. Debe acompañar la movilidad social, el cambio cultural y las exigencias de las nuevas generaciones para mantener su liderazgo y no perder vigencia ante la nueva realidad.

- El liderazgo pleno se potencia con la delegación de responsabilidades y con el apoyo a la conformación de liderazgos intermedios dentro de la organización. Este formato de gestión participativa y de liderazgos múltiples rechaza la idea de que los empleados son parte de un engranaje que sólo funciona correctamente si cumplen con los mandatos impartidos por un jefe. La delegación de responsabilidades y la desmembración del poder favorece a la constitución de responsabilidades compartidas, favorece a la construcción de los vínculos entre los empleados, potencia los resultados de la empresa y estimula la superación personal.

Es evidente que toda organización empresarial requiere de líderes que les den forma a los objetivos y motiven a los empleados para que aúnen sus esfuerzos detrás de metas en común. Ese liderazgo varía en su forma y manera de manifestarse de acuerdo a cada tipo de organización. Pero, más allá de sus diferencias, no cabe duda de que en un emprendimiento lograr mayores resultados y potencia su crecimiento cuando tiene líderes idóneos que cumplen eficazmente el rol que les corresponde.

La importancia del liderazgo

Un líder tiene como principal tarea fijar el norte del emprendimiento ya que, como dijo el filosofo griego Séneca, "a un barco sin rumbo ningún viento le es favorable".

Un emprendedor jamás podrá liderar y ser referente de sus empleados si no participa y se compromete con los objetivos que impulsa. Nada podrá conseguir si es invisible a los ojos de sus colaboradores, sea porque no está cuando debe estar o porque no demuestra interés por lograr los objetivos que pretende que los demás persigan. Es imposible influir sobre los integrantes de un emprendimiento sin comprometerse o sin *poner el pecho* en los momentos de crisis. Un liderazgo auténtico no solo se construye trasmitiendo idearios, pasiones y objetivos que entusiasmen. También es importante que el empresario se ponga al frente de su equipo para plasmar los objetivos propuestos. Desde el silencio o desde la sombra no se puede influir, convencer, entusiasmar, guiar o motivar a los colaboradores. La *invisibilidad y falta de compromiso activo* no generan liderazgo. Lo que no se ve, no se escucha ni se siente no produce ningún efecto estimulante entre los empleados. Esa falta de compromiso e invisibilidad, por el contrario, solo generan malestar, desinterés y desmotivación.

No hacer nada, evitar responsabilidades, ocultarse de los problemas, actuar con desidia o no emitir opiniones que orienten a los empleados atenta contra la construcción de un liderazgo pleno. Al tener esos comportamientos escurridizos, una empresa en lugar de un líder tendrá un encargado de la gestión que solo pagará salarios y distribuirá tareas sin que su presencia genere grandes estímulos de superación. Ser líder implica otro tipo de conducta. El liderazgo se construye a partir de actitudes y compromisos activos que generen admiración y respeto por su eficacia, osadía y creatividad. Requiere tener presencia activa en la empresa para guiar, opinar, conducir, contener y comprometerse codo a codo con los empleados para lograr ciertos objetivos.

Comprometerse con la empresa y tener una presencia activa no implica que un empresario tenga que estar en todo y controlar todas las actividades. Como se ha visto, un liderazgo se fortalece al delegar responsabilidades y promover liderazgos múltiples dentro del emprendimiento. Un responsable de gestión no debe *cargar sobre sus espaldas* todas las responsabilidades, generar todas las ideas y resolver todos los problemas. Los emprendedores que no delegan, se sienten imprescindibles o son soberbios no construyen liderazgos que potencien la productividad de la empresa. Son personalidades que no logran forjar liderazgos plenos y auténticos porque sobrestiman sus capacidades y subestiman las de sus colaboradores al considerar que son incapaces de hacer las cosas tan bien como ellos.

Un emprendedor debe delegar sus responsabilidades para potenciar las ideas, el rendimiento productivo y evitar múltiples errores. Si no delega le está *cortando las piernas y la cabeza* a la empresa y a sus empleados, impidiendo que ambos progresen. Si no delega y no promueve los liderazgos intermedios solo podrá aspirar a ser un *encargado de gestión* que por su arrogancia, soberbia y falta de participación de sus empleados solo tendrá pequeños logros. Si, por el contrario, facilita la participación, genera diálogo con su equipo, debate ideas, acepta las críticas constructivas y promueve la delegación de responsabilidades, obtendrá grandes logros.

Delegar funciones en los colaboradores de ninguna manera implica evadir determinadas responsabilidades como hacen muchos directivos corporativos. Un responsable de gestión tiene como principal objetivo liderar la empresa para fijar el Norte a seguir, ya que como dijo el filósofo griego Séneca "a un barco sin rumbo ningún viento le es favorable". Por esa razón, si un empresario pretende ejercer un liderazgo pleno debe fijar metas, tomar decisiones, comprometerse activamente y gestionar eficazmente en aquellas responsabilidades que le competen. Es cierto que mientras gestiona debe escuchar todas las opiniones, oír las críticas y estimular la participación de su entorno. Pero luego de ese proceso de participación recae sobre su responsabilidad y jurisdicción tomar la decisión final de cómo y hacia dónde hay que ir. No siempre podrá lograr un consenso absoluto ni pretender que todos compartan sus decisiones. Tampoco puede llamar a votación porque una empresa no es una organización democrática como un país. Una empresa es una organización que requiere de un líder que fije el rumbo que todos deberán cumplir si quieren llegar a algún destino. Una empresa no es una comunidad donde todos pueden hacer lo que quieren y no atenerse a reglas. Si bien en una empresa pueden existir responsabilidades compartidas, liderazgos múltiples, participación y una gestión consensuada, para su funcionamiento es necesario que haya un responsable individual o colegiado que tome las decisiones finales sobre el rumbo a seguir. El tiempo y los resultados que produzcan esas decisiones demostrarán si fueron acertadas o equivocadas. En el primer caso, el liderazgo del empresario quedará fortalecido y en el segundo caso, resentido.

Autoridad no es autoritarismo

La autoridad ejercida para ordenar las actividades de un emprendimiento se sustenta en el consenso y la aprobación de los empleados, mientras que el autoritarismo es una imposición arbitraria de los directivos de la empresa para obligar a que se cumplan sus mandatos.

La autoridad empresarial resulta de la potestad que tiene el responsable de gestión y sus directivos para organizar un emprendimiento y establecer pautas para ordenar un proceso productivo con el propósito de lograr determinados objetivos. Esta potestad, si bien es consecuencia de la posición de poder que ocupa el empresario y sus directivos dentro de la organización, para que sea plena y tenga efectos positivos requiere del reconocimiento de los empleados. Necesita de la aceptación de los integrantes de la empresa a partir de evaluar que la gestión de sus directivos es idónea. Este reconocimiento se habrá de producir a partir de que perciban que sus demandas son escuchadas, sus derechos respetados, su participación garantizada y las directivas son justas.

Para tener autoridad, no basta con tener poder y estar en la cima de una organización. La *autoridad plena* se lograr a partir del reconocimiento y aceptación de los que tienen que obedecer las pautas organizativas de la empresa. Por tal motivo, un empresario debe ganarse el respeto y admiración de los empleados con una gestión apropiada.

Tener autoridad permite a un empresario contar con una herramienta muy valiosa para lograr que todos los empleados trabajen de manera mancomunada en un clima de armonía y sin conflictos desgarradores. Por lo tanto, el que desea fortalecer y mantener su autoridad, debe actuar teniendo su mirada puesta no solamente en los objetivos empresariales sino también teniendo presente la reacción de sus colaboradores. No puede gestionar creyendo que su poder dentro de la empresa le otorga autoridad de manera automática y para siempre.

La autoridad empresarial se construye a lo largo de la gestión. Se logra cuando se tienen en cuenta las necesidades, reclamos y méritos de los empleados, considerados colectiva o individualmente. Por lo tanto, al gestionar no solo hay que actuar en función del conjunto sino que hay que prestar atención a los empleados de manera personal. Nunca hay que olvidar que cada empleado es único y diferente, por lo que espera ser tratado y considerado de acuerdo a esas particularidades. Reconocer los méritos y el esfuerzo realizado por cada colaborador de manera individual, hará que el colectivo admire y respete al empresario haciendo que su autoridad crezca.

Cuando la autoridad se trata de construir a través de la fuerza o la coerción, se transforma en el ejercicio *autoritativo* del poder. En este caso, la gestión del empresario se traduce en conductas abusivas, arbitrarias, injustas y despóticas en donde la opinión, el consenso y la participación de los empleados desaparece.

La gestión autoritaria, ya sea que se realice a través de sanciones disciplinarias, amenazas de despido, mal trato, discriminación, descalificaciones, reducción de ingresos o críticas sarcásticas, es absolutamente negativa y reprochable porque busca imponer el miedo, la sumisión y cancelar las críticas. Gestionar autoritariamente es un recurso arcaico que busca torturar psicológicamente a los empleados para que no cuestionen el poder y las acciones del empresario. Es un mecanismo de dominación aberrante que obliga a los empleados a cumplir con los mandatos empresariales por la fuerza y la coerción. Es la antítesis de lo que debe ser el ejercicio de una autoridad plena, donde los atributos de mando son reconocidos y aceptados por los empleados sin sumisión.

Los comportamientos autoritarios tienen poco en común con la autoridad que tiene un líder eficaz y honesto. El autoritarismo es *abuso de poder* para imponer mandatos a la fuerza y no aceptar ningún cuestionamiento. El autoritarismo es despotismo, inequidad, opresión, injusticia y maltrato. Es una conducta que degrada a quien la ejerce y daña al que la recibe. Es una deformación negativa del ejercicio de autoridad.

El principal aliado del autoritarismo empresarial es la imposición del miedo como la forma natural de relacionarse con los empleados. Emplea el terror y las sanciones como una forma feroz de ejercer control y dominio sobre todo. Utiliza el miedo para imponer el dogma de que en una empresa solo debe existir una posición de mando a cargo de los directivos y una posición de obediencia sumisa por parte de los empleados. La imposición de acciones coercitivas es esencial para lograr ese cometido, doblegando a los que se oponen o critican.

Las conductas autoritarias no siempre se manifiestan a través de un grito, la humillación, la desacreditación, una sanción administrativa o la reducción de un salario. Los autoritarios, para no ser cuestionados por el sindicato o los empleados, tratan de ocultar su arbitrariedad a través de mecanismos sutiles. Imponen el miedo de manera disimulada, como puede ser la falta de promoción, no invitar a los empleados a las reuniones relevantes en las que deberían estar presentes, ser estrictos en las licencias por paternidad o la modificación de las tradicionales fechas de vacaciones. Todas esas acciones, aunque puedan estar dentro del marco de la ley para no ser cuestionadas, tienen otro propósito: generar miedo y sumisión. Son formas sutiles de disciplinar las voluntades rebeldes y a los críticos.

El autoritarismo tiene muchos rasgos negativos y repudiables. Nada bueno puede salir del maltrato, la discriminación, la coerción, la animosidad, el mal humor y el rencor. Es difícil generar colaboración y energías positivas en los empleados cuando se ejerce el poder autoritariamente. Al cancelar la participación, el consenso y la colaboración voluntaria, se elimina la creatividad colectiva quedando las posibles innovaciones reducidas al finito talento de los directivos.

En un ambiente laboral autoritario, la colaboración de los empleados se limita a regañadientes a las disposiciones impartidas despóticamente por el empresario. Nadie se esfuerza ni colaboraba mas allá de sus obligaciones por estar lleno de rencor por el maltrato recibido o por temor a realizar algo que pueda ser cuestionado por no estar autorizado.

Otro efecto negativo y no menos relevante, es que genera una disminución de las defensas físicas, dañando la salud de los empleados. Al vivir en ese estado de temor y coerción los integrantes de la empresa son propensos a las enfermedades y trastornos psíquicos. El resultado de esa presión anímica y estrés agudo que generan las conductas autoritarias, es el daño profundo en la salud. Los autoritarios o autoritarias no comprenden que esas conductas, aparte de ser aberrantes, terminan afectando la productividad por la falta de concentración, las ausencias médicas y las solicitudes de licencias por parte de los empleados.

En definitiva, el autoritarismo empresarial sustentado en el abuso de poder y en el ejercicio del miedo, no tiene nada que ver con la *autoridad* que todo líder debe ejercer en su organización para concretar sus objetivos y ejecutar sus planes económicos. Un empresario tiene la responsabilidad de su gestionar teniendo en cuenta los derechos y aspiraciones de su principal activo que son los empleados. No debe actuar con soberbia o maltratando a la gente porque siente que tiene un poder que le permite hacer lo que quiera. Debe construir una auténtica autoridad, que se logra a partir del reconocimiento y respeto a su gestión por parte del entorno. Si no construye una autoridad en base al consenso, no logrará el compromiso efectivo de los colaboradores y hará que cunda el desorden y los conflictos que lo pueden predisponer a utilizar la peor herramienta a la que puede apelar: el autoritarismo.

Supervisar la gestión

Una actividad económica siempre está expuesta a contingencias y errores, por lo que es necesario estar constantemente supervisando el funcionamiento del proceso productivo.

El día en que un emprendedor pone en funcionamiento su emprendimiento es un momento de dicha y felicidad. Ese aconte-cimiento lo llena de satisfacción porque sus proyectos comienzan a materializarse. Hasta ese día, su esfuerzo se limitaba a la gene-ración de ideas y a la planificación de sus futuras actividades. Al poner en funcionamiento el emprendimiento, todos sus sueños comienzan a tomar forma. Ese día se inicia una etapa diferente en la que se comprobará si los objetivos proyectados podrán ser concretados.

El día de la inauguración es un momento *bisagra* en la vida de un emprendedor, al dejar atrás las proyecciones e iniciar un proceso operativo para saber si los pronósticos eran acertados. Se da inicio a una etapa muy diferente a la anterior. En ese momento, comienzan a verificarse si los proyectos generados por la imaginación se ajustan a los hechos y si tienen la capacidad para sortear los problemas.

El proceso operativo de un emprendimiento suele ser menos creativo mucho más estresante. Dirigir y administrar una empresa es una actividad bastante diferente a diseñar mentalmente un proyecto. Al organizar y llevar adelante el funcionamiento de un proceso productivo, la realidad emerge con toda intensidad para poner en evidencia errores, falta de idoneidad para gestionar e imprevistos. Para muchos, gestionar suele ser *un calvario*, muy diferente de lo que es la etapa creativa. No todos están preparados para pasar a la acción y convivir con conflictos laborales, falta de financiamiento, permisos gubernamentales o la implacable competencia. Por esta razón, son muchos los emprendedores que abandonan rápidamente la gestión, mientras que otros solo quieren dedicarse a la parte creativa para vender sus proyectos a quienes estén dispuestos a materializarlos.

Son muchas las tareas que deben realizarse en una gestión para poder plasmar exitosamente los proyectos creativos. La más importante es la *supervisión y mantenimiento* del proceso productivo. Se sabe que durante la materialización de la producción se presentan contingencias, conflictos, puja de intereses, cambios de la demanda y decenas de factores materiales que suelen impedir que un plan pueda ejecutarse como estaba previsto. Por lo tanto, ese complejo proceso operativo debe estar constantemente supervisado para superar adversidades y evitar que los problemas crezcan a un punto que no puedan ser resueltos.

No son pocos los planes que fracasan por la falta de supervisión y mantenimiento. Algunos emprendedores, una vez que inauguran su emprendimiento, no supervisan las actividades operativas porque dan por sentado que el plan se cumplirá de acuerdo con lo proyectado. No comprenden que los imprevistos y los errores siempre están al acecho, por lo que hay que estar supervisando constantemente el proceso operativo para corregir y re encauzar los planes si tiene fallas. No menos importante es estar supervisando el estado de los recursos materiales, para mantenerlos en óptimas condiciones dado el desgaste que sufren por el uso y otros factores.

La supervisión de las actividades operativas siempre debe estar acompañada por *un plan de mantenimiento* para solucionar las fallas técnicas y materiales que se produzcan durante el proceso de ejecución de un plan. A tal fin, es necesario que los empleados y líderes intermedios que participan en ese proceso productivo, informen de las fallas, desgaste o contingencias que surgen día a día. Con ese fin deben elevar *reportes o informes* a sus superiores, a fin de actuar a tiempo para corregirlos.

Un empresario no puede desconocer las fallas operativas ni permitir que no se le informe sobre las dificultades que surgen en la empresa. Es fundamental que ejerza un férreo control y supervisión para que los planes se ejecuten perfectamente y que los problemas se resuelvan a la brevedad. El éxito dependerá, en gran parte, de que esté atento al proceso operativo para adaptarlo a la realidad, cambiarlo si es necesario y superar con eficiencia los problemas.

El modelo de gestión femenino

Las emprendedoras tienen la oportunidad de construir su propio modelo de gestión empresarial, si no se sienten representadas por las formas de organizar y gestionar que predominan en el ámbito económico.

El complejo universo económico condiciona a todo emprendedor a tener que forjar una *personalidad, temperamento e identidad* que le permita fortalecerse, superar temores, concretar sus metas y mantener el equilibrio emocional que se requiere para soportar las presiones y adversidades. Las mujeres no están exentas a esa presión y a la necesidad de forjar una *personalidad empren-dedora* que le permita alcanzar sus metas sin tener que ceder o modificar sus ambiciones, valores y objetivos.

Una emprendedora, para sentirse plena y bien consigo misma, no puede abandonar sus ideales para mimetizarse y adaptarse a los objetivos o modelos de organización empresarial que los hombres vienen desarrollando a través de los años. Para no traicionar sus convicciones, necesita sentirse bien y plasmar sus sueños de la manera que considere que es la mejor y más apropiado a su personalidad e ideales. No es conveniente que copie modelos de gestión que no se ajustan a su manera de ser y a su visión de cómo llevar adelante una empresa. Traicionar sus códigos, no hacer lo que siente o tener que imitar modelos empresariales con los que no se siente a gusto le quitará energías y le impedirá modificar sistemas de producción y de organización que deberían ser cambiados.

No se puede negar que al integrarse a un escenario econó-mico condicionado por el protagonismo masculino, las empren-dedoras suelen estar presionadas para que asuman conductas que se ajustan al modelo de gestión prevaleciente. La legislación, las formas de producir, los modelos de organización, la literatura económica, las relaciones de poder o las regulaciones laborales tienen inexorablemente la impronta de los hombres. Por lo tan-to, no adaptarse o rechazar esos formatos organizacionales no es nada sencillo porque los grupos de intereses, las costumbres y la legislación se resisten a que se modifiquen. La presión social, las tradiciones, las regulaciones sindicales o la crítica de los hombres de negocios para aquellas empresarias que pretenden gestionar de manera diferente suelen muy duras.

La reacción negativa hacia la introducción de cambios en las formas de organizar y producir, determina que muchas empren-dedoras prefieran repetir los modelos de gestión existentes an-tes de recibir cuestionamientos de los trabajadores, empresarios o clientes. Prefieren aceptar las *reglas de juego* vigentes antes de tener que batallar contra decenas de intereses que se oponen a cualquier tipo de alteración de las metodologías de organización empresarial, aceptadas por sindicatos, gobiernos y el mercado.

Son muchas las emprendedoras que, para no ser objeto de descalificaciones o por no tener que estar lidiando todo el día con grupos de presión, prefieren acoplarse a los modelos organizativos impuestos históricamente por los hombres. Se resignan a lo dado y no implementan cambios en la forma de gestionar porque no quieren desatender sus actividades productivas por tener que dedicarse a convencer a sindicatos, clientes o proveedores de que cambien sus conductas.

Afortunadamente para el progreso y la renovación, cada vez son más las que no están dispuestas a aceptar formatos empresariales que no se ajusten a sus convicciones. No se resignan a seguir modelos de gestión que no comparten ni sienten como propios. No les atemoriza tener que confrontar con intereses conservadores que no quieren cambiar. Tampoco les importan las críticas o descalificaciones por intentar ir contra la corriente en búsqueda de nuevas alternativas de gestión. Están convencidas de que deben desarrollar su propia personalidad e identidad sin dejarse llevar por prejuicios, presiones o mandatos acuñados en el pasado.

No se puede negar que hombres y mujeres tienen muchas cosas en común y es bueno que compartan sus sueños y procederes cuando son semejantes. Sin embargo, también es una realidad que tienen sensibilidades, visiones y objetivos que suelen diferenciarlos. Esto suele ser evidente en las formas en que se relacionan con sus equipos de trabajo, en la manera de gestionar o en las metas que se proponen al emprender un negocio. Justamente por esa razón, una emprendedora debe generar su propio modelo de gestión de acuerdo a su personalidad, valores y sentimientos. Perder su identidad, sensibilidad y forma de concebir la actividad económica para adaptarse a un formato que no comparte es muy negativo en lo personal y para la colectividad de la que forma parte. Es fundamental que gestione de acuerdo a sus convicciones y sentimientos. Al hacerlo, contribuirá a contrarrestar hábitos y formas de gestionar arcaicos que no se ajustan a las aspiraciones actuales de las nuevas generaciones.

Por sus creencias y valores, no hay duda de que las mujeres tienen mucho que aportar a la gestión empresarial. Su presencia, seguramente, permitirá cambiar, superar o modificar algunas conductas negativas como la avidez insaciable de acumular dinero, el autoritarismo laboral, la deshonestidad, la corrupción, la desigualdad de género, la marginación por condición sexual o la desconsideración hacia los sentimientos de los empleados. Su presencia traerá aires renovados y positivos a las empresas porque su gestión incluirá mayores dosis de sensibilidad, transparencia, honestidad, afecto, solidaridad social, contención y respeto hacia los demás.

Los valores que las mujeres pueden aportar son muchos y variados ya que dependen de su educación, formación profesional y creencias. Sin embargo, existen ciertos valores positivos que suelen estar presentes en la mayoría de las integrantes del género femenino. Uno de los más relevantes es la *honestidad*. La mujer que desarrolla una actividad profesional, por lo general, le asigna gran relevancia a ser honesta consigo misma y con los demás. No se siente cómoda ni feliz gestionando a base de mentiras, engaños, trampas o hipocresía. La verdad y el cumplimiento de las promesas es relevante en su gestión porque pretende que los demás actúen de forma similar para con ella.

También, tienden a *humanizar* la gestión evitando tratar a sus colaboradores, proveedores o clientes como cosas que pueden ser descartadas cuando no aceptan sus directivas o no sirven a sus intereses. Incorporan a la gestión sentimientos, afectos, sensibilidad emocional y respeto. Son especialmente consideradas con las colaboradoras mujeres en su etapa de maternidad o hacia aquellos empleados que tienen problemas personales. Entienden que los empleados son personas y, por lo tanto, tienen una vida aparte de la empresa que debe ser respetada y considerada.

Tampoco suelen estar dispuestas a realizar actividades económicas que afecten al colectivo social. No suelen aceptar que, para lograr beneficios económicos, haya que tener comportamientos que se traduzcan en una explotación de trabajadores, manipulación del mercado, conspiración contra los gobiernos, engaño a clientes, abuso, evasión de impuestos o contaminación del medioambiente. Esta visión es la que determina que sean las principales defensoras de instalar el concepto de *responsabilidad social empresaria.* La mayoría de las mujeres no son indiferentes ante la miseria social, la desigualdad, la falta de oportunidades, la injusticia, la exclusión, la explotación, la corrupción o los atropellos del Estado, considerando que las empresas pueden colaborar a disminuir esas falencias, si no están dominadas por la ambición de enriquecerse a cualquier precio.

No cabe duda de que la mujer, dadas algunas de sus condiciones, debe tener mayor protagonismo en la economía y en la gestión empresarial. Este reclamo de mayor participación no significa descalificar a los hombres ni cuestionar íntegramente su forma de gestionar las empresas que han llevado a una producción de riqueza nunca vista en la historia de la humanidad. Tampoco, al proponer que las mujeres gestionen de acuerdo a sus convicciones, se sugiere que deban tener actitud *revanchista y macartista* hacia la cultura empresarial masculina. La valorización del aporte que puede generar las mujeres a la actividad empresarial no significa sostener erróneamente que las mujeres son más capaces o superiores que los hombres para gestionar. Defender esa postura, como lo hacen algunas feministas radicalizadas, es absolutamente falso y contrario a la convivencia social. Es una postura fascista y discriminatoria sustentada en una superioridad que no existe ni debe ser convalidada, si se quiere mejorar la calidad de vida y la convivencia de todos los integrantes de la sociedad.

Al proponer que las empresarias actúen de acuerdo a sus particularidades, se está proponiendo que se acepte la diversidad para mejorar los resultados económicos y la convivencia. Es sabido que la diversidad y la diferencia de criterios aumentan la creatividad, la productividad y combaten los dogmatismos. Por eso es fundamental que la mujer participe junto al hombre codo a codo y en igualdad de condiciones para que justos construyan una *cultura empresarial* más eficiente, productiva, equitativa, solidaria, sensible, integradora, participativa y justa.

La sensibilidad, el espíritu comunitario, su relación con el poder y el altruismo que tienen las mujeres serán un aporte sustancial para que algunos empresarios cambien sus conductas y se adapten a las nuevas demandas sociales y los cambios culturales de nuestro tiempo. La participación femenina en las empresas y su interrelación con los hombres integrantes de la comunicad empresarial es fundamental para que cambien algunas formas negativas de gestión. Un análisis realizado por la revista *Fortune* sobre 300 empresas en el período 1995-2015 muestra que aquellas organizaciones que estimularon la participación femenina e incluyeron mujeres en los puestos de dirección o en consejos de administración, mejoraron el 25% su rentabilidad y disminuyeron el 30% de su conflictividad interna.

Sin embargo, ese elemento valioso que pueden aportar al mundo empresarial no será posible si las emprendedoras piensan, sienten y actúan de acuerdo a viejas fórmulas que pretenden mantener los grupos de presión con fuerte presencia masculina. Su aporte positivo a la economía no será posible si no forjan su propia personalidad e identidad y construyen su propios modelos de gestión. Si las emprendedoras actúan de acuerdo a arcaicas tradiciones o se someten a los grupos de presión, no sumarán nada nuevo. Se habrá mimetizado con lo existente, para bien o para mal. No sumarán nada distinto, simplemente se acoplarán a las formas de gestionar vigentes, con sus aciertos y sus errores. Por lo tanto, si las emprendedoras buscan que su aporte a la gestión y la economía sea significativo, es necesario que no imiten modelos del pasado y encuentren su propia identidad empresarial, aportando sus valores, transparencia, honestidad, altruismo, respeto y su visión de cómo hay que ejercer el poder para beneficio de los empleados y de toda la sociedad.

Aprovechar el tiempo

No emplear debidamente el tiempo lleva a malgastar horas que podrían ser utilizadas para concretar objetivos importantes para la gestión empresarial, descansar o disfrutar con la familia.

El tiempo no solo es inalterable por voluntad humana, sino que cada vez se lo considera más escaso porque se tienen más objetivos que perseguir y necesidades que satisfacer. Los emprendedores no están exentos a la presión del tiempo y a la sensación de que es escaso, en función de todo lo que tienen que hacer. Por lo tanto, suelen vivir obsesionados para ganarle a las agujas del reloj extendiendo sus horarios laborales, como si eso les permitiera lograr mayores beneficios y tranquilizar la ansiedad.

No se puede negar que el tiempo es un factor relevante en muchos aspectos, generando grandes satisfacciones o negativas sensaciones a su paso. Casi todo en nuestra vida gira alrededor del tiempo, como giran las agujas del reloj. En los procesos económicos, como no podía ser de otra manera el factor tiempo en también es muy importante para la concreción de proyectos o para medir las posibilidades de éxito. Desconocer la incidencia que tiene el factor temporal en un proceso productivo es un error que suele pagarse caro. Un emprendedor debe ordenar su gestión para erradicar la improvisación, la desorganización o los esquemas de producción que lo llevan a malgastar el tiempo, *impidiendo llegar a sus objetivos.*

Su mal empleo en las actividades económicas es más habitual de lo que se piensa. Una gran cantidad de empresas desaprovechan los espacios de tiempo productivo por falta de organización, no establecer prioridades o no saber delegar. Esa impericia en la gestión implica que los empleados deben trabajar más horas sin que esto se traduzca en un mayor rendimiento productivo. Estudios realizados en 2010, en treinta y cuatro Estados miembros de OCDE, comprobaran que los tres países que más horas le dedicaban al trabajo (Grecia, Hungría y Polonia) estaban al fondo de la lista en términos de productividad. En cambio los tres países que menos horas se le dedicaban (Holanda, Alemania y Noruega), estaban en los primeros puestos en productividad. Lo que refleja que los niveles de productividad no se logran necesariamente porque se trabajen más horas. Lo relevante es cómo se utiliza el tiempo horario para producir de manera más eficiente y lograr el máximo rendimiento.

Es necesario que al tiempo se lo emplee y fraccione adecuadamente para lograr mayores beneficios para la empresa, sin afectar los

ingresos y calidad de vida de los empleados. Para utilizar eficiente-
mente los espacios de producción y las horas laborales aportadas por
los empleados, se requiere llevar adelante acciones que logren esos
objetivos. Para esto, es necesario que el emprendedor organice su
gestión de manera eficiente, dentro del marco de la ley.

Para que el tiempo de gestión se utilice correctamente y de manera productiva, es importante no gestionar a las apuradas, porque
eso genera una improvisación y lleva a que el trabajo deba hacerse
dos o tres veces hasta lograr un resultado positivo.

Tener que corregir errores de manera constante, vivir en conflicto
laboral o ejercer acciones autoritarias, no solo consume un tiempo valioso sino que genera un gran malestar que afecta la productividad. Un
emprendedor y sus colaboradores deben tratar de que su tiempo no
sea invadido con interrupciones improductivas. Es importante pensar
un poco menos en los intereses personales y pensar más en el colectivo, pues desaprovechar el tiempo termina perjudicando a todos.

La automatización y sistematización de los procesos productivos que se logra a través de la tecnología multiplica exponencialmente el rendimiento productivo, reduce considerablemente el
tiempo de trabajo y mejora en muchos aspectos la calidad de vida
de las personas. Tal es así que gracias al aporte de la robotización
tecnológica las jornadas laborales de 8 horas en los países desarrollados son cosa del pasado. La tecnología, en general, ha permitido
ahorrar gran cantidad de tiempo respecto de los métodos tradicionales de producción. No cabe duda que un emprendedor debe
apalancar sus actividades con la tecnología no solo para aumentar
su rendimiento productivo, sino para ahorrar horas valiosas que podría dedicar a generar más riqueza, descansar o aumentar el tiempo
libre. Y es conveniente que para emplear mejor el tiempo se eviten
las multitareas simultáneas.

Finalmente, el tiempo de un emprendedor rinde mucho más
cuando delega responsabilidades en su equipo de trabajo. La des-
centralización de la gestión y delegación de actividades no solo le
permite ahorrar mucho tiempo sino que potencia los resultados ge-
nerales de la empresa. Pretender hacerlo todo y no transferir responsabilidades es absolutamente negativo para la eficacia de un

emprendimiento. Esa conducta le pone un corsé a la creatividad, la participación, a los resultados de la empresa y a la utilización eficiente del tiempo.

Prever el escenario económico

Al proyectar sus actividades, un emprendedor debe calcular el peor y el mejor escenario económico que se puede dar en el futuro, para evaluar tanto los riesgos como las oportunidades que se pueden presentar.

Para aminorar la incidencia de los riesgos y tener en cuenta las posibles oportunidades de negocio que pudieran presentarse en cierto periodo de tiempo, es importante prever cómo puede darse el *escenario económico* en el futuro. Si bien es cierto que nadie tiene la *bola de cristal* para conocer cuáles serán todos los riesgos, contingencias, imprevistos y oportunidades que pudieran presentarse, también lo es que un emprendedor puede realizar pronósticos más o menos certeros. Esas proyecciones, en parte, tendrán como soporte la experiencia, la imaginación y la intuición. Pero también estarán sustentadas en cálculos racionales, estadísticas y proyecciones macroeconómicas, que suelen ser bastante útiles para realizar una evaluación aproximada sobre el futuro.

Realizar proyecciones en base a la información de las variables que intervienen en el mercado y su posible evolución permite pronosticar cuál puede ser el posible escenario económico en un corto y mediano plazo. Sin embargo, sabiendo que la exactitud de ese pronóstico es muy difícil de lograr, por imprevistos o errores de cálculo, es importante que un emprendedor analice cuál puede ser *el peor y el mejor escenario* que puede presentarse. A partir de esos dos extremos, podrá orientar sus decisiones y planificar de manera más eficaz, proyectando cuáles son las peores condiciones que se pueden dar y cuáles las más optimas.

Al conjeturar sobre los peores y mejores escenarios, es necesario que el emprendedor lo haga con el mayor nivel de objetividad y realismo posible. Las *ganas* de lograr ciertos objetivos, no deben empañar el juicio de un emprendedor. Por más apremios o sueños que tenga, jamás debe analizar y visualizar subjetivamente el futuro para acomodarlo a sus necesidades. Mientras más objetivo y certero sea su análisis sobre el devenir, mejor preparado estará para planificar sus metas, seleccionar recursos y acertar en sus pronósticos.

La proyección del peor y el mejor escenario económico tiene la virtud de analizar todas las variantes negativas y positivas que se pueden presentar en el futuro. Esa *visualización dual* es útil no solamente porque permite pronosticar qué puede acontecer en el mercado, sino que también ayuda a prever cuáles son las herramientas que hay que tener a disposición para aminorar las contingencias y aprovechar las oportunidades de negocio.

Un emprendedor avezado sabe que es imposible pronosticar todas las contingencias como todas las oportunidades de negocio en un ciento por ciento. De allí que conjeturar sobre el peor y mejor escenario sea un recurso valioso para no frenar su impulso emprendedor y evitar mayores errores. Sin embargo, ese escenario dual no es suficiente, porque nadie es un mago para conocer todo el futuro. Pueden aparecer contingencias y oportunidades no previstas, por lo que es necesario que el emprendedor sea flexible para poder adaptarse a la cambiante realidad. Quedarse aferrado a los pronósticos y no tener la capacidad ni la flexibilidad para adaptarse a los nuevos escenarios es un error que lleva inexorablemente al fracaso.

Escuchar la intuición

La intuición es sumamente valiosa para los emprendedores porque suele ser la brújula que los orienta cuando tienen dudas, o cuando las elucubraciones racionales no lo satisfacen.

La intuición busca dar respuestas y explicaciones que la razón a veces no puede brindar. Aparece como señales espontáneas que muestran alternativas que ayudan a esclarecer dudas o incertidumbres. También son frecuentes en casos de peligro o para mostrar oportunidades de negocio.

La mayoría de las mujeres y los hombres tienen algún grado de intuición. Todos en algún momento han recibido *señales intuitivas* ante situaciones de crisis, dudas o en circunstancias emocionalmente fuertes. Sin embargo, no toda la gente está dispuesta a escuchar esos *mensajes espontáneos o corazonadas.* Muchas personas, en especial los hombres, prefieren pasar por alto esas señales por considerarlas no confiables al carecer un sustento lógico que las avale. Ignoran o descalifican la relevancia a esas señales *espontáneas* que aparecen sin aviso, sin racionalización previa y vinculadas a la inteligencia emocional.

La generalidad de las personas, al no poder encontrar explicaciones racionales a las señales intuitivas suelen mirarlas con recelo. También existen intelectuales que siguen sosteniendo que la intuición no existe porque no hay un sustento científico que acredite plenamente su existencia. Desconocen que la neurociencia ha revelado que la intuición es resultado del trabajo de millones de neuronas que reaccionan ante ciertos patrones, dando señales de alerta o anunciando lo que puede suceder si se toman ciertas decisiones. Es cierto que todavía la neurociencia esta en un proceso de investigación y no ha llegado a conclusiones inapelables, pero sí tienen premisas ciertas que demuestran que la intuición es un *reflujo de percepciones vivenciales* experimentadas del pasado que han quedado guardadas en la mente y que mandan señales cuando se presentan situaciones iguales o similares.

Los economistas, en general, tampoco tienen en cuenta a la intuición cuando estudian las conductas de los agentes que participan en la economía. Al analizar los comportamientos de consumidores, clientes o empresarios lo suelen hacer en base a modelos matemáticos, valoraciones ideológicas o racionalizaciones genéricas. La mayoría de esos análisis desconocen la existencia de la intuición y su incidencia en muchas de las decisiones o conductas económicas de la gente. Los pocos economistas que la tienen en cuenta, lo hacen desde una perspectiva negativa, recomendando a los jóvenes emprendedores que eviten guiarse por las *corazonadas* al momento de gestionar. Consideran que la gestión empresarial debe estar ceñida a modelos racionales y cálculos matemáticos. Ignoran que la intuición ha impedido grandes fracasos y logrado que se realizaran grandes negocios.

Las biografías de notables emprendedores, revelan que en muchas oportunidades las señales intuitivas fueron determinantes para alcanzar el éxito. Son pocos los empresarios que no aceptan la importancia que tienen las *corazonadas* para lograr sus objetivos o para evitar peligros.

Como empresario y lector sobre los avances de la neurociencia, tengo una opinión formada sobre el tema. No tengo dudas de su existencia y de que debe ser tenida en cuenta cuando emite mensajes claros para destrabar encrucijadas que la razón no puede resolver. Las señales intuitivas suelen brindar una información valiosa para orientar al emprendedor cuando debe enfrentar una disyuntiva y tiene dudas sobre si el negocio será un éxito o un verdadero fracaso. Los hombres y mujeres que se deciden a emprender han experimentado en carne propia que la intuición es una percepción íntima, emocional y personal que los orienta en momentos de incertidumbre, peligros u oportunidades de negocio.

Está ampliamente corroborado que, para gran parte de los emprendedores, la intuición es una herramienta que los suele ayudar a gestionar con mayor eficacia y seguridad. La información que puede brindar la intuición, aunque a veces sea difusa, es muy valiosa porque actúa como *una brújula* que orienta y da respuestas que la razón no siempre ofrece. En muchas oportunidades da *señales de alarma* para descubrir si alguien está mintiendo, cuando el negocio no ofrece garantías de éxito o se está en presencia de un peligro. También es igualmente muy útil para *detectar* falsedades o virtudes de los futuros socios y clientes. Sin embargo, si hay que elegir su principal aporte no cabe duda de que es desentrañar las dudas cuando hay que elegir cuál es la mejor opción entre dos alternativas de negocio diferentes.

Las mujeres tienen mucho más desarrollada la intuición que los hombres. Tienen la fortuna de poseer una gran capacidad para percibir esas señales, por lo que están más predispuestas a tenerlas en cuenta. Han comprobado que las ayudan a tomar muchas decisiones certeras y oportunas.

Para algunos neurólogos, la mayor capacidad intuitiva de la mujer radica en que activan el cerebro de manera diferente a los hombres, ya que las mujeres utilizan más intensamente hemisferio emotivo que el hemisferio analítico, haciendo que sus experiencias emocionales estén más presentes cuando deben tomar decisiones o resolver encrucijadas. Otros científicos consideran que la mayor intuición femenina es consecuencia de su capacidad reproductiva y la crianza de los hijos. Esto las hace más sensibles hormonal y emocionalmente, permitiéndoles tener un grado superior de sensibilidad para recordar vivencias ante riesgos, dudas y encrucijadas experimentadas en el pasado.

Sea por su estructura cerebral o por sus hormonas, el hecho destacable es que la intuición es más intensa entre las mujeres que entre los hombres. De allí el reconocimiento generalizado a la *intuición femenina*. Al tener una presencia tan relevante en su vida cotidiana y un elevado nivel de credibilidad, están siempre predispuestas a escuchar y creer en la intuición cuando emprenden una actividad o tienen que tomar decisiones. Dejan que sus *corazonadas* las ayuden a seleccionar opciones o prevenir peligros. La tienen muy presente para elegir colaboradores en el trabajo, seguir ciertos objetivos o aceptar consejos de terceros.

Un emprendedor, más allá de su género, debe prestar atención a las señales intuitivas que recibe. Comprobará que en muchos casos le pueden ser útiles y valiosas para no equivocarse. Si bien nunca debe de dejar de ser cauteloso y corroborar la certeza de los mensajes, debe aprender a usarlas como una herramienta orientadora en los momentos de dudas, incertidumbre o zozobra.

Finalmente, cabe decir que así como está corroborado que la intuición existe, también es cierto que no siempre sus señales son claras, exactas ni brindan una información veraz. Al ser una revelación sensitiva, que las neuronas proponen de acuerdo a percepciones, errores, emociones y experiencias del pasado, sus señales

puede dar información equivocada o pueden ser mal interpreta-
das. Por este motivo no se puede confiar ciegamente en las *corazonadas* ni deben ser aceptadas sin ningún tipo de reparo. No son
revelaciones divinas ni brindan una *información inapelable.* Al ser
reflujos de experiencias y sensaciones vivenciales pueden ser im-
perfectas o erróneas para solucionar problemas o evitar peligros.
Esto obliga a que un emprendedor deba corroborar, comprobar y
asegurarse que no lo conduzcan a cometer errores.

No improvisar

**Cuando la improvisación se convierte en un método
permanente de gestión, produce desorientación entre
los integrantes de la empresa, genera desorganización y
favorece la multiplicación de errores.**

Algunos empresarios gestionan y toman decisiones sin ningún tipo de planificación previa porque están pendientes de lo
que ocurre en el día a día. Son empresarios *surfistas* que se sienten
más a gusto decidiendo su gestión *sobre la marcha,* de acuerdo a
como se vayan presentando los hechos. Consideran que en muchas ocasiones la improvisación es valiosa porque la asocian con
la creatividad y con la capacidad para reaccionar con premura ante
las fluctuaciones del mercado. Piensan que para ser un buen gestor de negocios tienen que tomar decisiones con rapidez, aunque
no hayan sido previamente planificadas, porque sostienen que es
más relevante aprovechar una oportunidad antes que dejarla pasar por falta de reacción o miedo a improvisar. Los *empresarios
surfistas* afirman que dado el dinamismo del mercado deben estar
preparados para tomar decisiones con premura aunque deba hacerse con cierta improvisación. Están convencidos de que es mejor
una respuesta rápida para lograr un negocio que guiarse por un
plan que deja pasar las oportunidades.

Trabajar sobre las rodillas, atar con alambre o *decidir sobre la marcha* no es lo más apropiado si se pretende emprender de manera eficiente y gestionar de manera idónea. Improvisar sin ningún tipo de análisis y planificación previa, conduce a una gestión deficiente que, con el paso del tiempo, aumentará los riesgos y los fracasos.

Sin embargo, no son pocos los académicos que avalan las ventajas de actuar con rapidez, aunque haya que improvisar sobre *la marcha.* En los claustros universitarios, muchos afirman, que la premura en la toma de decisiones hace la diferencia entre el éxito y el fracaso, porque la economía premia a los que llegan primero aunque sea *a los tumbos.* Convencidos de esa premisa, alientan a los jóvenes emprendedores a que gestionen con rapidez si quieren hacer buenos negocios. Afirman que el dinamismo del mercado obliga a imprimir velocidad a las actividades comerciales, aunque muchas veces deban realizarse de manera improvisada asumiendo mayores riesgos.

No se puede negar que reaccionar con rapidez frente a las oportunidades o contingencias puede generar muchas ventajas o evitar daños mayores. No son pocas las veces que la celeridad genera logros que la tardanza en tomar decisiones no permite. Sin embargo, una respuesta rápida no es garantía de éxito. La mayoría de las veces las reacciones rápidas son negativas porque suelen ser improvisadas, desorganizadas y carecen de una planificación previa o un análisis profundo de la situación. Ir de prisa no asegura que se llegue antes ni que se llegue de la mejor manera.

Es poco frecuente que las decisiones empresariales que se toman improvisadamente logren los objetivos buscados. En la medida que una decisión sea consecuencia de impulsos que no tienen un sustento en un plan previamente analizado, no hay duda de que se cometerán errores. Actuar de manera improvisada y desordenada no genera los mismos resultados que hacerlo en base a un corroborado análisis y planificación que pueda prever tanto los pasos a seguir como sus posibles consecuencias.

La crítica a la improvisación y al apresuramiento como forma habitual de gestión no invalida el reconocimiento a la importancia que tiene emprender con dinamismo ante los cambios constantes del mercado. De hecho, solo las empresas que tienen planes flexibles para adaptarse rápidamente a los cambios e innovaciones son las que tienen mayor garantía de éxito. Tampoco la crítica a la improvisación invalida el valor que tienen para un emprendedor la intuición, el coraje, la experiencia, el *olfato* y los impulsos en la toma de decisiones. Al cuestionar la improvisación como método recurrente de gestión, solo se está poniendo de relieve que esa energía y capacidad de reacción son más efectivas cuando las decisiones son ponderadas, ordenadas y corroboradas antes de ejecutarse.

Un emprendedor debe evitar la improvisación como método de gestión. Actuar de manera mesurada, ordenada y planificada es el requisito básico para impulsar el crecimiento de una empresa, evitar riesgos y lograr metas. Es un error considerar que gestionar de acuerdo a una planificación atenta contra la creatividad, el dinamismo empresarial o es una traba para aprovechar nuevas oportunidades de negocio. La mayoría de las empresas exitosas planifican su creatividad, su movilidad y su actualización siguiendo la dinámica del mercado.

Comunicarse correctamente

Una deficiente comunicación dificulta la comprensión por parte del interlocutor, generando erróneas interpretaciones, enconos o falta de concentración.

La mala o deficiente comunicación siempre produce un *cortocircuito* en la comprensión, porque las personas mal interpretan lo que se les quiere decir. Esto, generalmente, desencadena inconvenientes de diferente naturaleza para la concreción de ciertos objetivos, que se hubieran evitado de utilizarse expresiones ajustadas a una construcción gramatical adecuada. Mientras una comunicación correcta permite motivar, estimular, contener, aunar esfuerzos, consensuar, superar problemas y potenciar los negocios, ocurre lo contrario cuando la comunicación es fallida o deficiente. Una imperfecta comunicación siempre genera problemas y malos entendidos.

El uso correcto de las palabras y la apropiada construcción gramatical es esencial para ser comprendido cabalmente por el que escucha. Utilizar un lenguaje desacertado en sus significados o emplear una incorrecta construcción de oraciones induce a que el interlocutor pueda interpretar algo distinto a lo que intentaron decirle. En algunos casos, una comunicación incorrecta no solo puede prestarse a confusión sino que puede ser interpretada como una expresión discriminatoria, un reto o acoso sexual. En otros, una fallida comunicación puede impedir la descripción de una idea o puede ser un obstáculo para convencer a un cliente, motivar a los empleados o dirimir positivamente un conflicto.

Para no tener fallas en la comunicación con los clientes o empleados, es muy importante que un empresario comunique de manera correcta, es decir, debe lograr que lo expresado refleje lo que quiere decir y que, al mismo tiempo, sea comprendido fácilmente por su interlocutor. Con ese propósito, debe utilizar palabras gramaticalmente correctas, ya que la utilización de modismos o anglicismos puede dar lugar a que sus significados sean mal interpretados por sus interlocutores, o generen resquemores que bloqueen su entendimiento.

Para lograr una buena comunicación, también es importante que el responsable de gestión, al transmitir una idea, tenga en cuenta el público al cual se dirige porque pueden existir diferencias culturales o sociales que impidan la acertada compresión de algunas expresiones. Por esta razón, al comunicarse con sus colaboradores o clientes no solo debe tener un lenguaje gramaticalmente correcto sino que también debe tener presente las características personales o culturales de sus interlocutores, para que sus expresiones sean entendidas como corresponde. No son pocas las veces en que se generan conflictos por malas interpretaciones porque el público tiene un marco ideológico o cultural por el cual ciertas palabras o conceptos le generan un rechazo que en otros no hubieran provocado. Esto es muy frecuente en la actualidad entre las feministas, cuya sensibilidad está muy alta y cualquier palabra puede dar lugar a interpretaciones distintas a lo que quiso decir una persona.

Al analizar la comunicación es importante resaltar que este es un proceso que incluye mínimamente una relación entre dos: alguien que comunica y alguien que escucha. Esto significa que no solo es necesario que el que habla se exprese correctamente, sino que también es necesario que el que escucha comprenda acertadamente el mensaje que recibe. Hecho que no es fácil ni sencillo porque la capacidad de entender y descodificar las palabras es una tarea bastante compleja y diferente según cada persona o grupo social. Diversas *barreras* mentales, culturales o emocionales interfieren para que el entendimiento y comprensión por parte del que escucha sea pleno. Si bien una persona escucha a través del oído, es su mente la que *decodifica* las palabras asignándoles un significado y un sentido según sus creencias, ideologías, sentimientos o estado de ánimo.

La *mente no es imparcial ni neutra* al decodificar las palabras que escucha. La mente está condicionada y modelada por la cultura, prejuicios, hábitos, sentimientos, emociones, ideologías, experiencias y recuerdos. Son esos factores vivenciales y creencias los que condicionan el entendimiento o comprensión de las palabras que otro expresa. La mente acciona como un decodificador que no es objetivo ni imparcial. A través de un complejo proceso interpreta y asigna significados a las palabras de acuerdo a sus valoraciones, conocimientos, sentimientos o estado de ánimo. A veces, ese proceso mental *allana o facilita la comprensión* de lo que escucha, mientras que otras veces dificulta su entendimiento porque le da otro sentido o connotación a las palabras. La mente, lejos de ser neutra, actúa como un *filtro y modelador* de las expresiones que debe interpretar. Como *filtro* ignora lo que no entiende, rechaza lo que no le gusta oír y no retiene lo que no le interesa. Como *modelador* la mente cambia o adapta el significado a las palabras según su cultura, ideología o sentimientos para ajustarlas a sus pensamientos y emociones.

Un empresario debe tomar nota de esta compleja situación a fin de aminorar los efectos negativos que pueden generar los *filtros mentales* que condicionan la comprensión de sus palabras por parte de su entorno. Una forma de hacerlo es hacer el esfuerzo de conocer las creencias de sus interlocutores, sus valores, la historia personal o sentimientos, para que al momento de comunicarse sus expresiones no hieran sus sentimientos u ofendan sus creencias bloqueando su comprensión. Conocer los pensamientos y sentimientos de su interlocutor le ayudará a buscar formas de expresión y palabras que no generen resistencia, sean ignoradas o causen conflictos.

Para una mejor recepción y comprensión de lo que se quiere expresar, es importante tener en cuenta que las disertaciones no deben ser extensas ni deben incluir palabras inventadas o modismos. Tampoco esas exposiciones deben incluir términos en otros idiomas o utilizar mal los verbos. Finalmente, la comunicación oral debe ser ordenada y precisa. No puede darse más relevancia a las ideas secundarias que a las principales, no precisar los tiempos en que ocurren los acontecimientos narrados, o ir y venir en el relato perdiendo ilación con lo cual se aumenta la confusión.

Con respecto a la comunicación escrita, tampoco es bueno excederse en los textos o ser extremadamente puntilloso en los relatos, alargando innecesariamente una idea. Las nuevas generaciones, con menor hábito de lectura, rechazan los textos largos pues los aburren o no logran entenderlos. Sin embargo, ser prudentes el largo de los escritos no significa que sea bueno escribir con exceso de síntesis, como en las redes sociales. Las redes imponen una forma *avara* de comunicar utilizando pocas palabras, deformando oraciones o usando interjecciones que generalmente hacen inentendibles los mensajes y llevan a erróneas interpretaciones. Hay que evitar este tipo de comunicación, que actualmente afecta el entendimiento, genera conflictos y hace irrelevante lo que es relevante.

Son muchas las razones por las que se pueden generar cortocircuitos en la comunicación, sea por comunicar erróneamente o por mala interpretación del que escucha. Por este motivo, el responsable de un emprendimiento debe tomar todos los recaudos para lograr que sus manifestaciones sean comprendidas cabalmente por su entorno. Esto le ahorrará tiempo, aumentará la eficacia, disminuirá los conflictos y evitará enconos.

Sin dejar de sumarse a los cambios idiomáticos generados por el avance arrollador de la modernidad y como consecuencia de la conectividad generada por las redes sociales, debe hacer el esfuerzo para que sus expresiones no agreguen confusión al de por sí complejo proceso de comunicación. Debe esforzarse en que sus palabras sean precisas, ordenadas, diáfanas y sujetas a las normas gramaticales que utiliza la mayoría social. Ese proceder lo ayudará a mejorar la comunicación con el entorno, permitiendo que sus expresiones tengan mayor grado de comprensión por parte de las distintas generaciones y diferentes niveles sociales con los que interactúa en la gestión.

Finalmente, al hablar sobre la comunicación no se pude pasar por alto el efecto que tienen los gestos al momento de hablar y escuchar. En muchos casos, la gestualidad aparece como un *subtexto* que dice cosas que el silencio o las palabras no expresan. En el caso de quien escucha, los gestos pueden poner en evidencia su indiferencia, reprobación o burla. En el que habla pueden mostrar frialdad, falta de transparencia, discriminación o engaño, a pesar de que el expositor pretenda dar otra idea con sus palabras.

Dado que los gestos suelen ser inconscientes y tener autonomía con respecto a las intenciones del que habla o escucha, es importante aprender a controlarlos para que no delaten propósitos diferentes a los que se expresan o den lugar a erróneas interpretaciones. Un emprendedor, al comunicarse con su entorno, no debe desestimar el mensaje de los gestos. Al hablar debe buscar que sus gestos representen cabalmente lo que está diciendo. También debe estar atento a los gestos de los otros, porque aunque su interlocutor esté en silencio, sus gestos pueden demostrar molestia o aburrimiento.

Los gestos suelen decir muchas cosas que las palabras o el silencio tratan de ocultar. Por esa razón, son pocos los que están muy atentos a la gestualidad del interlocutor, para conocer sus verdaderas intenciones. Leen el *subtexto* del mensaje que se está dando y de esa forma perciben la mentira, la manipulación, el autoritarismo, la insensibilidad o la falta de transparencia. Otros, en los gestos perciben la falta de pasión, el desinterés o desencanto. Por lo tanto, es muy importante que un emprendedor tenga presente la *comunicación gestual* al vincularse con su entorno. Fundamentalmente, debe evitar que sus gestos den un mensaje diferente a lo que expresa. Para ese fin, lo mejor es ser auténtico, transparente y honesto, logrando que las palabras coincidan con sus pensamientos, conductas y sentimientos

Escuchar para aprender

Un emprendedor no puede gestionar de manera eficiente si no sabe escuchar a su entorno y comprender adecuadamente lo que quieren expresarle.

Las razones por la que una persona no escucha son diversas y variadas. En algunos casos, no depende de su voluntad, como cuando padece una dolencia física como la sordera. Otras veces no escuchan correctamente como consecuencia de factores externos como pueden ser la mala acústica del ambiente o el exceso de ruido generado por el griterío de la gente. Sin embargo, no me estoy refiriendo a esas causales cuando sostengo que hay gente que no escucha. Al hacerlo estoy describiendo a las personas a las que no les interesa escuchar a sus interlocutores porque no están de acuerdo con lo que dicen, los aburren, no quieren aprender o *tienen la cabeza* en otro lado. En esos casos, aparentemente escuchan, pero en verdad no lo hacen. La mente bloquea o desvirtúa los mensajes del interlocutor con lo cual no comprenden lo que les dice o directamente hacen caso omiso a lo que escuchan. Si bien las palabras del interlocutor ingresan por sus oídos, la mente pone *filtros* que modelan, distorsionan o bloquean los conceptos expresados. En esos casos los prejuicios, los dogmas ideológicos, las tradiciones culturales, las sensaciones emocionales, la soberbia o desinterés actúan como un bloqueador interior que hace que la persona no escuche, ignorando lo que le dicen.

Los empresarios, como el resto de los mortales, también son poco propensos a escuchar a los demás cuando sostienen ideas contrarias a las suyas o les hacen reclamos que no quiere satisfacer. Algunos tampoco suelen escuchar porque tienen su ego muy inflado o consideran que no tienen tiempo disponible. Al actuar de esa forma se privan no solo de aprender y conocer las necesidades de quienes lo rodean sino que impiden la construcción de una mejor convivencia que potencie el desarrollo de la empresa. Su falta de atención a lo que su equipo de colaboradores tiene que decir cancela la participación, la convergencia de esfuerzo y la creatividad colectiva.

Un emprendedor no puede hacer *oídos sordos* a lo que sus empleados tienen que decir. No puede creer que no tiene nada que aprender de los demás. Todo lo contrario, debe tomar conciencia de que tiene mucho que aprender y conocer de quienes lo rodean. Por lo tanto, es su obligación escuchar a su entorno para estar informado de lo que ocurre en la empresa, en el mercado y entre sus competidores.

Para escuchar es esencial tener la *voluntad de hacerlo*. Esto implica que el responsable de la empresa debe poner todos sus sentidos, mente y corazón al servicio de los demás, tratando de concentrarse en lo que expresan, reclaman o comentan. Escuchar requiere tener la predisposición honesta para poner atención a lo que el otro dice y siente. Un emprendedor se gana el respeto de sus empleados y clientes cuando escucha de manera franca sin hacer *oídos sordos* a los cuestionamientos o quejas. No tiene mucho mérito escuchar solo las adulaciones. La virtud de un buen empresario es aceptar las críticas y respetar las opiniones contrarias.

Para escuchar correctamente, es necesario que la mente se despoje de prejuicios, creencias y sentimientos que bloquean los mensajes del interlocutor cuando no se ajustan a lo que se quiere oír. El odio, el rencor, el ego, la soberbia o la envidia conforman barreras que impiden escuchar. Las mismas barreras se levantan cuando no se comparten las posturas ideológicas, religiosas o culturales. Esos prejuicios y creencias indefectiblemente influyen en un empresario para que solo escuche las partes de la exposición que ratifican su manera de pensar. En caso de que se viertan críticas u opiniones distintas a los suyas, no escuchará.

Un empresario que pretenda lograr una amplia participación de su equipo no puede negarse a escuchar. No puede ser víctima de sus prejuicios o dogmas. Debe despojarse de los filtros que le impiden oír lo que los demás tienen para decirle. No hay duda de que será más sabio cuando esté predispuesto a escuchar las críticas o comentarios contrarios a sus creencias.

No tiene mucho mérito escuchar sólo las adulaciones o *poner la cara* para fingir que se está prestando atención cuando en verdad no hay ningún esfuerzo por comprender o aceptar lo que otro le quiere manifestar. Tampoco ayuda a consolidar las relaciones con la gente o generar una comunicación plena, dar respuestas evasivas para sacarse de encima al empleado. Un empresario honesto, ante una consulta, debe ser franco y sincero para expresar lo que piensa.

Es evidente que no escuchar al entorno es negativo. Una gestión se potencia cuando se escuchan las opiniones y devoluciones del equipo de trabajo, especialmente cuando son críticas o demandas. Un empresario crece cuando aprende de los demás y tiene su mente abierta para sumar conocimientos. No escuchar es una tozudez inconducente para crecer y potenciar los efectos positivos que generan la convivencia y la comunicación.

Regular las interferencias tecnológicas

La utilización frecuente de dispositivos tecnológicos para contactarse o estar informado de lo que sucede en las redes sociales suelen generar interferencias que perjudican el desarrollo de la empresa.

La tecnología ha generado un fantástico universo de herramientas técnicas para que la gente pueda comunicarse desde cualquier rincón del planeta. El código Morse, el telégrafo o los teléfonos fijos son un vago recuerdo. Hoy la telefonía celular, internet, las redes sociales y una gran diversidad de instrumentos tecnológicos son el medio habitual de comunicación a través del que se conectan a diario miles de millones de personas.

Es indiscutible que los medios digitales han permitido logros increíbles en la comunicación e integración de las personas en todo el orbe. Han logrado que la palabra *lejos* ya no tenga el sentido que tuvo durante milenios. T*odos podemos estar conectados cuando lo deseamos.* A veces es más rápido conectarse al fin del mundo que encontrar la palabra adecuada para enviar un texto por *WhatsApp.* Las barreras culturales, geográficas o económicas que impedían la integración de las personas han sido derribadas gracias a los actuales medios de comunicación. Las redes sociales se han globalizado y extendido sin ningún tipo de discriminación, dando paso a importantes avances en favor de la igualdad y la democracia.

No cabe duda de que la tecnología al servicio de la comunicación ha generado un mundo nuevo e impulsado infinidad de beneficios para el progreso colectivo. Sin embargo, también es cierto que estas nuevas formas de conexión suelen venir acompañadas de algunos problemas que será necesario superar, para lograr una comunicación más plena y eficaz, que mejore la calidad de vida en vez de empeorarla. Al respecto, será necesario establecer métodos de comunicación que no se transformen en la adicción y dependencia que ha llevado a que mucha gente tenga adherido el celular a la mano y la vista clavada en la pantalla ignorando las cosas que suceden a su alrededor.

No se puede desconocer que cada vez es más frecuente escuchar voces de alerta sobre algunos problemas que está generando la conectividad tecnológica. Es notable cómo las personas sienten cada vez más la necesidad compulsiva de estar conectadas permanentemente a un dispositivo tecnológico. En el baño, el trabajo, el cine, cuando se está cenando en familia, corriendo una maratón o haciendo el amor las personas necesitan estar cerca de su dispositivo móvil. La mayoría siente el impulso de estar chequeando cada 5 segundos el celular, enviando mensajes, fotos, videos, emoticones o interjecciones. Cada vez más, la gente de todas las edades, tiene la necesidad de estar conectada a una red para comunicarse de manera instantánea, para comentar públicamente lo que está haciendo o qué es lo que está comiendo aunque no conozca a buena parte de sus seguidores. Esta conducta compulsiva de estar conectados en todo momento, sea para hacer pública la vida privada o buscar la aprobación de los demás, está generando afecciones en la personalidad de las personas cuyas consecuencias están en plena investigación.

En lo que respecta a la comunicación tecnológica que se da entre los integrantes de una empresa, también se ha podido comprobar que su utilización desordenada y sin pautas que la regulen suele producir interferencias negativas. Sin desconocer que la comunicación tecnológica ha potenciado la cantidad de vinculaciones, la red de ventas y la diversidad de los mercados, también es cierto que, en muchos casos, deja mucho de desear en cuando a su calidad. Cada vez es más evidente que en las empresas está generando interferencias y problemas que perjudican el trabajo, la concentración y alimentan los malos entendidos.

Se podrían citar muchos efectos disruptivos de este tipo de comunicación y conectividad que interfieren en el funcionamiento de una empresa. Para solo citar algunos, es evidente que escribir sobre un pequeño teclado, estar realizando otra actividad cuando se produce la comunicación, abreviar palabras en los textos, armar frases sin respetar las reglas gramaticales o grabar una seguidilla de audios sin correlación en sus contenidos, suele atentar contra la buena comunicación empresarial. Esas distorsiones al escribir o hablar sin lugar a dudas atentan contra la comprensión, el entendimiento y dan lugar a malas interpretaciones. La situación se agrava cuando se utilizan solo emoticones o interjecciones cuyos significados suelen quedar librados a la imaginación de quien los recibe y que generalmente no coincide con lo que se quiso decir.

La mala redacción de los mensajes de textos, por no seguir reglas gramaticales o por hacerlo a las apuradas, genera mayores confusiones cuando se forman grupos de *WhatsApp* o se copian los mails a varias personas. En estos casos, a los problemas de forma, se les suma la incontinencia verbal de decenas de opiniones y comentarios que termina distorsionando el mensaje que originalmente se trasmitió. Lo más común es que al final de una larga cadena de mails o de intercambios de textos se produzca el fenómeno conocido antiguamente como *teléfono descompuesto*. Ante cada mensaje de texto que no fue claramente interpretado, se genera una seguidilla de malos entendidos y una inmensa cantidad de nuevos comentarios que diluyen el mensaje original. El resultado es que finalmente se termine chateando sobre otro tema o que nadie recuerde el motivo original que originó la cadena de opiniones.

La lista de problemas que genera la conectividad es amplia. Reconocerlo no es tener una posición arcaica y contraria al progreso. Reconocer los problemas que ocasiona solo tiene como fin mejorarlos, superarlos o eliminarlos para que la comunicación sea cada vez mejor, en cantidad y calidad. Un empresario no puede eludir o ignorar los inconvenientes que resultan de un inapropiado uso de la tecnología comunicacional dentro de su empresa. Debe comprender que, si sus empleados, clientes o proveedores no la utilizan de manera adecuada, puede ser la causante de una comunicación deformada y confusa que contribuya a una falta de comprensión y a generar conflictos entre quienes desean comunicar algo.

La comunicación entre pares o entre las diferentes posiciones jerárquicas de una empresa, tiene como objetivo ayudar a mejorar las relaciones humanas, la productividad y la creatividad. Por lo tanto, esa comunicación no puede tomarse a ligera o sin prever las consecuencias negativas que pueden ocasionar si no se regula, ordena y clarifica. La posibilidad de acceder a dispositivos técnicos para comunicarse no puede ser motivo de interferencias en el trabajo que propicien conflictos personales o afecten la productividad de la empresa.

En las empresas que no tienen políticas que regulen la comunicación entre sus integrantes, es frecuente que diariamente se pierdan muchas horas tratando de entender o aclarar lo se quiso decir en un texto con palabras erróneamente expresadas. Son comunes las malas interpretaciones o los desacuerdos generados a partir de una comunicación confusa. La falta de claridad en los mensajes o la volatilidad que tienen los chat al ser desplazados por nuevos mensajes, suele inducir a errores que no hubieran sucedido si existiera una mayor responsabilidad y claridad al comunicar una información a través de los medios electrónicos.

Un emprendedor no debe ignorar los problemas colaterales que la conectividad tecnológica puede ocasionar en la comunicación. Para evitar que se produzcan cortocircuitos o errores, es fundamental que fije *una política comunicacional* que sea eficaz y productiva, al tiempo que evite interferencias negativas para el trabajo y la concentración.

La política comunicacional de una empresa debe establecer pautas claras para mejorar la comunicación y evitar su errónea utilización. No solo debe proponer que los medios tecnológicos para uso personal se utilicen en los tiempos libres para no interferir con las actividades laborales, sino que también debe poner el acento en cómo deben confeccionarse los mensajes a fin de evitar formas gramaticales inapropiadas que afecten a la comprensión. Debe instalar la conciencia de que no es conveniente que los mensajes se contesten automáticamente, desde cualquier lugar, sin tomarse un instante para interpretarlos correctamente. Muchos *cortocircuitos* pueden evitarse si se emplean bien los verbos, se construyen las oraciones de manera correcta, se releen los mensajes recibidos y no se actúa automáticamente como un acto reflejo.

Una empresa debe fijar pautas que regulen y ordenen la utilización equilibrada y correcta de los medios tecnológicos, sea para su uso personal o para vincularse laboralmente. Es imposible mejorar el rendimiento productivo si se está jugando juegos por internet o chateando con amigos durante las actividades laborales. Es necesario que en los horarios asignados al trabajo no existan interferencias tecnológicas que afecten el rendimiento productivo, distraigan y desconcentren. No es justificable que en procesos operativos que demandan alta concentración, se esté jugando, viendo videos en *YouTube* o enviando mensajes al grupo de *WhatsApp*.

Cuando las interferencias tecnológicas afectan la productividad, provocan distracción, falta de concentración, pérdida de tiempo y, sobre todo, afectan la calidad de la comunicación, los directivos de la empresa tienen la responsabilidad de limitar su mal uso buscando las soluciones que no afecten el desarrollo operacional y no sean interpretados como actos de coacción o censura. Limitar el uso de los equipos electrónicos para uso personal durante la jornada laboral, no significa atentar contra la individualidad ni los derechos de los empleados. Tampoco esas limitaciones intentan generar celdas que impidan a un empleado estar en contacto con sus afectos.

Los empleados y colaboradores deben comprender que las herramientas de comunicación durante el tiempo laboral deben estar al servicio de la productividad empresarial y el mejoramiento de las relaciones profesionales. La tecnología dentro de un ámbito empresarial debe ayudar a mejorar la eficiencia productiva, disminuir la carga laboral, potenciar la creatividad y aunar el esfuerzo colectivo. Por esa razón, los empleados deben compartir las propuestas de la empresa para ordenar la comunicación tecnológica. En vez de rechazar esas pautas o considerarlas represivas, deben participar activamente en la búsqueda de soluciones y propuestas que los beneficien pero que también contemplen los intereses de la empresa. Como parte sustancial de una organización productiva, deben ser los primeros interesados en que la comunicación entre pares y con los directivo sea fluida, clara, respetuosa y sin interferencias, ya que eso redundará en la productividad y las retribuciones salariales.

Paso 10

Observar el entorno

Apartarse de los envidiosos

Los envidiosos sólo son felices cuando destruyen a la persona a la que envidian. Por eso es mejor no frecuentarlos o alejarlos del entorno para que no causen daño, ya que la envidia no tiene cura.

La envidia es un sentimiento negativo que mortifica y desequilibra a muchas personas, cuando perciben que conocidos de su entorno tienen logros intelectuales, materiales o afectivos que los hacen brillar o ser felices. Las personas que padecen este sentimiento negativo y desgarrador, no soportan que sus familiares, amigos, jefes o vecinos se destaquen o sean el centro de atención social. Ante sus éxitos o su felicidad, sienten celos, odio, indignación, fastidio, resentimiento y rencor, por lo que apelan a todo tipo de mecanismos para difamarlos o dañarlos, con el propósito de demostrar que sus logros no son reales.

La envidia tiene la particularidad de que daña tanto al que la padece como al que es blanco de ese sentimiento negativo. Las personas que la sufren no la pueden controlar, generándoles serios trastornos y desgarros emocionales que las hacen infelices y resentidas. En la mayoría de los casos, la envidia se convierte en una obsesión que sólo disminuye momentáneamente cuando se logra destruir, herir o mortificar a quien se cela. Sin embargo, ese encono y furia revive con toda intensidad si el envidioso percibe que la persona que cela vuelve a obtener logros emocionales o materiales.

La envidia no tiene género, dándose con igual intensidad entre hombres y mujeres, aunque suele manifestarse de manera más evidente en el caso de estas últimas. Tampoco hace diferencias según la condición social, nacionalidad o creencias religiosas de quienes la padecen. Es un sentimiento destructivo que se puede presentar en cualquier persona y que crece exponencialmente cuando se trata de un pariente, amigo, compañero de trabajo o ex pareja. Sentir que tienen la misma sangre, la misma historia, la misma profesión o el mismo trabajo *enloquece* al envidioso porque no puede tolerar que sus iguales, sus parientes o compañeros puedan ser mejores o tener mejor fortuna.

Enceguecidos por los celos y el rencor que les producen los logros ajenos, los envidiosos jamás pueden valorar los esfuerzos de los demás. Siempre tienen una excusa para descalificar a las personas que envidian. En caso de tener que reconocer un logro, por ser público y evidente, lo atribuyen a la suerte, la corrupción o privilegios espurios. Si se trata de mujeres, sostienen que sus éxitos son resultado de su belleza o haber realizado *favores íntimos*. Nunca los logros del otro son por mérito propio. Un envidioso no acepta que la persona envidiada sea más creativa, talentosa, sensible, culta, feliz o ingeniosa. Aceptarlo le generará una perturbación emocional que no puede aceptar ni tolerar. Por eso ante los logros de sus *enemigos* lo primero que hace es negarlos, descalificarlos o hacer todo lo posible para impedir que esos éxitos trasciendan.

El envidioso tampoco puede aceptar sus falencias, errores o limitaciones. En caso de tener que reconocer que no ha alcanzado un objetivo, siempre *tiene a mano* una excusa o un culpable para justificarse. La imposibilidad de alcanzar una meta generalmente la atribuye a circunstancias externas o a malas personas que se lo impidieron.

Los emprendedores no están exentos de padecer los efectos tóxicos de la envidia. En algunos casos, ellos son los que envidian los éxitos ajenos, porque son muy competitivos, auto exigentes y buscan el reconocimiento del entorno no queriendo que nadie les haga sombra. Sin embargo, es más frecuente que ellos sean el *blanco de envidias* por parte de sus colaboradores, socios, amigos o competidores. Alcanzar logros económicos, ascender a posiciones dentro de una corporación, asociarse con grupos poderosos, obtener inversiones ventajosas, ser reconocido por los medios de comunicación o tener una familia ejemplar, suelen ser razones más que suficientes para despertar la envidia de los socios, empleados, amigos o proveedores. En la actualidad, los éxitos económicos y la trascendencia pública de los emprendedores y hacedores son un caldo de cultivo para estimular la ira de los envidiosos y fracasados.

La experiencia enseña que el único camino que existe para evitar el perjuicio generado por los envidiosos, es dejar de frecuentarlos o alejarlos para que no causen grandes daños. Por esa razón, un emprendedor debe tenerlos lejos de su entorno porque nunca se puede detener el odio y saña de un envidioso. La única defensa y prevención que tiene un emprendedor es detectarlos, apartarlos y ponerlos en *cuarentena* para aminorar su maldad y sus daños. Los efectos tóxicos que producen los envidiosos se extienden como una mancha de aceite, por lo que hay que erradicarlos con rapidez para que no se extiendan por toda la empresa o los círculos que el emprendedor frecuenta.

Un emprendedor no debe olvidar que el envidioso, salvo que la ira y los celos lo que desequilibren, siempre actúa agazapado y se oculta para atacar sin miramientos cuando nadie lo espera. Habitualmente son mentirosos, falsos y *escondedores,* porque tratan de disimular sus sentimientos negativos manifestando públicamente la antítesis de lo hacen a las sombras. El envidioso, mientras expresa sentimientos afectivos hacia la persona envidiada, conspira silenciosamente para destruirla y dañarla porque no puede dejar de odiarla.

El envidioso no es ingenuo, inocente ni tonto. Sabe perfectamente de sus felonías y ataques. Tal es así, que cuando despliega su veneno hacia un empresario exitoso lo hace de manera solapada para no ser descubierto. Se cuida mucho de mostrarse como verdaderamente es, por lo que nunca actúa a cara descubierta. Prefiere trabajar a la sombra y con el entorno generando rumores y sospechas destinadas a dañar a quien envidia. Difícilmente el envidioso enfrente de manera directa a su socio, amigo o jefe al que repudia en su interior. Cuando se encuentra con la persona a la que envidia suele apelar a una falsa bondad para disimular sus verdaderas intenciones. Trata de que sus argumentos críticos, cuando los revela frente a su *enemigo,* aparezcan como consejos bienintencionados cuando en verdad lo que intentan es socavar su confianza. Con falsa objetividad, trata de meterle en su cabeza dudas, inseguridades e incertidumbres que lo hagan trastabillar y cometer errores.

La buena noticia es que a pesar de que los envidiosos tratan de pasar inadvertidos, sus negativos sentimientos no se pueden ocultar largo tiempo. Tarde o temprano la envidia sale a luz y sus maldades son percibidas. A pesar de los esfuerzos para no hacer público su celos llega un momento en que ese sentimiento negativo sale de la clandestinidad. Es tan fuerte el odio hacia los que logran éxitos o son felices que finalmente la envidia se manifiesta públicamente. No pueden contener su ira por lo que explotan y muestran la hilacha de su odio oculto. Es en ese momento, al no quedar dudas de su energía negativa y conducta maliciosa, cuando deben ser apartados. No se puede mantenerlos cerca porque la envidia no tiene cura.

Evitar colaboradores tóxicos

Al seleccionar a los colaboradores y empleados se debe evaluar sus personalidades para no incorporar personas con energías negativas, resentidas, envidiosas o vengativas.

El principal soporte que tiene un emprendedor para apalancar y concretar sus objetivos profesionales es el equipo de colaboradores que lo acompaña en la realización de sus proyectos. Los socios, empleados, directivos y asesores son su columna vertebral y energía que ayudarán a que el emprendimiento crezca y avance. En cierta forma, su equipo de trabajo es el *principal activo* que tiene para alcanzar sus objetivos. Es el sustento y motor energético que le permitirá transitar con entusiasmo, ideas y esfuerzo el camino que lo conducirá hasta lograr sus metas.

No hay posibilidad de gestionar con eficacia si el equipo de colaboradores no comparte los desafíos y no están comprometidos con los objetivos del emprendimiento. Desde esta perspectiva, no solo es relevante la idoneidad profesional o la capacidad técnica del equipo de trabajo sino que también es esencial su condición humana, sus valores, creencias y sentimientos. Es muy difícil concretar metas, superar adversidades y apasionarse si el grupo humano que integra una empresa es portador de energías negativas por estar sumidos en resentimientos o envidias.

Los empleados o socios se convierten en un obstáculo para emprender con entusiasmo y constructivamente cuando son personas con *energías tóxicas* que obstaculizan la integración, la convivencia, el respeto y el desarrollo del emprendimiento. Esto es lo que sucede cuando tienen resentimientos, odios, rencores, envidias, celos o ánimo vengativo, generados por creencias ideológicas, codicia, ambiciones de poder, competencia de género, prejuicios o posturas discriminatorias. Generadores de energías y conductas negativas, los colaboradores dejan de ser un *activo constructivo y pujante* para convertirse en un lastre que impide el crecimiento económico y el trabajo mancomunado. El grupo humano de colaboradores, en vez de ser el motor energético positivo que impulsa colectivamente hacia adelante, se convierte en una *energía tóxica y negativa* que impide que la empresa avance o la hace retroceder.

Los empleados o socios con energías y conductas tóxicas suelen retroalimentar sus sentimientos negativos. Con cada pensamiento o conducta potencian su negatividad y maldad, impulsándolos a estar permanentemente conspirando contra la empresa y el responsable de gestión. Son personas que necesitan desplegar su toxicidad atacando, descalificando, generando conflictos, incentivando las luchas de poder y estimulando *un clima* adverso al progreso y la superación. Situación que es absolutamente contraproducente porque es sabido que *un emprendimiento alcanza las metas que sus integrantes estén dispuestos a alcanzar.* Si el equipo de colaboradores participa positivamente y aportan entusiasmo, no habrá obstáculos que impida alcanzar el éxito. Por el contrario, si el equipo está plagado de sentimientos y energías negativas, se perderá el entusiasmo colectivo, la colaboración, la pasión, los deseos de superación y la dedicación. Todo intento de mejorar o progresar será destruido por las energías tóxicas y las conductas destructivas.

Ningún emprendedor puede hacer todo por sí solo ni puede crecer sin la colaboración de un entorno que lo apoye y acompañe. Necesita de un equipo de trabajo que aporte sus talentos, tenga predisposición a colaborar e irradie energías positivas que permitan potenciar el rendimiento y la creatividad. No bastan el impulso o las buenas ideas de un emprendedor para lograr un objetivo. El funcionamiento de un emprendimiento depende inexorablemente de la predisposición y esfuerzo de todos sus integrantes. Solo cuando todos los empleados colaboran *codo a codo,* consustanciados con los mismos valores que su líder y con un ánimo constructivo, se alcanzan los máximos resultados. En cambio, si los miembros de la empresa tienen sentimientos negativos, energías contaminantes y conductas tóxicas motivadas por las envidias o ambiciones personales, se convierten en una pesada carga que puede ser la causa del fracaso del emprendimiento.

Un emprendedor debe evitar que las conductas tóxicas o los sentimientos nocivos se instalen en su equipo de trabajo. Si alguno de sus colaboradores está dominado por energías negativas, debe apartarlo. Es poco lo que se puede hacer cuando una persona tiene una carga energética tóxica, es envidiosa o sufre con el progreso ajeno. Esa carga energética negativa no se puede revertir ni cambiar, por más que el emprendedor se lo proponga.

Cuarentena a la gente negativa

Un hacedor debe apartar de su entorno a los colaboradores, socios o consejeros que tengan energías y sentimientos negativos que afecten su ánimo, creatividad, voluntad y salud.

Un emprendedor para alcanzar sus metas necesita estar estimulado internamente por energías, pensamientos y sentimientos positivos. Necesita ser optimista y tener confianza en sus capacidades. Necesita nutrirse de ideas y sensaciones proactivas para levantar el ánimo cuando se siente derrotado. Nada de eso podrá lograr si su mente y corazón envían señales negativas que corroen su voluntad, su entusiasmo y su salud. Si está embargado por un *espíritu agorero* no podrá emprender ningún desafío y no tendrá capacidad creativa. Por lo tanto, debe hacer lo humanamente posible para que las energías nocivas no lo abatan, paralicen y dañen. Debe trabajar internamente para controlar y superar sus pensamientos y emociones negativas. En caso de no poder hacerlo por sí mismo, debe buscar colaboración profesional que lo asesore, ayude, contenga o le brinde un *coaching emocional*.

Sin embargo, superar los pensamientos negativos no suele ser suficiente para recobrar la voluntad y entusiasmo que se necesitan para alcanzar un objetivo. También es muy importante contar con un entorno que tenga energías positivas que estimulen a tener una visión optimista sobre el futuro. Si, por el contrario, las personas que rodean al emprendedor son *tóxicas* le habrán de generar abatimiento, daños emocionales, desazón y serán un freno para su desarrollo profesional.

Está corroborado que, cuando alguien tiene *energías positivas,* suele ser un estímulo para las personas que la reciben, cosa que no sucede cuando las personas trasmiten energías negativas o *mala vibra*. En este caso, esa carga energética irradiada hacia el entorno es nociva y tóxica para el ánimo, la mente y la salud de su entorno. Quienes tienen la desgracia de trasmitir una carga energética negativa intoxican el alma, los sentimientos y los pensamientos de los demás, generando daños irreparables.

El mismo efecto perjudicial lo producen aquellas personas que absorben las *energías positivas* de otros para superar su vacío interior y negatividad. Son personas que necesitan absorber las energías de su entorno porque son impotentes para auto generarse estímulos positivos que los animen a seguir viviendo. Al no poder por sí mismas salir de la profundidad del hoyo en que se encuentran, tienen la imperiosa necesidad de succionar las energías positivas de las personas que frecuentan. Como se dice habitualmente, chupan la energía de otros para sobrellevar su vida miserable. Por esta razón, se sienten atraídos por la gente exitosa, creativa, vigorosa y activa. Perciben que ellos tienen el *néctar energético* del que carecen y, por lo tanto, lo quieren succionar.

Un emprendedor debe eludir y alejarse tanto de aquellos que irradian energías negativas que afectan el ánimo, como de aquellas personas que se dedican a succionar las energías positivas de los demás. Debe apartarse de los que irradian negatividad para no infectarse con su mala vibra que lo dañará física, mental y emocionalmente, llenándolo de pensamientos agoreros. También debe apartarte de la gente que necesita succionar y *chupar* la energía positiva de otros para sobrellevar su impotencia y karma. Es fundamental alejarse de estos *vampriros tóxicos* que necesitan nutrirse de las energías de los demás para sobrellevar su vida oscura, negativa y mediocre.

Las personas tóxicas, sea por irradiar mala vibra o chupar las energías ajenas, se parecen en el punto de que tienen una gran habilidad para ocultar su condición. En general, intentan mostrarse sumisas, confiables, amigables y colaboradoras de *todo terreno*. Para no ser rechazadas por su negatividad energética, hacen lo necesario para ocultarla, actuando como personas no conflictivas, queribles y dóciles.

Dada la condición negativa de las personas tóxicas, no hay duda de que un emprendedor debe alejarse de ellas si quiere mantener su vitalidad y lograr sus objetivos. Debe hacer todo lo posible para apartarse de colaboradores, socios o consejeros que lo intoxiquen quitándole fuerza, coraje, pasión, creatividad y salud. Un emprendedor necesita rodearse de gente con energía positiva que multiplique su talento y lo ayude a lograr una gestión exitosa.

La única manera de evitar ese efecto dañino y destructivo generado por la gente tóxica es ponerla en *cuarentena*. Sólo apartándola del entorno evitará sus nocivos efectos. Un emprendedor debe comprender que el éxito, vitalidad y pasión son un gran atractivo para estos individuos, como las flores lo son para las abejas. Por esa razón debe huir de esa negatividad que afecta el físico, el corazón y la mente. Debe rodearse de portadores de energías constructivas y positivas, incorporando al equipo solo a personas con *buena vibra,* que lo motiven e impulsen a un accionar hacedor y creativo.

Cuidado con los embaucadores

El deseo de emprender y mantenerse activo predispone a las personalidades emprendedoras a ser manipuladas por mentirosos que los entusiasman a sumarse a atractivos proyectos, que normalmente no son viables o son un engaño.

Un emprendedor, para mantener viva su pasión y las expectativas de crecimiento, necesita estar pendiente de las oportunidades de negocio que se pueden presentar en el mercado. Esa personalidad inquieta y activa lo empuja constantemente a examinar proyectos, escuchar sugerencias o aprovechar alternativas que pueden generarle satisfacciones e ingresos. Su actitud hacedora lo estimula a estar atento a todo lo que ocurre a su alrededor, para descifrar señales o alertas sobre posibles oportunidades para emprender un negocio.

A diferencia de los empresarios rutinarios o conservadores, los creativos siempre están en movimiento y atentos para descubrir donde existe una opción para emprender. Eso los motiva a dar rienda suelta a su imaginación y arriesgar en actividades en donde otros no se atreven. El lado negativo de esa personalidad impulsiva, ansiosa y hacedora es que, a veces, el deseo intenso de emprender le puede causar dolores de cabeza y frustraciones por haber encarado apresuradamente negocios sin haber reflexionado profundamente sobre sus virtudes y defectos.

La ansiedad de encontrar una oportunidad de negocio muchas veces coloca a los emprendedores en una situación de vulnerabilidad ante algunos *embaucadores o charlatanes.* El deseo de encarar una actividad económica los predispone a ser engañados o manipulados por mentirosos, inescrupulosos o fantasiosos que los entusiasman a sumarse a atractivos proyectos que generalmente no son viables. Su entusiasmo por hacer les impide percibir a los *vendedores de humo* que les prometen negocios que son un engaño, un fraude o una ilusión sin sustento.

Los charlatanes y embaucadores existen por doquier, pero predominan en el mundo económico porque saben que hay muchos entusiastas que están dispuestos a invertir o trabajar buscando una oportunidad para lograr fama y dinero. Los *vendedores de humo* saben que, cuando un hacedor no encuentra un proyecto para generar un negocio, busca afanosamente quien se lo pueda proporcionar. Esa ansiedad es justamente la que los convierte en una *víctima servida en bandeja.* Los embaucadores saben perfectamente que cuando un emprendedor tiene el *áni-mo por el piso* es el momento ideal para *venderle humo* y en-tusiasmarlo con negocios que brillan por fuera, pero que son inconsistentes por dentro.

Si bien un emprendedor debe escuchar a sus emociones e intuición, nunca debe dejar afuera a su inteligencia racional que le permite medir, cuantificar y analizar fríamente los proyectos que le proponen. No puede ser tan ingenuo como para creer ciegamente en las promesas de éxitos fáciles y rentables.

Es habitual que los embaucadores apelen a una oratoria en-tusiasta para engañarlo. Al presentar sus magníficos proyectos, emplean argumentos impactantes en cuanto a los resultados que prometen. Nunca sus proyectos muestran debilidades, flancos frágiles o dejan margen a la incertidumbre. Las promesas de éxi-to se presentan como certeras y los números siempre cierran con grandes márgenes de ganancias.

A los vendedores de humo les gusta demostrar que los re-sultados económicos que arrojarán sus proyectos son siempre abultados y superiores a otros negocios del mercado. Por lo ge-neral, eluden hablar de cómo se lograrán operativamente esos abultados beneficios o cuáles pueden ser las contingencias. Para que sus proyectos parezcan seguros, en cuanto a su operatividad y factibilidad, suelen hacer referencia a otros modelos de nego-cio exitosos con los cuales se identifican. En estas presentaciones no faltan los *power points* y las proyecciones visuales que les dan color a sus discursos. El embaucador sabe que lo visual tiene mucha más incidencia emocional que mil palabras.

No hay duda de que un emprendedor se completa y es feliz cuando tiene ideas para emprender. La ausencia de proyectos lo desestabiliza emocionalmente, lo angustia, lo frustra y le impide crecer económicamente. Es justamente en ese momento cuando se hace vulnerable ante los *vendedores de humo*. Por esa ra-zón, es necesario que en esos momentos sea cauteloso con los proyectos ajenos y corrobore su veracidad, para no arrepentirse cuando el fracaso sea inevitable o el engaño se muestre en toda su dimensión.

Discriminar es aberrante

Un emprendedor no puede ni debe ejercer dentro de su empresa o en su entorno ningún tipo de discriminación por razones ideológicas, condición social, raza, género, sexualidad o creencias religiosas.

Centenares de resoluciones internacionales rechazan y condenan la discriminación generada por diferencias culturales, políticas, raciales, religiosas, sexuales o de género. La discriminación es un hecho aberrante y no tiene ningún tipo de justificación. Nadie puede marginar, perseguir, castigar o excluir a una persona o grupo social por considerar que es diferente, inferior o distinto. Todas las personas deben ser consideradas como iguales y tener semejantes derechos sin importar su condición física o creencias.

Lamentablemente esa premisa, que debería guiar a toda convivencia social, no se lleva a la práctica en muchas comunidades y empresas. A pesar de la postura tajante de los organismos internacionales y de la mayoría de las naciones del orbe, todavía existe mucha gente que sufre la violencia, la segregación, la persecución y la marginación por cuestiones de raza, ideología o género. En algunos casos, esa discriminación es explícita y feroz como las que tienen connotaciones raciales, mientras que en otros casos es disimulada como la ejercida con los portadores de HIV. Sin embargo, a pesar de esas conductas aberrantes que todavía prevalecen en algunas sociedades, es evidente que gran parte de la comunidad internacional ha tomado consciencia de que es inadmisible que algunos discriminen a otros porque se sienten superiores, mejores o diferentes.

En el ámbito económico, la discriminación siempre estuvo presente a lo largo de la historia, manifestándose de manera salvaje y mortal para beneficiar a los dueños del poder. De manera frecuente, las diferencias étnicas, religiosas, culturales o la condición social han sido la excusa para segregar, esclavizar, matar y oprimir a grandes sectores de la sociedad para enriquecerse a costa del trabajo de los otros. Hecho que lamentablemente sigue existiendo en la actualidad, en especial hacia las mujeres, los trabajadores sin protección sindical o los sectores humildes. No son pocas las personas y grupos sociales que siguen siendo discriminados económicamente no teniendo iguales derechos, oportunidades laborales ni acceso a los recursos que le generen ingresos para vivir con dignidad.

En muchas empresas también se discrimina por diferentes razones pero con el mismo objetivo: dejar afuera o explotar a algunas personas por su condición social, género o nacionalidad. Es frecuente que algunos directivos y empresarios tengan conductas discriminatorias hacia los empleados por sus creencias, cultura, estrato social o condición sexual. No lo dicen públicamente pero lo llevan a la práctica.

Las actitudes discriminatorias en algunas empresas pueden ser resultado de los prejuicios personales de sus responsables, sea por mandatos familiares, pertenencia social, aprendizaje cultural, formación ideológica o machismo. Pero, la mayoría de las veces las conductas discriminatorias empresariales exceden las motivaciones personales de sus responsables. En una gran cantidad de organizaciones es consecuencia de una "política institucional" no formalizada pero sí consensuada entre sus directivos, que la aplican de manera solapada para que no llame la atención del Estado y las ONG. Ese accionar discriminatorio no se expone de manera explícita ni se encuentra institucionalizado en los manuales de selección de Recursos Humanos, pero en la práctica se ejecuta de manera regular y sistemática. Esto se puede apreciar en aquellas empresas que ponen *techos de cristal* a las mujeres, bloquean el ascenso de inmigrantes a puestos de dirección, o rechazan a postulantes que tienen creencias religiosas que la empresa no comparte.

La discriminación "institucional" de las empresas tiene muchas formas y razones para que no se note ni sea cuestionada. Lo más habitual es que se aplique sosteniendo que hay cupos limitados o aduciendo que se requieren condiciones técnicas que el postulante no tiene. Pero la verdadera causa de la discriminación suele ser otra. Aparte de la habitual por género, sexualidad, raza, nacionalidad o credo, se le pueden sumar otras como la edad, salud o estética. Es habitual que las empresas no tomen gente mayor por razones de edad y no por su capacidad. Lo mismo ocurre con las promociones o desvinculaciones en las corporaciones, siendo los 40 años una edad clave en donde los años aparecen como un freno para ascender o una buena causa para despedir. Lo mismo ocurre con las mujeres embarazadas, los obesos, la gente que no tiene ciertos patrones estéticos o con los empleados que padecen alguna afección crónica de salud.

La discriminación en una empresa no solo es aberrante desde lo moral y lo social. No solo atenta contra los derechos humanos básicos que deben ser respetados en toda persona. También es un absurdo económico que atenta contra la apertura de mente y la calidad que caracteriza a la producción económica globalizada. Discriminar o impedir que las personas participen e integren a una organización económica por razones de religión, edad o identidad sexual es un concepto medieval contrario a los criterios de eficiencia y productividad que deben guiar a una empresa.

Un emprendedor, al iniciar una actividad económica, debe evitar todo tipo de discriminación y segregación. Debe superar sus prejuicios o creencias culturales que lo inducen a discriminar o apartar a los empleados que considera diferentes o inferiores por razones que nada tienen que ver con sus condiciones humanas y capacidades profesionales. Su obligación es promover la igualdad de oportunidades y respetar a los distintos. Nadie puede ser discriminado por exceso de kilos ni por su belleza. Tampoco por la ropa que viste, por su religión ni por su origen familiar. Mucho menos por su condición social o nacionalidad. Todos los empleados deben ser tratados como iguales, aunque sean diferentes. Todos deben ser respetados y tener las mismas oportunidades para progresar y participar en el desarrollo de una actividad económica.

La cultura machista

Los resabios machistas que todavía prevalecen en los ámbitos económicos hieren los sentimientos de las mujeres, menoscaban sus capacidades, ignoran sus éxitos y buscan desacreditarlas profesionalmente para frenar su ímpetu emprendedor.

Las mujeres no suelen tener las mismas oportunidades que los hombres para emprender un negocio, ni para acceder a puestos de dirección dentro de una empresa corporativa. La cultura masculina imperante en el escenario económico sigue impregnada de prejuicios hacia las mujeres que se traducen en desigualdades salariales, discriminación por embarazo, abusos de poder, descalificaciones o imposición de *techos de cristal* que frenan su ascenso a posiciones jerárquicas.

A pesar de estar absolutamente comprobado que entre los hombres y las mujeres no existen diferencias cualitativas en lo que respecta a la creatividad, inteligencia, voluntad, ingenio, pasión o coraje, la cultura machista sigue sosteniendo que los hombres están más capacitados para gestionar, dirigir y emprender actividades económicas. Es notable cómo esa cultura retrógrada sigue poniendo barreras para frenar el impulso arrollador de las mujeres. Aunque se hayan eliminado las normas jurídicas discriminatorias hacia las mujeres o no se exprese públicamente el rechazo a los abusos de género, es evidente que en muchos ámbitos económicos siguen prevaleciendo prejuicios que quieren impedir que ocupen posiciones de dirección en las empresas, o puedan llevar adelante un emprendimiento con iguales ventajas que los hombres.

Las estadísticas revelan que las mujeres, a pesar de los avances logrados en las últimas décadas, siguen sin tener las mismas oportunidades para emprender un negocio, dirigir una corporación, acceder a créditos financieros o tener presencia destacada en las cámaras empresariales. En Argentina, a pesar de que ocupan el 46% del sector laboral activo, solo el 23% ocupa posiciones de dirección en las empresas, ya que la mayoría de esos puestos de poder están reservados para los hombres. De las 100 empresas más destacadas del año 2016 en Argentina, solamente una corporación tenía como CEO a una mujer. Con respecto a la retribución salarial, existen las mismas desigualdades. Mientras que en Islandia la legislación vigente establece que los salarios deben ser semejantes para ambos sexos, en Argentina las mujeres reciben aproximadamente entre un 25% y 40% menos de ingresos que los hombres por la misma tarea. Estas injusticias reflejan los resabios de una cultura masculina que se resiste a que las mujeres accedan a las estructuras de poder económico, sea para emprender o dirigir una corporación.

Está claro que esas diferencias de trato, de oportunidades y de recompensas económicas no son consecuencia de que las mujeres carezcan de formación profesional, sean menos creativas, se esfuercen menos o sean menos talentosas que los hombres. La razón de esas desigualdades es mucho más sencilla: existe una *cultura masculina* que descalifica a las mujeres por razones de género.

La cultura masculina, entrecruzada con prejuicios machistas, no puede aceptar que las mujeres manden, se destaquen, sean eficientes, creativas y puedan llevar adelante un emprendimiento igual o mejor que muchos empresarios. Esta arcaica cultura arraigada en muchos ámbitos económicos sigue considerando que los negocios son *cosa de hombres* debido a que las mujeres son frágiles, sensibleras y están condicionadas por la maternidad y la familia.

Ante ese marco cultural adverso es evidente que las mujeres no tienen un camino fácil a la hora de emprender una actividad comercial o al proponerse ascender dentro de una empresa. No sólo deben ser creativas, organizadas, eficientes, obtener logros y superar adversidades como todo emprendedor, sino que también deben tener fortalezas adicionales para sobreponerse al gremio masculino dueño de un poder que no quiere compartir. Por tal razón, las mujeres deben estar prevenidas para que esos prejuicios y denostaciones no las dañen emocionalmente o frenen su impulso emprendedor.

Más allá de que tengan fuertes convicciones y estén seguras de sí mismas ninguna es inmune a la descalificación, el agravio, la crítica cínica, las burlas, el acoso o los sarcasmos. Esos ataques machistas son dagas al corazón que no siempre se pueden superar fácilmente. Por lo tanto, mientras esa cultura no sea definitivamente desterrada, las mujeres que decidan llevar adelante sus sueños emprendedores deben estar prevenidas para no ser embaucadas por lobos con piel de cordero, que quieren hacerles daño o ponerle freno a su crecimiento profesional. .

El machismo tiene muchas caras y se manifiesta de diferentes maneras. Por lo tanto una emprendedora debe erradicar de su entorno a quienes comparten el falso prejuicio de que los hombres son los únicos indicados para dirigir una empresa o emprender un negocio. Lo debe hacer sin distinción de género porque es sabido que los pensamientos machistas no solo se dan entre los hombres. Esas tradiciones y valoraciones también han calado hondo en la mente y sentimientos de muchas mujeres. Las han convencido de que la gestión de una empresa es una actividad de poder y autoridad donde la sensibilidad femenina no tiene lugar.

Hay que tener presente que los pensamientos machistas son negativos, vengan de donde provengan. Son dañinos para el desarrollo personal y profesional de todas mujeres por lo que se deben erradicar de la sociedad sin caer en dogmatismos, fobias a los hombres, fanatismos feministas o violencia con reminiscencias al fascismo. Las mujeres tienen que trabajar para que nadie sea indiferente a los ataques que reciben y a los desvaríos que quieren someterlas los machistas. Debe hacerlo sin actitudes de superioridad ni copiando las mismas conductas violentas y discriminatorias que se quieren erradicar. Es cierto que no será una tarea fácil de lograr, dado que el machismo forma parte de un pensamiento cultural de vieja data y siempre hay grupos radicalizados que pierden el equilibrio u objetividad. La buena noticia es cada vez son más los hombres que no comparten pensamientos machistas, por lo que su erradicación ya no es una causa exclusivamente del género femenino.

Nuevos vientos de esperanza soplan por todo el mundo porque las grandes mayorías sociales rechazan las desigualdades de género, los abusos y la violencia generada por el machismo. Esto permitirá que haya mayor cantidad de mujeres que emprendan y que puedan acceder a la dirección de las empresas, para beneficio de toda la sociedad y de la convivencia humana.

No someterse a los poderosos

Es imposible construir un sólido y prometedor emprendimiento si su responsable es dominado, manipulado, presionado o condicionado por los grupos de poder.

Los clientes, los proveedores, el gobierno, los consumidores y los sindicatos permanentemente buscan que las empresas satisfagan sus intereses y reclamos, aunque esto implique afectar a otros intereses que pugnan por iguales beneficios. Los *grupos de poder* existentes en la sociedad no son neutros ni simples observadores de las gestiones empresariales. Por el contrario, son factores activos que se organizan para exigir, reclamar, presionar, manipular o interferir en las actividades de las empresas para controlarlas u obtener algún tipo de recompensa.

Ante ese entorno poderoso que busca condicionar e imponer sus intereses, es fundamental que un empresario sepa poner *un freno o límite* cuando las exigencias son excesivas o contrarias al desarrollo de la gestión. Es imposible construir un sólido y prometedor emprendimiento, si su responsable es dominado, manipulado, presionado o condicionado por intereses que quieren fijarle objetivos. Una empresa debe ser un *bastión independiente* para crecer y aportar lo mejor de sí a la comunidad.

Defender los objetivos de la empresa y proteger su autonomía, no convierte a un empresario en un soberbio que pretende hacer lo que le plazca sin escuchar las demandas laborales, las exigencias públicas o los intereses de otras organizaciones. Gestionar de forma independiente no implica negarse a negociar, distribuir equitativamente los ingresos, acordar con los trabajadores o atenerse a las normas jurídicas que buscan regular el orden social para hacerlo más equitativo. Ser un empresario independiente tampoco significa vivir en una burbuja, no tener responsabilidad social o hacer lo que se quiere sin importar los daños que puede ocasionar. Un empresario puede defender su autonomía y, al mismo tiempo, comprometerse con los reclamos de los clientes, consumidores, empleados o del poder público.

No dejarse atropellar o dominar por los poderosos, tampoco significa desconocer la Ley o pretender tener libertad para explotar a los trabajadores, adueñarse del mercado o destruir el medioambiente para obtener un beneficio. Buscar la independencia tampoco significa que una empresa no pueda asociarse con otras. Es cierto que, en muchos casos, la asociación con grupos poderosos puede implicar la desaparición de una empresa o la dependencia sumisa. Sin embargo, esto no sucede si el empresario defiende su autonomía y no cede a la presión de los socios más poderosos.

La independencia empresarial, por más esfuerzo que haga un empresario, no es posible de lograr en un sistema económico dominado por grupos concentrados, o cuando existe un Estado omnipresente que decide sobre todo y a costa de todos. Para lograr autonomía y ser independiente, una empresa necesita desarrollarse en un marco social democrático donde predominen básicamente la igualdad de oportunidades, la justicia, la libertad de acción y un marco jurídico que castigue a los que abusan del poder o tienen privilegios.

Cabe apuntar que, aun existiendo un marco jurídico que defienda la justicia y la libertad, los grupos de poder existen y constantemente están buscando dominar el mercado. Por lo tanto, un empresario debe estar alerta para evitar que lo sometan o perjudiquen. Debe estar atento porque los grupos de poder no son *niños de pecho*. Detrás de sus intereses suelen apelar a todo tipo de artilugios para lograr que los empresarios independientes no se resistan a su dominio. Les ofrecen prebendas de todo tipo para convencerlos de que acepten sus demandas. Ante esta presión, son muchos los que no se resisten a las dádivas o no están dispuestos a luchar por su independencia. Prefieren ceder a las presiones o a la seducción de los poderosos, sin darse cuenta que su destino será fatalmente negativo. Al poco tiempo de haber perdido su autonomía, descubrirán que deben cambiar sus objetivos, aceptar las directivas de los poderosos y bailar al compás de sus *sugerencias*. Se convierten en marionetas encorsetadas, sumisas y sin capacidad para hacer lo que desean.

Un empresario tiene la obligación de defender su autonomía y bregar para que prevalezca un sistema económico donde los grupos de poder no tengan un campo fértil para imponer sus intereses y someter a los más débiles. Debe entender que su desarrollo y crecimiento empresarial aumentará en la medida en que pueda tener un importante margen de libertad y autonomía para llevar adelante sus planes. Por tal motivo, debe resistir los intentos de manipulación de los grupos de poder y no ser cómplice de sus objetivos.

Los que se animaron a seguir sus idearios y rechazaron a los que querían torcerles el brazo, alcanzaron éxitos que los sometidos a los poderosos jamás pudieron lograr. Es más, se podría sostener sin temor a equivocarnos que gran parte de la evolución económica y las innovaciones tecnológicas de los últimos tiempos, se la debemos a emprendedores que prefirieron la independencia, aun llena de contingencias, a una gestión sujeta a las directivas de los gobiernos omnipresentes, de los sindicatos o de monopolios dominantes.

Negociar y consensuar

La negociación es la herramienta más idónea con que cuenta un empresario para resolver pacíficamente los conflictos y desinteligencias que se producen con sus colaboradores, clientes o proveedores.

La mayoría de los empresarios han aprendido a través de una ardua experiencia que la *negociación* es el instrumento apropiado para encontrar soluciones a los problemas y para superar pacíficamente los conflictos que se producen con los diferentes intereses con los que se tienen relaciones durante la actividad empresarial. Comprendieron que la negociación permite que las demandas de los empleados, las presiones de los clientes o las exigencias de los proveedores no se salgan de cauce y terminen en enfrentamientos irreconciliables que perturben el desarrollo de la gestión.

Tuvieron que pasar muchos años de luchas y desencuentros para que entendieran que todos los que intervienen en una actividad económica tienen diferentes intereses, objetivos y aspiraciones que deben ser escuchados y respetados. Han comprendido a través de su experiencia que intentar imponer unilateralmente sus intereses sin tener en cuenta los derechos de los trabajadores o los intereses de los clientes, no es el camino correcto para una sociedad que valora la igualdad y la justicia. Los responsables de las empresas han aprendido que a través del proceso de negociación las partes que pujan para defender sus intereses encuentran soluciones satisfactorias en base al consenso y al respeto.

La gran mayoría de los empresarios aceptan el disenso y la puja de intereses como parte de la dinámica de un proceso de producción y distribución de riqueza. A partir de esa realidad, buscan permanentemente construir *puentes* con los intereses con los que deben lidiar en su actividad, a fin de consensuar soluciones que posibiliten el mejor funcionamiento de la empresa, aunque no siempre sea un camino lineal ni sencillo de llevar a la práctica.

Las pasiones, los dogmas, los prejuicios y el afán de ganar suelen atentar contra la negociación. Sin embargo, no por eso se debe dejar de intentar ese camino en busca del consenso. Los empresarios que no quieren negociar, tratando de imponer conductas autoritarias y por la fuerza, no han entendido que no hay posibilidad de que una sociedad evolucione si no se respeta el disenso, la libertad de expresión y la participación de todos los intereses involucrados, en especial cuando se trata de los más débiles.

El responsable de gestión no puede ignorar las demandas de los demás agentes que participan en la producción ni dejarse llevar por sus *broncas* o mal humor. Cuando las tensiones son extremas o se enfrenta a intransigentes intereses no debe estallar de ira, sino que debe *poner paños fríos* a su cabeza para encontrar el mecanismo de negociación apropiado para encauzar ordenadamente el disenso. Lo debe hacer porque una empresa necesita funcionar en base a un consenso que deje satisfechas a las partes cuando existen conflictos o desacuerdos.

La negociación franca y sincera es el instrumento más idóneo con que cuenta un empresario para resolver las desinteligencias con su equipo de colaboradores y los demás actores con los que tiene relación en sus actividades. Permite que se presenten sobre una mesa todas las demandas e intereses antagónicos para ser resueltos a través de una discusión respetuosa que arribe a soluciones consensuadas. Es cierto que las partes circunstancialmente enfrentadas no siempre pueden obtener todo lo pretendido y muchas veces deben ceder más de lo que quisieran. Pero esto no debe ser un obstáculo para negociar ni para abandonar ese procedimiento. El objetivo de una negociación es que intereses contrapuestos, o con visiones distintas sobre un mismo tema, lleguen a *un acuerdo* para destrabar el conflicto, sabiendo que ninguna de las partes podrá lograr todo lo que quiere pero obtendrá mucho más de lo que tenía antes de sentarse a negociar.

Al negociar hay que saber que será necesario ser flexible y pragmático al momento de buscar un acuerdo. La negociación no es un proceso sujeto a fórmulas rígidas que puede aplicarse indistintamente a todos los conflictos o desencuentros. Si bien existen algunos parámetros que se repiten en gran parte de los procesos de negociación, hay que tener en cuenta que cada conflicto tiene sus particularidades por lo que hay que tener una mente abierta y flexible. No se puede encarar una negociación como si existiera una fórmula universal que puede aplicarse de manera indistinta y por igual en todos los conflictos. Cada negociación requiere propuestas y herramientas específicas que contemplen las necesidades de cada caso.

Si se concurre a la mesa de negociación con manuales estrictos, fórmulas cerradas o prejuicios, lo más factible es que no se llegue a ningún acuerdo satisfactorio ni se logre el consenso deseado. Para negociar hay que ser flexible sin dejar de tener firmeza en defender lo que se considera justo. En otras palabras, la negociación es un proceso en el que hay que estar dispuestos a *ganar y perder,* por lo que no se puede ser dogmático o cerrado a las propuestas de los otros. A veces se tendrá que ceder más de la cuenta y otras se lograrán mayores beneficios.

Finalmente, cabe decir que una negociación debe encararse con responsabilidad y respeto porque es la única forma de que los integrantes de la empresa, los clientes o proveedores puedan convivir pacíficamente y resolver sus desacuerdos sin necesidad de enfrentamientos violentos o agraviantes. La negociación es la antítesis del autoritarismo y la imposición de una idea por la fuerza. Es un acuerdo que no suele ser perfecto ni totalizador. Pero es esencial para la convivencia pacífica. Para tal fin, hay que estar dispuesto a ceder y escuchar lo que otros tienen que decir.

Bibliografía sugerida

Arebola, Alberto. *Reputación en el área del control social*. Editorial Urano. 2016.

Bachrach, Estanislao. *Ágilmente*. Editorial Sudamericana. 2012.

Bachrach, Estanislao. *En cambio*. Editorial Sudamericana. 2014.

Boufflet, Cecilia y Porcella, Virginia. *Economía con tacos altos*. Editorial ediciones B. 2013.

Bradberry, Travis, y Greaves, Jean. *Inteligencia emocional 2.0*. Editorial Conecta. 2012.

Bregman, Peter. *4 segundos*. Editorial Empresa Activa. 2015.

Burkus, David. *Bajo una nueva gestión*. Editorial Empresa Activa. 2017.

Campanario, Sebastián y Vazhnov, Andrei. *Modo esponja*. Editorial Sudamericana. 2017.

Cañeque, Martín. *Aprender a liderar*. Editorial Temas Grupo Editorial. 2011.

Cernuda, Gemma. *Ellas deciden*. Editorial Empresa Activa. 2014.

Covey Stephen, R. *El 8vo hábito*. Editorial Paidós Empresas. 2014.

Debelijuh, Patricia; Idrovo Carlier, Sandra y Bernal, María del Carmen. *El lado femenino del poder*. Editorial Empresarial . 2015.

Eker, T. Harv. *Los secretos de la mente millonaria*. Editorial Sirio. 2007.

Fernández, Sergio. *Vivir sin jefe*. Plataforma Editorial. 2009.

Fernández, Sergio y Samsó, Raimon. *Misión emprender*. Editorial Penguin Randon House. 2017.

Friedman, Thomas L. *Tradición versus innovación*. Editorial Atlántida. 1999.

Harari Yuval, Noah. *De animales a dioses*. Editorial Penguin Random House. 2014.

Holiday, Ryan. *El ego es el enemigo*. Editorial Paidós Empresas. 2017

Johnson, Earvin. *32 jugadas para ser un campeón en los negocios*. Editorial Norma. 2008.

Koch, Richard. *El líder 80/20*. Editorial Aguilar. 2013.

Lebendiker, Adrián y otros. *Claves para emprendedores*. Ministerio de Desarrollo Económico. Buenos Aires. 1013.

Manes, Facundo y Niro, Mateo. *Usar el cerebro*. Editorial Planeta. 2014.

Mary Kay Ash. *El estilo de Mary Kay*. Editorial Printd and Baund. 2010.

Mendelson, B.J. *La trampa de las redes sociales*. Editorial Empresa Activa. 2013.

Mortterlini, Matteo. *Economía emocional*. Editorial Paidós Empresa. 2006.

Naim, Moisés. *El fin del poder*. Editorial Debate. 2013.

Newberry, Tommy. *El éxito no es casualidad*. Editorial Tyndale House Publishers. 2008.

Pasjalidis, Diego. *Inspiración extrema*. Editorial Penguin Random House. 2015.

Robertson, Brian. *Holacracia*. Editorial Empresa Activa. 2015.

Sánchez, Reina Daniel. *El mentor*. Editorial Almuzara. 2017.

Sandberg, Sheryl. *Vayamos adelante*. Editorial Vintage Español. 2013.

Sandler, Ernesto. *Emprendedoras. Las emociones importan*. Editorial Mg Editores. 2016.

Sandler, Ernesto. *Malos hábitos del empresario*. Editorial Mg Editores. 2013.

Sandler, Ernesto. *Mujeres emprendedoras*. Editorial Mg Editores. 2015.

Sandler, Ernesto. *Utilísima: Biografía de un éxito*. Editorial Mg Editores. 2010.

Sanjurjo, Alberto F. *Sentido del líder*. Editorial Escuela de Formación de Líderes. 2013.

Stamateas, Bernardo. *Gente tóxica*. Editorial Vergara Grupo Zeta. 2010.

Training, Dale Cernegie. *Como hacerse un buen líder*. Editorial Ediciones Obelisco. 2011.

Trump, Donald J. y Kiyosaki, Roberto T. *Queremos que sea rico*. Editorial Punto de Lectura. 2008.

Valcarce y Saquera, Ángel. *Aprender a emprender*. Editorial Nowtilus. 2006.

Índice